住房租售结构
对城市住房市场的微观机制与宏观效应研究

陈 卓◎著

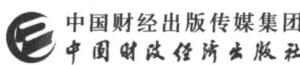

中国财经出版传媒集团
中国财政经济出版社

图书在版编目（CIP）数据

住房租售结构对城市住房市场的微观机制与宏观效应研究／陈卓著．――北京：中国财政经济出版社，2023.9

ISBN 978 - 7 - 5223 - 2471 - 5

Ⅰ．①住… Ⅱ．①陈… Ⅲ．①住宅－房地产市场－研究－中国 Ⅳ．①F299.233.5

中国国家版本馆 CIP 数据核字（2023）第 166766 号

责任编辑：李　静　　　　　　责任校对：徐艳丽
封面设计：陈宇琰　　　　　　责任印制：张　健

住房租售结构对城市住房市场的微观机制与宏观效应研究
ZHUFANG ZUSHOU JIEGOU DUI CHENGSHI ZHUFANG SHICHANG DE
WEIGUAN JIZHI YU HONGGUAN XIAOYING YANJIU

中国财政经济出版社 出版

URL：http://www.cfeph.cn

E - mail：cfeph@ cfeph.cn

（版权所有　翻印必究）

社址：北京市海淀区阜成路甲 28 号　邮政编码：100142
营销中心电话：010 - 88191522
天猫网店：中国财政经济出版社旗舰店
网址：https://zgczjjcbs.tmall.com
北京财经印刷厂印刷　各地新华书店经销
成品尺寸：170mm×240mm　16 开　17.25 印张　250 000 字
2023 年 9 月第 1 版　2023 年 9 月北京第 1 次印刷
定价：76.00 元
ISBN 978 - 7 - 5223 - 2471 - 5
（图书出现印装问题，本社负责调换，电话：010 - 88190548）
本社质量投诉电话：010 - 88190744
打击盗版举报热线：010 - 88191661　QQ：2242791300

本书受到以下基金的资助

特此感谢！

国家自然科学基金青年项目"住房制度改革、租售结构与家庭住房行为——基于社会互动的视角"（72104109）

江苏高校"青蓝工程"优秀青年骨干教师项目（2023）

前　　言

自 1998 年城镇住房制度市场化改革突破以来，我国城市住房体系不断完善，房地产及相关行业迅猛发展，极大地改善了城市居民家庭的居住条件，但也产生了一系列的经济社会问题。在人均住房面积不断提高的情形下，城市住房价格却居高不下，住房矛盾成为影响经济发展与社会和谐的焦点，中低收入家庭的住房困难问题愈加凸显。长期以来，受到多方面因素的制约，我国城市的住房租赁市场发展比较缓慢，"重售轻租"现象普遍，城市住房市场租售结构愈发失调，部分群体的住房租赁需求没有得到满足。处理好城市住房市场租售结构失调的问题，既有利于解决低收入者的住房需求，也有利于形成住房市场内在的自我调节机制，使住房买卖市场与住房租赁市场通过"租买选择"机制而相互制衡、相互促进，对于稳定房价和促进实现全民"住有所居"的伟大目标都有很重要的现实意义。

在住房领域供给侧结构性改革的大背景下，加快培育和完善住房租赁市场，改善城市住房市场结构，全面推进"租购并举"，建立住房租赁市场的创新机制，是住房宏观调控的重要组成部分，也是保障住房市场健康稳定发展的必由之路，是一项长期的制度安排。但对于城市住房租赁市场发展即住房租售结构的调整可能产生的影响效应，特别是对城市住房市场的影响，需要进行细致全面和科学定量的评估，以支持和完善相关的制度设计。本书围绕住房租售结构对城市住房市场的影响，从微观机制、宏观效应两个方面展开系统性研究。本书紧密结合微观家庭和宏观市场两个维度，依序形成五大研究主题：微观家庭租买选择行为、微观家庭住房消费水平、微观家庭住房投资需求、宏观城市住房投资需求和宏观城市住房价格水平,将微观机制和宏观效应纳入一个统一的分析框架内。遵循"闭环"逻辑,本书将已有的研究范围扩展至宏微观结合的层面,并探索住房租售结构在不同情境下的影响效应,通过严谨的实证分析揭示宏观制度变量与微观行为变量之间的作用机理以及在整体层面汇总产生的宏观效应,深化了对住房市场结构以及城市住房市场的研究,弥补了相关研究的不足。

本书结合国家统计局大样本城镇住户调查(UHS)微观数据和城市层面的宏观统计数据,构建城市住房租赁占比等关键指标,实证考察了住房租售结构对城市住房市场的作用机制和影响效应。研究认为,城市住房租售结构的变化会通过影响城市家庭一系列的住房选择行为,进而影响城市住房市场的表现。具体的研究结论和观点如下:

微观机制研究发现,首先,家庭所在城市的住房租售结构对个体家庭的租买选择决策存在显著的负向影响,家庭所在城市的住房租赁占比越高,越能增强租房可及性并弱化个体家庭出于从众和模仿心理的购房行为,从而降低家庭选择购买住房的概率。全部城市平均而言,住房租赁占比每上升 1 个百分点,将导致家庭选择购买住房的概率降低约 0.53 个百分点。家庭的住房租买选择行为也会受到周围其他相似家庭决策的影响,使家庭所在城市的住房租售结构与个体家庭的租买选择行为之间存在着不同群体的异质性。其次,家庭所在城市的住房租售结构对个体家庭的住房消费决策存在显著的负向影响,家庭所在城市的住房租赁占比越高,越能增强租房可及性并弱化个体家庭出于地位寻求和攀比炫耀的心理,从而选择减少其住房消费的价值和面积。全部城市平均而言,住房租赁占比每上升 1 个百分点,将导致家庭选择消费住房的价值减少约 0.18%,面积减少约 0.19%。家庭的住房消费选择行为也会受到周围其他相似家庭决策的影响,使家庭所在城市的住房租售结构与个体家庭的住房消费行为之间存在着不同群体的异质性。最后,家庭所在城市的住房租售结构对个体家庭的住房投资决策存在显著的负向影响，家庭所在城市的住房租赁占比越高，越能增强租房可及性并弱化家庭通过观察学习和信息交流识别住房的投资价值的心理，从而降低家庭选择拥有多套住房和空置住房的概率。全部城市平均而言，住房租赁占比每上升1个百分点，将导致家庭选择拥有多套住房的概率降低约0.08个百分点，选择拥有空置住房的概率降低约0.05个百分点。家庭的住房投资选择行为也会受到周围其他相似家庭决策的影响，使家庭所在城市的住房租售结构与个体家庭的住房投资行为之间存在着不同群体的异质性。以上研究发现共同构成了住房租售结构对城市住房市场影响的微观机制，城市住房租售结构的改善，可以增强租房可及性，弱化个体家庭的非理性住房选择行为，促进城市住房梯度消费，抑制家庭住房投资需求。

宏观效应研究发现，一方面，在家庭微观机制的作用下，住房租赁市场的发展会抑制城市住房投资需求，且只有在大中城市和东部城市，城市住房租赁占比与家庭住房空置率的负向关联才显著，而在中小城市和中西部城市，则没有显著的影响。全部城市平均而言，住房租赁占比每上升1个百分点，将导致城市多套房家庭比重和家庭住房空置率分别降低0.36个和0.37个百分点左右。同样，无论是对城市多套房家庭比重、城市家庭住房空置率还是城市家庭住房面积空置率，城市的住房租赁市场化比重越高，越会放大该城市住房租赁市场的发展对城市住房投资需求的抑制作用。另一方面，在家庭微观机制的作用下，住房租赁市场的发展会抑制城市住房价格的上涨，且只有在东部城市，城市住房租赁占比与城市住房价格的负向关联才显著，而在中西部城市，则没有显著的影响。全部城市平均而言，住房租赁占比每上升1个百分点，将导致城市住房价格降低0.26%左右。同时，城市的住房租赁市场化比重越高，越会放大该城市住房租赁市场的发展对城市住房价格的负向影响。以上研究发现共同构成了住房租售结构对家庭住房选择行为影响的宏观效应，随着住房租赁市场的发育成熟，租房可及性的增强，在"租买选择"机制的作用下，可以遏制城市住房价格上涨的势头，加速城市住房过滤，促进住房梯度消费，抑制住房资产泡沫风险。这样，微观和宏观就形成了一个体系完整、内容丰富、逻辑紧扣的整体系统。

本书的观点认为，城市住房租售结构的变化会通过影响城市家庭一系列的住房选择行为，进而对城市住房市场表现产生重要的影响效应，研究结论具有丰富的政策含义：首先，加快培育和完善住房租赁市场，不仅有助于解决低收入者的居住问题，而且有利于形成住房市场内在的自我调节机制，使住房租赁市场和住房买卖市场通过"租买选择"机制而相互制衡、相互促进，对于促进实现全民"住有所居"的目标意义重大。城市住房租赁市场的规范和发展可以抑制住房价格的快速上涨，挤出泡沫，使住房逐渐回归居住的属性。其次，市场化的住房租赁方式对于住房市场的健康稳定发展可以起到良好的促进作用，发展城市住房租赁市场的同时，应主要依靠市场化租赁方式来实现，进一步深化住房市场化改革特别是住房租赁的市场化，充分发挥市场机制的作用。还应注重鼓励个人自有住房的出租，积极培育住房租赁企业，长期持有住房运营，发展住房租赁业务。然后，应加快住房租赁市场立法，整顿租房市场乱象，建立稳定的租期、租金制度，从根本上提高租赁住房对投资的吸引力。同时，建立行业运营规范，强化行业自律，规范租赁行为，明确租赁双方权利义务，提升行业服务质量。可以充分发挥国企在培育和发展住房租赁市场进程中起到的规范性、引导性作用，作为租赁房源供给的"压舱石"，租赁价格调节的"稳定器"。支持房地产相关国有企业和民营企业拓展住房租赁业务，不断提升住房租赁企业规模化、集约化、专业化水平，培育一批专业的机构出租人。扶持正规代理中介机构扩大业务规模，培育一批龙头企业，有针对性地提供不同于个人租赁房源的新型租赁产品，满足消费者多样性和复杂性的租赁需求。另外，政府应注重在意识层面加以宣传引导，鼓励年轻人逐步形成先租后买的梯度消费观念。事实上，不少年轻人普遍在没有足够积蓄的状态下急于购房，侵蚀了父辈的经济基础，导致社会财富大量集中于住房部门。年轻人在房贷的压力下，消费能力也逐步被削弱，这样长期发展下去，将会对中国经济的健康稳定发展产生不利的影响。最后，行政部门应正确处理好住房市场整体性、结构性和差异性的辩证关系，基于不同区域市场的异质性变化特征，改革创新调控思路，强化有针对性和差别化的住房政策设计，坚持因地制宜、因城施策。有条件的地区可以对住房租赁企业、机构和个人，给予差异性的税收优惠，进一步拓宽住房租赁企业的直接融资渠道。东部人口净流入城市应特别关注"新市民"在城市就业时的居住问题，逐步满足租房居民基本公共服务的均等化待遇。只有这样，才能加快建成供应主体多元、经营服务规范、租赁关系稳定的住房租赁市场体系。

2023 年 7 月

目 录

第一章 绪 论 /1
  第一节 选题背景 /3
  第二节 研究目的与研究意义 /7
  第三节 研究对象与研究内容 /10
  第四节 研究方法与技术路线 /13
  第五节 本书结构安排 /15
  第六节 研究贡献与创新 /17

第二章 文献回顾与述评 /21
  第一节 城市住房市场一般性研究 /23
  第二节 住房租售结构的决定因素 /32
  第三节 住房租售结构的影响效应 /35
  第四节 文献述评与小结 /37

第三章 制度背景与分析框架 /39
  第一节 住房制度的演变历程 /41
  第二节 住房市场的基本现状 /63
  第三节 相关理论基础 /74
  第四节 研究设计与分析框架 /86
  第五节 理论机制与关键假说 /88

第四章　住房租售结构对家庭租买选择行为　/ 93

第一节　问题提出　/ 95

第二节　理论分析与研究假说　/ 97

第三节　模型设定与变量说明　/ 99

第四节　基本实证结果　/ 104

第五节　进一步讨论　/ 108

第六节　本章小结　/ 114

第五章　住房租售结构与家庭住房消费水平　/ 117

第一节　问题提出　/ 119

第二节　理论分析与研究假说　/ 120

第三节　模型设定与变量说明　/ 122

第四节　基本实证结果　/ 126

第五节　进一步讨论　/ 132

第六节　本章小结　/ 143

第六章　住房租售结构与家庭住房投资需求　/ 145

第一节　问题提出　/ 147

第二节　理论分析与研究假说　/ 148

第三节　模型设定与变量说明　/ 150

第四节　基本实证结果　/ 153

第五节　进一步讨论　/ 157

第六节　本章小结　/ 166

第七章　住房租售结构与城市住房投资需求　/ 169

第一节　问题提出　/ 171

第二节　理论分析与研究假说　/ 173

第三节　模型设定与变量说明　/ 177

第四节　基本实证结果　/ 179

第五节 进一步讨论 / 183
第六节 本章小结 / 186

第八章 住房租售结构与城市住房价格水平 / 189
第一节 问题提出 / 191
第二节 理论分析与研究假说 / 192
第三节 模型设定与变量说明 / 197
第四节 基本实证结果 / 200
第五节 进一步讨论 / 202
第六节 本章小结 / 206

第九章 结论及政策含义 / 209
第一节 主要研究结论 / 211
第二节 政策含义讨论 / 213
第三节 未来研究展望 / 216

参考文献 / 217

附 录 / 256

后 记 / 260

第一章

绪 论

住房制度事关社会民生根基,其一举一动都具有高度的社会敏感性。虽然党的十九大报告高屋建瓴地提出了建立"多主体供应、多渠道保障、租购并举"的住房制度总体框架,但具体落实时还处于方向不够明确、路径不够清晰、依据不够充分的阶段。有鉴于此,本书首先从现实导向出发,聚焦社会矛盾,挖掘矛盾背后的深层原因,找准研究视角,聚焦研究方向。作为开篇部分,本章是全书的研究纲领,对全书研究起到提纲挈领的指导和界定作用。

第一节 选题背景

自1998年城镇住房制度市场化改革突破以来,我国城镇住房体系不断完善,房地产及相关行业迅猛发展,极大地改善了城镇居民的居住条件,但也产生了一系列的经济社会问题(陈钊等,2008)。高房价使普通家庭买房愈发困难,工薪阶层沦为"房奴",大量"蚁族"青年"蜗居"在城市中生活(廉思,2009),加剧了社会不公和贫富分化。目前,我国城镇家庭户均拥有住房已经超过1套,住房市场的核心问题已经从总量不足逐步过渡到住房占有的不平衡,调结构将会是住房政策的长期目标(巴曙松,2013)。随着住房领域的供给侧结构性改革不断加快,城市住房市场结构失衡的问题愈发引起全社会的高度重视,如何优化住房市场供给结构,坚持"房子是用来住的、不是用来炒的"的定位,建设"总量基本平衡、结构基本合理、价格基本稳定"的住房市场,成为政府、产业界和学术界共同关注的一个焦点话题。

住房提供居住功能,作为最基本的生活必需品,对民生福祉有基石性作用。住房制度是住房供给与需求的制度性安排,对居民的居住选择具有决定性影响。新中国的城镇住房制度改革,如果以1978年邓小平住房问题讲话作为起步(贾康和刘军民,2007),至今已经45周年。这45年来,城镇住房供给水平大大提高,住房短缺也基本解决,平均意义上的家庭住房资产价值更是飞跃增长，然而城市居民对居住的满意度并没有相应的增加。如根据《小康》杂志社主办的2017年度"中国居住小康指数"调查，全国27.8%的受访者对于目前的居住状况感到"不满意"，还有16.7%的受访者感受是"一般"，居住方面距离实现全面小康还有一定距离。① 同时，住房改革还成为该系列调查中"中国全面小康进程中最受关注的十大焦点问题"排名第二的焦点问题，仅次于食品安全，而房价则是排名第四的焦点问题②。中国人民银行2017年第一季度的城镇储户问卷调查数据显示，52.2%的居民认为，目前的房价高，难以接受③。另外，房价快速上涨所产生的泡沫化问题，增加了经济运行的系统性风险，威胁着宏观经济的健康稳定发展。由此可见，住房问题事关改革发展稳定大局，是老百姓最关心、最直接、最现实的利益问题，只有解决好这个问题，才能使人民群众的获得感、幸福感、安全感更加充实、更有保障。

长期以来，我国住房市场存在产权、类型、租售等多层面的结构性失衡，其中最主要的结构失衡就是租售结构很不合理。一方面，伴随着我国高速发展的城镇化和劳动力市场的自由化进程，城市流动人口总量不断增加，对住房租赁的需求不断增长。另一方面，由于长期以来受到房地产业发展中"重售轻租""只售不租"、城市人口管理制度和税收金融等多方面因素的制约，我国城市住房租赁市场发展一直比较缓慢，机构化和企业化出租人很少，产业化程度很低，租客权益保护差，也在子女入学等方面的公共服务受到诸多制度性歧视，租房是一种尽量避免"迫不得已"的住房选择，这不仅导致部分群体的住房租赁需求不能很好地得到满足，也让住房需求过度集中在购房这条独木桥上，房价压力居高不下（陈杰，2009）。因此，加快培育和完善住房租赁市场，改善城市住房市场结构，不仅有助于解决低收入者的居住问题，而且有助于形成住房市场内在的自我调节机

---

① 刘彦华《2017中国居住小康指数》，2017-05-31，中国小康网，http://www.chinaxiaokang.com/zhongguoxiaokangzhishu/ndxkzs/2017zgxkzs/2017/0531/203259.html。
② 刘彦华《2017中国综合小康指数》，2017-12-05，中国小康网，http://www.chinaxiaokang.com/zhongguoxiaokangzhishu/ndxkzs/2017zgxkzs/2017/1204/318369.html。
③ 中国人民银行调查统计司《2017年第一季度城镇储户问卷调查报告》，2017-03-21，http://www.pbc.gov.cn/goutongjiaoliu/113456/113469/3277495/index.html。

制，使住房租赁市场和住房销售市场通过"租买选择"机制而相互制衡、相互促进，对稳定房价和促进实现全民"住有所居"的目标都有很重大的现实意义。2016年6月，国务院办公厅印发《关于加快培育和发展住房租赁市场的若干意见》（国办发〔2016〕39号），明确要求加快培育和发展住房租赁市场，建立购租并举的住房制度，健全以市场配置为主、政府提供基本保障的住房租赁体系，支持住房租赁消费，促进住房租赁市场健康发展。2017年5月，我国首部专门针对住房租赁和销售的法规——《住房租赁和销售管理条例》（征求意见稿）开始向社会公开征求意见，旨在建立购租并举的住房制度，规范住房租赁和销售行为，保护当事人合法权益，保障交易安全。上海也同时开启土地出让"只租不售"模式，推出纯租赁住房用地，可见各级政府对住房租赁市场的发展是前所未有的重视。2017年10月，党的十九大报告再次重申了"房住不炒"这个科学定位，并要求加快建立"多主体供给、多渠道保障、租购并举"的住房制度。

从国家政策出发点来看，落实"房住不炒"定位是希望房价回归到一个合理的区间水平，以此实现"住有所居"。从"住房自有"迈向"租购并举"，建立起更加社会化、更加合理的住房制度体系和解决住房问题的长效机制（张晨和吕原野，2019）。推进"租购并举"政策，则意在促进房地产市场平稳健康发展，缓解居民购房压力，保障租房者合法权益。显然，"租购并举"政策与"限购、限售、限贷和限价"等直接调控房价政策有着本质的区别，"租购并举"是通过培育与发展住房租赁市场和引导人们理性住房消费来间接引导房价回归合理水平，构建住房市场健康发展长效机制的重要体现（刘绍涛和张协奎，2020）。因此，进一步探索住房市场租售结构优化路径已经成为新一轮住房制度改革的重中之重（曾凡军和乔华，2019），以"租购同权"促进"租购并举"也成为我国住房制度改革的主要方向（黄燕芬等，2017）。然而，"租购同权"意味着租房者和住房者享有完全平等的公共服务权利，那么在没有配套改革的前提下，这些公共服务的价值必将资本化于房租之中，使一部分租房者无力承担，从而导致"租购并举"的政策意义被打上折扣（罗卫东和朱翔宇，2020）。不仅如此，一些"租购同权"的试点城市甚至出现了针对租房市场的炒作,与"房住不炒"的中央政策精神产生冲突,加剧了"租购并举"与"房住不炒"之间的政策张力。

当面对公共突发事件的外生冲击时,住房租赁市场的"短板"效应被进一步放大。多地在公共突发事件关键时期对租客的歧视性态度,使人们对租房望而却步,激起只要可能就一定要在居住地买房的信念,加剧了住房市场的扭曲。2020年伊始,一场由新型冠状病毒感染引发的疫情(Corona Virus Disease,2019,COVID-19)迅速蔓延,疫情之下,社区租客却无法享受与业主同等的权益,被区别对待,甚至"有家难回"。例如,一些地方以本地房产证作为返城资格的先决条件,或者要求房东给租客担保,很多房东害怕担责,并不愿意给租客担保,导致大量租客无法回城。即使有些地方没有明文禁止租客返城,但疫情期间很多小区都实行了封闭式管理,有些小区直接规定不允许租客入内,有的即使让租客入内,也要求房东现场签保证书才放租客进入。疫情高峰期间,多地不允许租客返城和不让租客进入小区等歧视性待遇,令广大租房者心寒。不仅使社会资本对参与住房租赁产业投资的决心发生动摇,也给居民对于"租购并举"政策的信心带来冲击,让原本摇摆在"租"与"购"之间的群体更加坚定了"购"的念头。租客的住房权得不到保障,容易引发社会阶层冲突的放大和社会福利的损失等一系列负面效应(陈杰和吴义东,2019)。另外,疫情期间,部分租客遭遇不合理的房租上涨,找房搬家难,住房租赁中介机构乱象丛生。相比购买住房可以选择信贷等杠杆,租房者很难承受房租的不定期上涨(陈友华和施旖旎,2018),这也更加刺激了其购买住房的决心,使"租购并举"与"租购同权"政策之间产生龃龉。

因此,完善和发展住房租赁市场,既是优化城市住房租售结构的必然选择,也是坚持"房子是用来住的、不是用来炒的"定位的必由之路。如何构建我国房地产基础性制度和长效机制,这既是历史之问,是人民之问,也是时代之问。事实上,1998年我国城镇住房制度改革彻底扭转了以往"以租促售"的租售结构,大量公房通过出售、房改房等方式,成为居民自有住房,城市住房租赁比重持续走低。不同城市住房市场租售结构的差异在这场"突然性"住房制度改革中被锁定,不断固化形成了"制度惯性",并在改革后的住房市场中得以放大,深深地影响了未来不同地区家庭的住房行为。而培育和发展住房租赁市场,建立"购租并举"的住房制度,也正是通过新的住房制度改革安排来破解当前住房市场租售结构失衡的难题。那么,培育和发展住房租赁市场,推进"租购并举",对我国城市住房市场的发展究竟会产生怎样的影响?这种影响在微观和宏观层面分别有哪些特征和差异?这些问题的回答对于抑制房地产泡沫、建立房地产市场平稳健康发展长效机制的制度设计具有十分重要的意义。但相关的文献对此研究不足,本书尝试进行这方面的探索。

住房租售结构与城市住房市场都是当前房地产研究的热门领域,也是房地产学科的重要基础性研究主题,将微观机制和宏观效应两个层面有机结合进行系统和多学科交叉的房地产学术研究还不多见。本书从现实问题入手,有效地对接了微观和宏观两个研究尺度,将党中央关于房地产市场的新思想、新观点、新论断、新要求、新举措、新战略纳入城市住房研究领域当中,有望对城市住房研究产生催化、补充和完善的作用。同时,充分利用中国住房制度的历史变迁和当前住房改革需求的试验田机遇,有必要对住房市场结构的改革进行深入系统的探讨,发掘历史镜鉴和经验证据,进一步拓展未来的住房研究领域,丰富住房研究素材。

第二节 研究目的与研究意义

基于以上研究背景,本书从现实问题入手,有效地对接了微观和宏观两个研究尺度,有望对城市住房研究产生催化、补充和完善的作用。研究选题对于政府有关部门全面、系统地认识住房租售结构与城市住房市场的变化特征具有重要的参考意义,也为实现全体人民"住有所居"和加快建立房地产市场长效机制提供理论支撑和科学依据。

一、研究目的

围绕住房租售结构对城市住房市场的影响，从微观机制、宏观效应两个方面展开系统性研究，致力于厘清住房租售结构的多重功能和作用，探索住房租售结构的改革优化路径。从住房市场结构的角度，紧密联系微观家庭和宏观市场两个维度，落实"房住不炒"，推动建立"多主体供给、多渠道保障、租购并举"的住房制度，实现全体人民"住有所居"的目标。

长期以来，我国住房市场不断发展，但内在结构的失衡和居住功能的调整却并未实现真正意义上的与时俱进，从而与快速发展的社会现实环境不断撕裂、失配，极大地影响和削弱了城镇住房制度市场化改革应有的红利。基于此，本书的主要研究目的可以总结如下：

从理论和实证上分析住房租售结构优化的多重政策效果，具体阐述这种政策效果的理论基础和作用机制，进而综合测度微观和宏观维度上的微观机制与宏观效应，从而能为新时代下我国住房租售结构的改革优化路径选择提供理论指导和科学证据。

在上述研究目的的指引下，本书以"住房租售结构对城市住房市场的影响"为中心目标，以微观机制和宏观效应两个层面作为主要抓手，系统串联起分别以"家庭租买选择行为""家庭住房消费水平""家庭住房投资需求""城市住房投资需求""城市住房价格水平"为研究中心点的5个紧密相连的子章节，层层递进，构成了一个体系完整、内容丰富、逻辑紧扣的研究框架。

二、研究意义

本书通过梳理国内外相关研究，结合我国经济社会发展的特征事实，深化了对住房市场租售结构以及住房租赁市场的研究。从供给侧出发，聚焦于租售结构，拓展了住房研究的新领域，弥补了相关研究的不足，对加快城市住房租售结构的优化具有重要的理论指导意义。另外，从微观机制到宏观效应的视角考察了住房租售结构的影响，对相关理论研究具有一定的参考价值。

住房问题牵动着民生大计，承载着众多民生福祉，关系社会和谐稳定，事关经济社会发展全局。党的十九大报告提出要建立"多主体供给、多渠道保障、租购并举"的住房制度，让全体人民"住有所居"，这为今后一段时期我国住房市场的发展提出了新方向、新要求。本书紧扣住房租售结构对城市住房市场的影响这一重大命题，研究的现实意义在于，实证检验了住房租售结构对城市住房市场的影响，并通过计量手段进行进一步的因果推断，证实或证伪相关的理论假设。这有助于揭示我国住房市场发展的客观规律，正确理解住房市场化改革的方向定位。研究结论对于政府有关部门全面、系统地认识城市住房市场、住房租售结构的变化特征具有重要的参考意义，也为其制定相关的住房政策和住房租售结构优化的路径选择提供决策依据。

首先，系统性梳理我国城镇住房制度改革的历史进程，重点研究改革开放后以及住房市场化改革以来的各项政策举措。深刻总结住房制度改革的经验和教训，全面、系统、辩证地分析住房租赁市场发展对城市住房市场影响的内在逻辑，基于住房租售结构的视角进行科学定量评估。

其次，以重大现实问题为导向，精准把握我国当前住房制度改革的重点和难点，在全面评价我国住房体制改革历史进程的基础上，直面当前房地产市场发展中的不平衡、不充分矛盾，排查和补齐住房供应体系的短板和软肋，从住房租售结构的视角，甄别住房改革中的历史性问题和现实性问题、理论性问题和方法性问题、地方性问题和全局性问题、制度性问题和操作性问题，进而准确定位新时代住房制度改革的出发点和立足点。

最后，以经验研究为切入点，兼具政策实践含义和决策服务价值。以住房租售结构调整为契机，聚焦住房制度改革的重点和难点，探索符合中国国情的、可实施的城市住房制度改革安排，为实现全体人民"住有所居"和加快建立房地产市场长效机制提供理论支撑和科学依据。

第三节 研究对象与研究内容

本节主要界定了本书的研究对象与研究概念,提出了本书的研究范围和研究内容。

一、研究对象

本书主要的研究对象包括住房租售结构和城市住房市场等。具体界定如下:

(1)住房租售结构。结构一般是指组成整体的各部分的搭配和安排,在汉语的语义中,"结"表示"结合"的意思,"构"则有"构造"之意,加起来可以理解为主观世界与物质世界的一种结合构造。在英语的语义中,"结构"(structure)一词既可以表示为一个构造过程的最终产品,也可以指构造某事物的行动过程。因此,我们可以把"结构"看成是一个统一整体内部的结构要素或部分及其所处的位置,即构成一个整体的各个组成部分之间的搭配或安排方式,也可以看成是被整体特征所制约的各组成部分之间的相互关系。根据结构的概念,住房租售结构是指在城市住房市场中,住房租赁市场与住房买卖市场的比例结构,本书主要以城市住房租赁占比作为衡量指标,该指标具体含义为城市租房居住的家庭占城市所有家庭的比重。事实上,住房市场结构还可以从商品住房、经济适用房和廉租住房结构、竞争结构、档次结构与户型结构、一级、二级市场结构等方面来进行考察。

(2)城市住房市场。城市住房市场是指城市住房交换关系的总和,是住房商品交换过程的统一,是实现住房商品价值和使用价值的经济过程。城市住房市场是由主体、客体和中介构成,主体是指城市住房市场中的行为人,包括住房供给方和需求方;客体是指城市住房市场交换的对象或服务；中介是指从事住房商品交换活动的中介机构。在现实中，城市住房市场需求方主体是住房商品交换形成的关键。因此，本书主要聚焦于作为需求方的家庭主体，从城市家庭的住房选择行为出发，研究城市住房市场的表现。

另外，本书所研究的机制概念主要强调微观个体家庭的行为与宏观整体之间的结构关系和作用原理，而效应概念主要强调由微观个体家庭的行为变化产生的宏观现象或效果。

二、研究内容

从住房租售结构的角度，着眼于客观实际，基于宏微观"闭环"逻辑，紧密联系微观家庭和宏观市场两个维度，依序形成五大研究内容：（1）微观家庭租买选择行为；（2）微观家庭住房消费水平；（3）微观家庭住房投资需求；（4）宏观城市住房投资需求；（5）宏观城市住房价格水平。分别对应五大紧密相连的子章节，构成了一个体系完整、内容丰富、逻辑紧扣的研究框架。具体的研究内容如下：

研究内容之一：住房租售结构如何影响家庭租买选择行为。

租买选择是家庭解决居住问题要考虑的首要问题，是家庭最重要的一个住房选择行为。正是通过租买选择机制，住房买卖市场和住房租赁市场才能相互影响、相互制约，对房地产市场的自我调节起到促进作用。家庭租买选择行为研究是分析住房市场需求结构及变动的基础，也是住房领域的研究热点。理性消费者的租买选择行为取决于其对自有住房的持有成本与租赁住房的租金支出的动态权衡，家庭的租买选择行为也会受到住房市场整体环境变化的影响，而住房租售结构则是一个可行的、合理的研究视角。

研究内容之二：住房租售结构如何影响家庭住房消费水平。

由于家庭在进行住房消费行为时，会同时考虑租买选择的结果。因此，首先有必要进一步考察住房租售结构对家庭住房消费水平的影响。这个问题跟下一个研究问题是并列存在的，一个是住房消费水平，另一个是住房投资需求。两个问题都是住房租售结构对城市住房市场影响微观机制的重要组成部分，只有全面地考察家庭的住房选择决策行为，才能准确地勾连起微观机制与宏观效应的内在逻辑，从而保证研究的系统性和整体性。

研究内容之三：住房租售结构如何影响家庭住房投资需求。

住房作为一种特殊的商品，既具有居住属性，又具有投资属性。这种双重属性揭示了住房市场的租买分化特征，也确立了住房消费的最终归宿和落脚点。因此，如果仅就家庭住房消费水平来研究，不能完全意义上揭示出所有的微观机制。有必要结合住房的消费和投资双重属性来考察家庭进行住房选择时的决策行为，更加全面准确地刻画出住房租售结构对城市房地产市场影响的微观机制。

研究内容之四：住房租售结构如何影响城市住房投资需求。

由于各类家庭的住房投资需求会在城市层面汇总成为城市住房投资需求，甚至造成资产价格泡沫。事实上，住房租售结构的优化对于落实"房住不炒"和抑制资产价格泡沫具有重要的意义。因此，定量识别出住房租售结构对城市住房投资需求的宏观效应，可以为科学评估住房市场政策效果以及制定合理的住房制度改革路线提供有效的理论参考和现实依据。

研究内容之五：住房租售结构如何影响城市住房价格水平。

由于不同家庭的住房选择行为也会在城市层面汇总成不同的市场表现，进而形成住房租售结构对城市住房市场影响的宏观效应。对于城市宏观住房市场来说，重点需要考虑的就是城市住房价格水平的变化。从供需理论来看，城市住房价格的变动是受供给和需求因素的驱动，而住房租售结构导致家庭住房选择行为的变化恰恰改变了市场需求，从而映射进城市住房价格之中。也就是说，家庭住房选择行为可以作为城市宏观层面住房市场变化的微观机制，架构起宏观与微观之间的桥梁，联通住房租售结构与城市住房价格之间的影响渠道，起到关键的中介作用。因此，从经验研究的角度来看，这是一个非常重要且值得深入探讨的重点问题。

第四节 研究方法与技术路线

本节主要介绍了本书所采用的研究方法以及所遵循的技术路线，明确了为达到研究目的所要采取的技术手段、具体步骤、解决关键性问题的方法与途径。

一、研究方法

在收集梳理国内外学者关于住房租赁市场、住房租售结构及其影响效应的研究文献基础上，本书比较分析了已有研究的思路、方法和结论，结合我国经济社会发展的特征事实，基于宏观和微观数据，进一步探讨我国城市住房租售结构的优化路径及其影响效应。

由于研究问题具有一定的学科交叉性，本书综合采用多学科视角的研究方法，融合经济学、管理学、心理学、社会学、消费者行为学等学科的理论和方法，拓展了住房领域的研究主题。在研究过程中灵活运用多学科的研究手段和分析视角，力图通过多学科研究方法的交融，提炼出新的研究方案，产生学术创新，进而推动相关研究的发展。

本书主要运用的研究方法可以归结为定性和定量两大类。定性研究方法主要包括文献回顾、资料整理、比较分析、现象描述、理论归纳、机制阐述等。定性研究方法的作用主要是发挥探索性、解释性、引导性的功能，发现问题、归纳问题、解释问题的原因、理解问题的本质、指出现象的趋势，并对现象内在机理机制做猜想辨析和总结归纳。通过定性研究方法提炼出研究问题，推断逻辑关系，说明前提假设，提出研究假说，以此作为定量研究的前提和基础。

定量研究方法又称量化研究方法，本书主要运用包括统计调查、数据描述、计量模型、统计分析、计量分析、层次分析等方法。定量研究方法的作用,则是在定性研究的基础上,验证研究假说是否成立,细致剖析事物之间关联性和因果性的方向与大小,从而可以对研究发现进行演绎,将研究结论从样本推向一般,用以指导住房公共政策机制设计的思路原则。具体使用的计量分析方法包括 OLS、Probit、FE、IV、GMM 等回归模型,由于本书不仅考察了个体特征的微观机制,也叠加考察城市层面因素的宏观效应,因此还可以采用混合线性模型(MLM)或称为多层线性模型(HLM)进行稳健性回归分析。本书主要使用的定量分析软件包括 Stata、SPSS 以及 SAS 等,均为最新版本。

定性研究与定量研究相互补充,互相验证,协同探索,相关研究发现和结论都将可以运用在住房制度相关的政策建议以及住房租售结构的改革优化上。

二、技术路线

本书研究的总体思路是:首先从微观家庭的住房选择决策出发,研究住房租售结构对家庭租买选择的影响;租买选择决策之后,再考虑对家庭住房消费决策的影响;进一步地,再分析住房租售结构对家庭住房投资的影响。根据家庭在住房选择决策时的选择次序,逐步推进,将研究工作引向深入,这些共同构成了住房租售结构对城市住房市场影响的微观机制。接下来,从宏观城市的住房市场表现出发,分别考察住房租售结构对城市住房价格以及城市住房投资的影响,这些也共同构成了住房租售结构对家庭住房选择行为影响的宏观效应。这样,微观和宏观就形成了一个体系完整、内容丰富、逻辑紧扣的整体系统,符合"宏观—微观—宏观"的"闭环"逻辑。

本书的技术路线如图 1-1 所示。

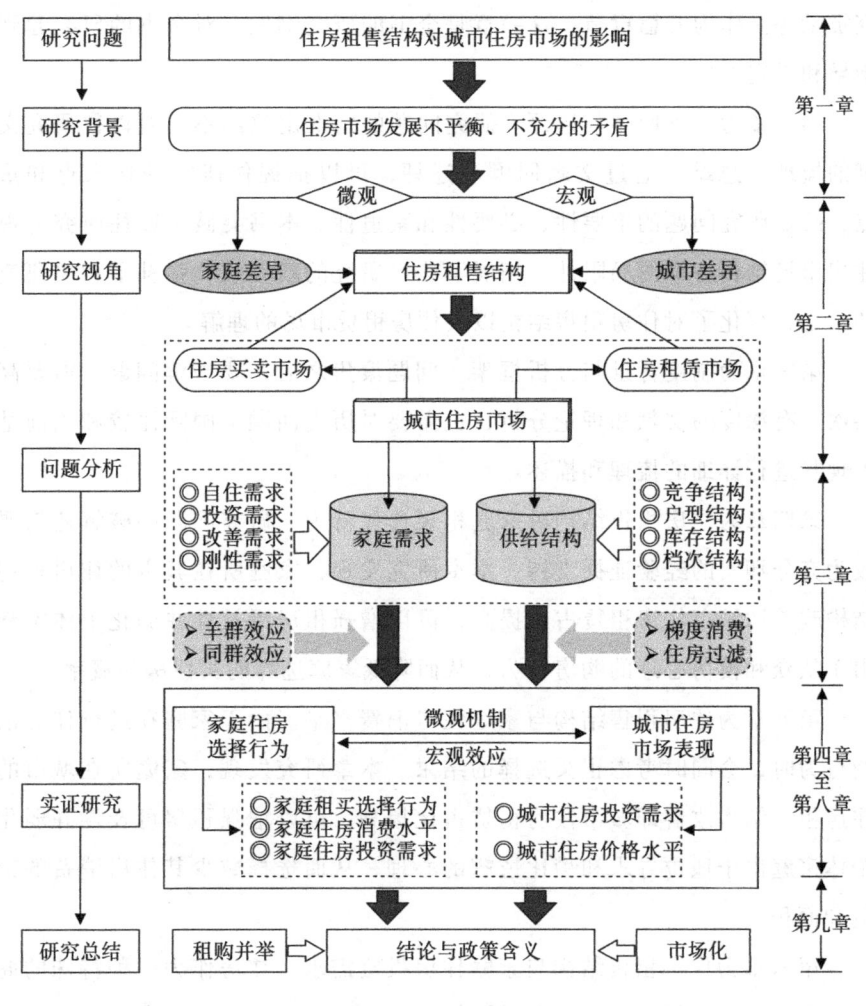

图1-1 技术路线图

第五节 本书结构安排

本书共分为九个章节,本书的结构安排及各个章节的具体内容如下:

本书第一章为绪论,主要介绍了本书的研究背景和研究意义,界定了研究对象与研究概念,提出了本书的研究内容、所采用的研究方法以及研究贡献等。作为开篇章节，这一章是全书的研究纲领，对全书的研究起到指导和界定作用。

第二章为文献回顾与述评。研究问题的精准定位离不开对以往研究文献的梳理和总结，通过文献回顾和述评，可以把握住研究的切入点和重点，凸显研究问题的重要性、必要性和紧迫性。本书突破了以往研究忽视住房市场结构特征的局限性，拓展了住房研究的新领域，弥补了相关研究的不足，深化了对住房租售结构以及住房租赁市场的理解。

第三章为制度背景与分析框架。问题聚焦之后，要破解问题，需要高层次、有深度的文献和理论分析，也需要对历史回顾、国际比较和当前基本现状进行详细的梳理和描述。

第四章为住房租售结构对家庭租买选择行为。研究问题的破解还需要较为充分翔实的经验证据支持。本章研究发现，家庭所在城市的住房租售结构改善即城市住房租赁占比提高，可以增强租房可及性并弱化个体家庭出于从众和模仿心理的购房行为，从而降低家庭选择购买住房的概率。

第五章为住房租售结构与家庭住房消费水平。由于家庭在进行住房消费行为时，会同时考虑租买选择的结果。本章研究发现，家庭所在城市的住房租售结构改善即城市住房租赁占比提高，可以增强租房可及性并弱化个体家庭出于地位寻求和攀比炫耀的心理，从而选择减少其住房消费的价值和面积。

第六章为住房租售结构与家庭住房投资需求。住房作为一种特殊的商品，既具有居住属性，又具有投资属性。本章研究发现，家庭所在城市的住房租售结构改善即城市住房租赁占比提高，可以增强租房可及性并弱化家庭通过观察学习和信息交流识别住房的投资价值的心理，从而降低家庭选择拥有多套住房和空置住房的概率。

第七章为住房租售结构与城市住房投资需求。由于各类家庭的住房投资需求也会在城市层面汇总成为城市住房投资需求，甚至造成资产价格泡沫。本章研究发现，城市住房租售结构的改善即住房租赁占比的提高会抑制城市住房投资需求。

第八章为住房租售结构与城市住房价格水平。本章研究发现，城市住房租售结构的改善即住房租赁占比的提高，会抑制当地的住房价格上涨。进一步从租房供应主体结构视角来看，城市的住房租赁市场化比重越高，越会放大该城市住房租赁市场的发展对城市住房价格的负向影响。

第九章为结论及政策含义。首先，加快培育和发展住房租赁市场，推进"租购并举"，有利于增强租赁住房对居民家庭的吸引力和可及性，减少不合理的住房消费行为和抑制住房市场上的消费需求，促使住房逐渐回归居住属性，从而遏制房价上涨势头，抑制住房资产泡沫。其次，应坚持租赁住房的市场化运作，用市场化的手段解决住房租赁市场存在的问题，从根本上扭转居民"重购轻租"的住房消费观念和行为。另外，政府应加快住房租赁市场立法，制定稳定的租期、租金制度，整顿租房市场乱象，营造和谐的市场环境，建立房地产市场长效机制。

第六节 研究贡献与创新

与既有文献相比，本书可能在如下几个方面有一定的贡献与创新：

第一，研究问题上：本书结合我国当前的经济发展阶段以及住房市场特征，采用中国话语讨论中国情境下的住房租售结构优化路径及作用机理。充分与当前的住房政策改革相接轨，现实性强。本书对住房租售结构失衡问题的认识，并不是仅局限于解决失衡，而是将其放在整个住房制度改革进程的高度，以对现实问题需求回应性为目标。立足于中国住房制度改革实践，通过深入细致地分析住房租售结构对城市住房市场的影响，揭示城镇住房制度问题的关键所在。

第二，研究视角上：本书从住房租售结构的角度出发，将住房租赁市场纳入住房供给结构的框架中展开研究，视角新颖。已有研究多集中于住房租赁市场本身，缺乏对住房租售结构的考察（崔裴等，2014；叶剑平和李嘉，2016）。本书融合多学科的研究视角，将消费心理学、消费者行为学、行为经济学等学科的理论和视角纳入住房研究领域，拓展了住房领域的研究主题。突破了以往研究忽视住房市场结构特征的局限性，深化了对住房供给结构以及城市住房市场的研究，拓展了住房研究的新领域。

第三，研究尺度上：本书以现实问题为导向，立足于中国住房市场背景，跳出了以往单一维度研究的局限性，综合运用宏观和微观数据，定量测度我国城市住房市场的租售结构特征，从宏观和微观两个尺度全面分析了其对城市住房市场的影响，为相关政策的实施与评估提供了一定的参考和依据。在以往的研究中，对于住房租售结构的影响分析缺乏一个整体的理论思路，大多是针对住房租售结构的某个效应展开讨论，较少涉及内在作用机制研究（Green 和 Hendershot，2001；Livingston 等，2014）。一般来讲，住房租售结构的影响可以分为两个尺度，即微观家庭尺度和宏观城市尺度。已有研究一般只考虑了其中的一个尺度，因而难以全面系统地考察住房租售结构对城市住房市场的影响效果（祝梓翔等，2016；袁诚等，2016）。事实上，宏观变量之间的互动正是通过微观渠道来实现的，有必要将微观机制和宏观效应纳入一个统一的分析视角内。本书尝试以"宏观—微观—宏观"的"闭环"逻辑，紧密结合微观家庭和宏观市场两个维度，对研究问题进行更加全面的分析。分别从家庭租买选择行为、家庭住房消费水平、家庭住房投资需求等方面分析住房租售结构对城市住房市场影响的微观机制，进而递推出住房租售结构在城市住房投资需求和城市住房价格水平等方面对城市住房市场影响的宏观效应。

第四，理论视角上：本书基于租房可及性的概念内涵以及个体行为决策时的跟风模仿心理、攀比从众心理、社会学习和信息交流等机制，构建了一个连接微观与宏观两个层面的住房租售结构对城市住房市场影响的分析框架，为后续的实证研究设计和讨论奠定了理论基础。以往的研究对于住房租售结构的影响分析缺乏一个清晰的理论思路与框架，更多的是对相关关系的考察，对相关性背后的理论机制讨论不足（余秋梅等，2014）。本书基于多元的理论视角，尝试通过理论分析框架的建构，还原现象背后的理论机制机理，为住房租售结构影响的相关理论研究提供一定的理论参考。

第五，研究情境上：遵循"闭环"逻辑，本书将已有的研究范围扩展至宏微观结合的层面,并探索不同情境下住房租售结构对城市住房市场的影响效应。在微观机制方面,本书探究了不同城市区域、不同城市等级、不同家庭特征以及不同户主特征的情境下,家庭所在城市的住房租售结构对个体家庭的住房租买选择行为、住房消费选择行为和住房投资选择行为的异质性影响效应。在宏观效应方面,本书探讨了不同区域以及不同住房租赁市场化程度下,城市住房租赁占比对城市住房投资需求与城市住房价格水平的差异性影响效应。基于不同情境的讨论可以进一步深化对住房租售结构异质性影响的理解,使研究结论更加具有针对性和准确性。

第六,研究方法上:针对我国住房租赁市场以及住房租售结构的研究,已有文献多侧重于规范性的分析、现象描述、问题本身分析等定性的研究,缺乏实证定量的讨论。本书综合运用了多学科的研究手段和研究方法,结合 OLS、Probit、FE、IV 等回归模型进行实证设计,研究手段多元,研究方法可行。基于当前中国城市住房市场客观环境,建立住房租售结构失衡及其影响的基本分析框架和理论机制,通过严谨的实证分析揭示宏观制度变量与微观行为变量之间的作用机理以及在城市层面所汇总产生的宏观效应。同时为了避免多层数据结构给回归结果带来的估计偏误,本书进一步采用多层线性模型(HLM)进行稳健性回归分析。另外,本书采用赫克曼(Heckman)两阶段方法解决样本自选择的内生性问题。而在城市层面的宏观效应研究中,则存在一定的反向因果的内生性问题,无法作出严谨的因果判断,本书进一步借助工具变量法进行再估计,以缓解潜在的内生性问题。

第二章

文献回顾与述评

第二章

文明由来之技术

本章为文献回顾与述评。梳理了国内外已有相关研究后发现，鲜有文献从住房租售结构的角度就其对城市住房市场的影响展开研究，更缺乏住房市场租售结构对于微观家庭行为的影响研究。

第一节 城市住房市场一般性研究

关于城市住房市场的一般性研究十分丰富，本书按照传统供需框架，并结合研究内容，从住房市场需求、住房市场供给和住房市场结构三个方面进行文献回顾和述评。

一、住房市场需求

需求和供给是构成住房市场的两大要素，分析住房市场运行必须从住房市场的供给和需求开始，两者之间存在着相互制约、相互促进的关系。住房市场需求是指在一定时期内整个社会或某一特定阶层愿意并且能够购买住房商品的数量。也可以指在一定时期和某一特定区域范围内，对全部或特定住房商品既有货币支付能力、又具有购买意愿的消费者数量（姚玲珍，2008）。影响住房市场需求的主客观因素有很多，分析这些因素，对于扩大住房市场需求、正确进行住房决策、积极实现供需平衡具有重要意义。

在住房需求研究中，新古典消费者行为理论仍然占据主导地位，从构建效用函数和预算约束开始，根据效用最大化原则推导需求函数，然后应用数据来进行参数估计，其分析框架非常稳定（贾生华和郭晓宇，2008）。影响住房市场需求的主客观因素具体包括家庭收入、人口结构、城市化水平、金融信贷政策、预期因素等，已有文献对此进行了十分丰富细致的研究。首先，家庭收入对于住房市场需求的影响，不应仅仅限于家庭的当期收入，还需要考虑家庭的持久性收入通过首付、贷款等方式对家庭住房需求的影响。王曦（2002）经过测算后发现，有50%的家庭消费是以当期收入水平为依据的，而其他的消费则是按照生命周期——持久收入模式进行的，这两种消费模式都十分重要。根据已有的研究文献来看，家庭收入几乎毫无例外地成为影响住房市场需求的最主要因素之一，并且与住房价格呈显著的正向关系。陈卓（2018a）实证研究发现，居民实际收入增长是近年来长三角城市房价上升的主要驱动力之一。Fortura 和 Kushner（1986）基于家庭收入水平对房价进行了解释及预测，研究结果显示，家庭收入每增加1%，将提高1.1%的住房价格。Case 和 Shiller（1990）认为，人均实际收入以及单位价格建筑成本、人口结构变化均会显著影响住房市场需求。总而言之，无论是在国内还是在国外，家庭收入对住房市场需求的影响都十分明显。

其次，人口结构对住房市场需求的影响同样十分重要，近年来也愈加受到学者们的关注。一般来说，人口规模对于住房市场需求的影响作用是正的，已有的文献结论大多都支持了这一观点。除了人口规模以外，部分学者还从人口结构和人口流动等方面考察了人口对住房需求的作用，取得了一定的进展。Mankiw 和 Weil（1989）考察了美国的出生率对房价的影响，发现"婴儿潮"一代恰好进入购买住房的时间是造成美国20世纪70年代住房价格上涨的主要原因。Giussani 和 Hadjimatheou（1991）认为，收入水平、金融条件以及住房供给弹性的不同导致了城市之间住房需求的差异，人口会从高房价城市向低房价城市流动，直至形成新的均衡。徐建炜等（2012）通过比较发现，OECD国家的人口抚养比例与住房价格之间呈负向关系，无论是少年还是老年抚养比例的上升，都将会导致房价的下降。但陈彦斌和陈小亮（2013）却指出，人口老龄化对中国城镇住房需求的负面冲击，在未来的近30年内可能并不会直接显现，城镇化和家庭规模小型化将进一步助推城镇住房需求持续增加；直至2045年左右，人口老龄化对城镇住房需求的负面影响才会逐步暴露，城镇化和家庭规模小型化的发展空间变得极其有限。陈斌开等（2012）采用人口普查数据对人口结构转变与中国住房需求的关系进行了探讨，认为"婴儿潮"很可能是2004年以来中国住房价格快速上涨的重要原因，人口结构变化对中国住房市场需求有很强的解释力。刘学良等（2016）认为，"婴儿潮"人群进入婚龄并组建自己的家庭所产生的婚姻人口刚性需求冲击是造成2004年以来中国住房价格持续大幅上涨的主要原因之一。许永洪和吴林颖（2019）采用面板平滑转换模型实证发现，当人口密度较小时，老年人口占比越大，房价下降的可能就越大，印证了"年轻人推动房价上涨"的现象。Saiz（2007）指出移民占比每提高1%，城市的平均房价和房租将会增长约1%。陆铭等（2014）基于中国地级市数据的经验研究发现，在移民占比更高和移民占比变化更大的城市，住房价格更高。事实上，与城市化水平对住房需求的影响相比，人口结构的变化对住房需求的作用强度相对较小，同时比较缓慢。且城市化水平主要影响的是住房面积需求的变化，而人口结构特别是人口规模的变动则主要是影响住房套数的需求，虽然两者有一定的内在联系，但是两者也存在明显的本质不同（郭克莎，2017）。

另外，住房的消费和投资双重属性决定了其需求的特征不同于一般的商品，金融信贷政策对于城市住房需求的影响至关重要。Muellbauer和Murphy（1997）研究发现，金融制度的变迁尤其是抵押贷款市场的金融自由化是英国住房价格波动的重要原因之一。货币政策的变动对住房的生产者和消费者都会产生重要的影响，因为开发商的资金大部分是来自银行贷款，如果贷款利率升高，就会增加住房生产者的开发成本，进而抑制投资需求，反之亦然。而对于普通的住房消费者来说，一般都是先交完首付后再通过抵押贷款补足余额，并按月来偿还，如果贷款利率升高，则意味着消费者购房的成本增加，进而也会对住房需求产生影响。李永刚（2018）认为，信贷规模扩张只会推动东中部地区房价上涨，但对西部地区房价的影响不大，而贷款利率则与各地区的房价基本无关。Iacoviello和Neri（2010）采用DSGE模型解释了货币因素对住房需求的影响路径，虽然货币政策只可以解释不到20%的房价波动，但是其在住房周期中的作用却十分重要。梁云芳和高铁梅（2006）认为，在各种金融相关因素中，利率的变动对住房价格有着较大的影响。陈创练和戴明晓（2018）指出，从政策效果来看，虽然利率政策对房价的调控具有较强的短期效应，但却不能保持长期持久性，因此会导致民众对房价上涨仍然持有较强的预期，这也进一步削弱了利率政策在调节房价时的长期有效性。也有学者从财政政策的角度出发，考察了税收政策对住房市场需求可能产生的影响（Poterba 等，1991）。

最后，预期因素也是影响住房市场需求的重要因素，尤其是对于住房投机性需求者而言，其购买住房的行为容易受到心理预期的影响，如果预期价格上涨，需求者会出于对未来购房代价的考虑而进行购买，从而增加需求，反之也亦然。Clayton（1996）基于理性预期假设和资本资产定价理论推导出住房需求决定模型，并进行了检验，但实证结果拒绝了理性预期假说。Malpezzi 和 Wacher（2005）的研究表明价格变化的滞后供给反应和投机是形成房地产周期的主要原因。况伟大（2010）基于住房存量调整模型，研究了预期和投机因素对于住房价格的影响，实证结果表明，预期和投机因素对中国城市房价波动均具有较强的解释力。陈卓（2018b）发现，滞后一期的住房价格对于当期房价有着十分显著的正向影响，显示了预期因素在房价上涨过程的重要作用。也有部分学者认为人民币升值预期与人民币升值压力的货币化也可能会加剧住房价格的波动（高波和毛中根，2006；杜敏杰和刘霞辉，2007）。此外，Clapp 和 Giaccotto（1994）的研究发现，预期的通货膨胀和失业都会减少住房需求的变动，而且这些变动具有相当强的预测能力，这就违背了有效市场假说。因此，在现实生活之中，投资者并不是完全理性的，往往会表现出从众和跟风的本性（高波和洪涛，2008）。

二、住房市场供给

住房市场供给是指生产者在一定时期之内，每一个价格水平上愿意而且能够提供的住房商品总量，也可以指在一定时期之内全社会住房供给的总量。具体来看，住房市场供给包含存量和增量两个部分，住房存量供给是指在某一时间点可供居住的住房商品总量，而住房增量供给是指某一段时间之内新竣工的住房总量（丁祖昱，2014）。

大多数学者认为，住房市场供给是相对迟缓的，主要还取决于制度政策设计，因此对住房市场供给层面的研究比较少。住房市场供给不仅靠新建住房而得到调整，也靠现有存量住房的改进和用途变更而得到调整，但新建住房的供给往往是由土地供给所产生的，这就意味着对住房市场供给的分析一定要联系到土地市场的运作。事实上，由于我国的土地政策并不十分成熟，又存在着"土地财政"等特殊现象，住房市场供给的问题就显得尤为突出。

土地政策决定了土地供应量、供应类型以及土地价格等，土地政策调整结果必然会在住房价格上有所体现，但关系却较为复杂。Ihlanfeldt（2007）利用美国城市微观数据研究土地利用管制政策对住房需求的影响，结果显示，更多的管制限制提高了住房价格。但实际上，土地管制政策的影响效果难以量化，指标选择的主观性较大，估计结果存在一定的偏误。王岳龙和武鹏（2009）对房价与地价的关系进行了再检验，认为无论是长期还是短期，房价对地价的需求拉动作用都十分明显，而地价对房价的成本推动作用要在较长的时间中才能体现。邵新建等（2012）考察了城市土地市场结构的演变过程，发现其从原来的多头分散供给逐渐转变为城市政府的垄断供给，也就是说，是地方政府土地收益最大化的决策目标推高了土地价格，而地价对房价又具有显著的正向推动作用。然而，况伟大和李涛（2012）研究得出的结论却并不一致，他们认为房价主要是由供求关系决定的，而非地价以及土地出让方式决定的，而地价却主要是由房价决定的，高房价才是"地王"出现的关键原因。韩立彬和陆铭（2018）直接指出，当前我国不同城市之间房价的分化之谜，根源就是在于土地供应与需求在空间上的错配，未来应减少土地资源在空间上的扭曲供应。

公共服务供给往往是和住房市场供给相联系的，学者多利用特征价格模型，结合微观数据考察城市内部的区位和公共服务配套对住房供给的影响。温海珍等（2013）证实了杭州市教育配套对房价具有正向的资本化效应，小学和初中质量每上升1个等级，将给其学区内的房价带来2.3%和2.6%的增幅。胡婉旸等（2014）将学区房与相邻非学区房进行配对回归，精确测度出北京市重点小学学区房的溢价程度约为8.1%。聂冲等（2010）研究表明，距离地铁站点700米区域内，房价平均增值约19.5%，但在地铁建设期间的影响效应为负。范子英等（2018）计量研究发现，上海市新增的地铁会使站点1千米范围内的新房价格上涨26.49%，而3千米之外的新房价格下降35.56%。但是，需要说明的是，以小区为单位的微观分析方法并不完全适用于公共服务供给的研究，也无法与以城市为单位的宏观分析结论相比较。张铭洪等（2017）基于京沪高铁沿线主要城市的面板数据，发现高铁建设确实显著提高了沿线城市的房价，这种提升效应在一定距离区间内随着距离的增加逐渐减弱，且主要体现在高铁建设期间。温海珍等（2012）实证研究发现，优美的城市景观对周边一定范围内房价也具有显著的提升作用。梁若冰和汤韵（2008）实证检验也表明，地方公共品的供给对我国大中城市房价存在显著的正面影响。

三、住房市场结构

马亚男和郑思齐（2004）对住房市场结构进行了表述，分别从商品住房、经济适用房和廉租住房结构、档次结构与户型结构、租买结构、一级、二级市场结构等方面进行展望。张永岳等（2008）对住房市场供需结构进行了调研分析，认为我国住房市场存在着供需结构失衡的矛盾，需要加快调整，主要是由于住房供给结构与需求结构的变化趋势不相适应，导致了供给结构失衡或需求结构失衡，即结构性供求失衡的情况。王洪卫和石薇（2011）认为，家庭对于存量商品房的支付能力比新建商品房明显要更高，而对产权住房的支付能力却明显要低于租赁商品房。但现实正好相反，商品住房的供应主要还是重"增量"、轻"存量"，重"买卖"、轻"租赁"，也就是说，住房市场结构不利于提升家庭的住房支付能力。事实上，上海市商品住房供应目前仍"以售为主"，住房租赁市场份额仅占16%左右，这种住房市场供求的错配进一步加剧了买卖市场与租赁市场的结构性矛盾，把本应选择租赁住房的群体推向了购买住房的队伍，应调整住房供应结构，加大可支付住房供应，以解决住房供应与消费的结构错配，实现"住有所居"。黄海洲等（2015）指出，国土资源部近期公布的土地供应计划中，商品房建设用地的平均占比达66%，为主要供应对象，保障房建设用地平均占比仅为34%。另外，在住房存量市场中，商品房与保障房的比例约为9:1，也就是说，目前有高达90%以上的居民是通过商品房来解决居住问题的。从上海的住房供需结构来看，2010年上海市的存量住房市场已基本实现供需平衡，且在控制住房投资需求的情况下，上海市新增住房供应也可基本实现供需平衡（王洪卫，2012）。

郭晓旸和刘洪玉（2013）利用北京市新建商品住房微观交易数据，基于住房市场垄断竞争的结构特征，详细测算了北京市住房市场的垄断程度并描绘了住房市场垄断程度的空间分布情况，发现住房市场垄断程度对交易价格溢价水平具有显著的正向影响。况伟大（2003）指出住房市场结构为环形竞争的寡占，而非垄断竞争，房地产开发商很容易通过价格合谋来形成垄断，北京住房价格高居不下的直接原因正是环形竞争下的垄断性寡占。况伟大（2012）还发现，无论在何种市场结构中，房地产税的提高均会使房价下降，而当住房市场垄断性越强以及房价越高的时候，这种影响作用就越大，并且市场结构对房价的影响要大于房地产税。于静静和周京奎（2016）将住房分为中小户型和大户型，并在此基础上进一步建立购房者与开发商两部门的局部均衡模型，发现征收房产税会提高中小户型住房供给的比例。李鑫（2011）建立住房市场价格与供求量模型，认为调整住房供给结构，增加政策性住房比例是住房市场调控最重要的措施。李薇和杜静（2016）通过住房市场供给结构的分析指标，即住房负担能力指数、房价收入比、地方政府财政可负担性，分析得出商品房和保障性住房的比例存在很大的区域性差异。严荣（2016）认为，上海目前住房供应结构的突出问题主要集中在中小套型住房以及中等价位的新建住房供应偏少、偏紧，应当通过完善土地出让方式，促使开发商增加中小套型和中等价位住房的建设和供应。同时，政府土地出让的"招拍挂"制度需要进一步改革，"限房价、限套型、竞地价、竞配建"等新的出让方式需要逐步探索，以有效推动中小套型和中等价位住房的建设和供应。

国外学者对住房市场结构的研究主要集中于地理特征或社会特征的子市场分割角度，早期大量经典文献都进行了较为充分的讨论并形成了比较一致的结论。Blank和Winnick（1953）系统性地指出，由于交通时间等因素造成的空间分割，使住房产品具有明显的异质性。Muth（1961）对住房市场的空间结构分布进行了理论研究，并利用1950年美国46个城市数据进行了实证检验。Pozo（2009）依据房屋结构和地理位置这两个标准，将住房市场划分为若干个子市场，统计结果表明这种分割市场的方法是有效的。国外文献多将住房市场结构视为一种由各种住房子市场组成的综合市场体系，进而讨论子市场之间的多种相互关联（Goodman，1981；Tu，1997；Bourassa等，1999；Keskin和Watkins，2017）。Galster（1996）指出城市住房市场应视为子市场的互联系统，在一个子市场中发生的事情能够在其他子市场中产生可预测的反响，这些反响往往表现为住房价格、住房质量以及房主的更换，即所谓的住房过滤。划分住房子市场的标准包括房屋物理特征、住房占有方式、住房产权类型、住房所有权人特征、地理区位特征等不同的维度，研究的范围也涵盖了从国家、区域到城市内部的各种尺度（Schnare和Struyk，1976；Palm，1978；Goodman，1998；Goodman和Thibodeau，2003；Jones等，2004；Xiao等，2016）。由于我国城市住房市场的发育还不够完善，市场化程度也较低，跟国外住房市场存在着较大的差异，因此国内学者对住房市场的结构分割并不是很关注。但近年来，随着我国住房市场的不断发展，住房子市场与空间分割现象也开始引起学术界的重视，并进行了相关研究（张国武等，2013；张凌和温海珍，2013；张国武和谢宏坤，2016）。

住房租售结构作为住房市场结构的重要组成部分，是住房市场供给侧结构性改革的重要着力点和立足点。加快培育与发展我国住房租赁市场，既是对当前我国城市住房市场发展不平衡不充分的积极回应，也是建立我国房地产市场平稳发展长效机制制度设计的必由之路。2015年，中华人民共和国住房和城乡建设部（以下简称住建部）对16个外来人口较多、租房需求较大的城市做了一个调查，最后发现，以50平方米以下中小户型为主的租房需求占到了75%左右，但市场上能够租到的中小户型住房却十分稀缺，所以往往只能选择合租，合租比例高达50%。目前在租赁市场占有率最高的个人租赁房源多以适合家庭居住为主，面积较大，所以租房者租不到合适的房，而出租者也难以满足市场需求，一方面导致大量房屋空置和租房困难并存，另一方面租户采取合租和转租可能造成纠纷，更为严重的是，合租不仅违反了法律规定，同时对其他居民的正常生活也带来不少困扰[①]。另外，现在通过市场租赁方式来解决居住的家庭人口已经突破1亿人，年租金已达1万亿元以上，这也表明租赁市场是一个巨大的市场。建立购租并举的住房制度，促进住房租赁的规模化、专业化发展，成为房地产领域"来自供给侧结构性改革的福音"。

租赁住房是住房供应的重要组成部分，关于住房租赁市场表现的研究十分丰富。这方面开创性的文献包括，De Leeuw 和 Ekanem（1971）基于大都市区之间住房租金的差异信息估计了住房租赁市场的供给弹性，Gabriel 和 Nothaft（2001）基于住房空置率调查数据分析了住房租赁市场的价格调整机制。DiPasquale 和 Wheeton（1992）创新性地提出"四象限模型"来描述住房买卖市场与住房租赁市场的互动关系，直观地解释了租金的变动如何通过影响住房投资意愿进而影响住房存量，最后影响到房价的动态运行机制。之后，大部分对租房市场和购房市场之间互动关系的研究，都是基于"租买选择"（Tenure Choice）机制的家庭微观层面研究。国内这方面的研究则略显滞后，限于数据的可获得性，也缺乏细致的实证分析（崔裴和严乐乐，2010；王辉龙和王先柱，2011；崔裴等，2014；王振坡等，2017）。叶剑平和李嘉（2015）通过调查发现，住房租赁市场自身发展不健全是造成我国重购轻租的重要原因之一，强化住房租赁市场的制度建构，规范租赁市场运行，由政府提供必要服务和管理是完善我国住房租赁市场、优化我国住房市场结构的必然选择。要想改善和推动住房租赁市场的发展，需要从提高承租人的支付能力、诱导空置房屋所有人出租房屋以及实现政府的角色改变这三个针对性的维度来展开（叶剑平和李嘉，2016）。陈映芳等（2018）基于控制观视角，对中国城市化进程中普遍出现的非正规低租金住房租赁市场展开了讨论，认为非正规租房市场可以解释"非正规性"在城市中的产生过程。

由此可见，已有文献涉及了住房市场结构的多个方面，但缺乏对于住

---

① 见新华社《破解租房难，路还有多远？》，2016 – 05 – 07，中国政府网，http：//www. gov. cn/xinwen/2016 – 05/07/content_5071047. htm? /www. gov. cn/govweb/xhtml/favicon. ico。

房租售结构的深入探讨。还有一些文献针对住房租赁市场本身展开讨论，但没有将住房租赁市场纳入住房供给结构的框架中。

第二节 住房租售结构的决定因素

从已有文献来看，影响城市住房租售结构特别是住房自有率的决定因素主要包括：人口结构与家庭特征、住房市场特征和信贷条件、政府政策以及文化因素等（赵奉军和邹琳华，2012）。

Coulson（1999）发现较低的持久收入和移民经历使西班牙裔和亚裔美国人的住房自有率非常低，但这一作用会随着时间而减弱。Chiuri 和 Jappelli（2010）对 17 个 OECD 国家进行研究后发现，老龄群体的住房自有率会随着年龄的上升而下降，这是由于在退休之后，有些人会卖掉自己的住房去租房居住，这就类似于利用反向住宅抵押贷款来提高自己的消费能力和生活水平。Green（1996）认为造成美国住房自有率停滞的原因并非经济条件因素，而是人口统计学因素以及偏好的变化。Mulder 和 Wagner（1998）通过比较德国和荷兰两国发现，首次购房的人群在不断年轻化，并且这一现象在荷兰更加明显，但从家庭的生命周期视角来看，仍存在十分显著的差异。Yates（2000）认为，澳大利亚稳定的住房自有率，既不是完全随着年龄变化，也不是完全随着家庭类型变化，而是应该考虑社会、人口和经济因素。Engelhardt（2008）认为，对于老年人群体，社会保障对于其住房自有率有提升作用。Yu（2006）发现，教育程度和财富水平导致了美国洛杉矶华人较高的住房自有率，主要原因在于移民到洛杉矶的都是年轻和高学历的人群，虽然他们收入水平不高，但是家庭的财富状况较好。Boustan 和 Margo（2013）研究发现，白人家庭的郊区化导致中心城市的住房价格有所下降，从而促进了中心城市黑人住房自有率的相应提高。Desilva 和 Elmelech（2012）利用美国社区调查数据发现，不同种族的居民在住房自有率上具有显著差异性和影响因素的异质性。Haurin 和 Rosenthal

(2007）研究了家庭类型对于住房自有率的影响，发现职务高低、肤色种族等变量会影响住房自有率。

Peiser 和 Smith（1985）的实证研究结果表明，通货膨胀水平、贷款利率、资本化率对于住房自有率的提升有显著影响。Linneman 等（1997）通过模拟监管约束和贷款利率所产生的政策效应，结果表明，信贷约束影响了单个家庭的购房决策和社会的住房自有率。Quercia 等（2003）使用美国住房调查数据研究表明，贷款可支付性的提高更能增加社会弱势群体的住房自有率，但贷款可支付性对于不同年龄、不同肤色和不同城市区域样本的影响具有非平等性。Bourassa 和 Yin（2008）利用美国住房调查数据，模拟了税收减免政策效应，研究发现抵押贷款利率下调和不动产税收减免会增加城市青年家庭的住房自有率，这主要是因为政策变化对房价产生了影响。Gabriel 和 Rosenthal（2015）使用个体层面的美国社区调查数据，实证研究发现住房抵押信用标准以及投资态度对于住房自有率的变动具有较好的解释力度。Bourassa 等（2015）基于国际视角，研究发现房价、贷款价值比、财富积累、宏观经济、家庭特征等是住房自有率的决定因素。Marais 和 Cloete（2015）认为，金融危机引发的经济衰退使居民的住房抵押贷款减少，很多家庭失去工作，难以继续维持住房支出，因而出现住房自有率下降。Chambers 等（2009a）从人口结构变化和按揭贷款创新等维度，研究发现从长期来看，住房抵押贷款创新对住房自有率的增长具有 56%—70% 的解释力，而人口统计学特征的解释力度相对很小。Caplin 等（2007）认为，虽然美国的住房自有率从 1995 年的 65% 提高到 2005 年的 69%，但是这种增长很难维持，而共享股权抵押贷款可以淡化债务和股权之间的界限，提高居民住房可支付能力，从而能够更进一步促进住房自有率的提高。Halket 和 Vasudev（2014）构建了一个 Bewley 模型，估计了信贷约束、住房流动性不足和住房价格变动风险对于住房自有率的影响，研究表明有些家庭由于住房抵押贷款的信贷约束而被迫租房，住房价格变动风险和交易成本对住房自有率也同样有重要的影响。

Voigtländer（2009）指出了德国住房自有率较低的原因，一是德国的住房租赁市场占据了住房市场的很大比例，高质量标准的社会住房和私人投资者为住房市场提供了大量租赁房源；二是德国的自有住房者无法享受到与西班牙或者荷兰等国家一样高的住房补贴；三是德国的住房租赁市场并没有因为租金的过度干预而失效，但西班牙和英国却是如此；四是德国的住房价格在较长时间范围内一直保持相对稳定。Bentzien 等（2012）认为，缺乏可支付能力是德国住房自有率偏低的一个关键原因，普通的德国家庭不得不牺牲很大一部分的非住房消费来获得自有住房，尤其是对于单亲家庭来说，因此可支付性（Affordability）是德国住房自有率的重要影响因素。Hsueh 和 Chen（1999）研究了中国台湾地区住房自有率增加的主要诱因是房价，虽然与获得住房相比租赁住房的成本增加会减少住房自有率，但是符合预期的房价上涨却能刺激住房自有率的增长。Bourassa 和 Peng（2011）从税收、金融、房价租金比、住房补贴和住房需求等视角展开分析发现，中国台湾地区住房自有率之所以很高，主要原因在于自有住房的获取成本较低，而住房抵押贷款补贴政策对住房自有率的影响相对较小。Gwin 和 Ong（2008）证实了房价收入比和房价租金比越高，家庭越是倾向于选择租房而非购房，这将导致社会总体的住房自有率的降低。Moriizumi 和 Naoi（2011）采用生存分析方法，发现城市失业率和失业风险的上升对住房自有率的负面影响十分显著。

Rohe 和 Stewart（1996）认为，很多国家的振兴计划都对于增加住房自有率有重要意义，从文献梳理和理论分析来看，住房自有率的提高确实可以促进城市居民家庭的住房资产积累。Benchetrit 和 Czamanski（2009）认为，政府补贴政策是造成 20 世纪 90 年代以色列移民住房自有率较高的主要原因，但同时也导致了房价的快速上涨、市场混乱和住房错配，增加了社会弱势群体的居住成本。事实上，自有住房虽然具有一定的外部收益，但却难以衡量外部收益的大小，因此无法确定政府的补贴政策应达到何种水平（DiPasquale 和 Glaeser，1999）。李宏瑾和徐爽（2009）对欧美 41 个国家的住房自有率及其影响因素进行了经验分析，结果发现，经济增长水平越高、收入分配差距越大的地区，住房自有率越高。余秋梅等（2014）基于"六普"统计数据计算我国 31 个省和地区的住房自有率，发现住房自有率与经济发展水平之间存在着倒"U"形的关系，即随着经济发展水平的不断提高，住房自有率的变化呈先上升后下降的趋势。张路等（2016）利用 CHFS 微观调查数据考察了移民经历和户籍地位对城市家庭住房拥有率的影响，结果发现，移民身份只是有限地延缓了移民家庭获得自有住房的进程，而城市户籍则会在根本上抑制家庭的住房拥有率。Lu 和 Chen（2006）认为，中国台湾地区的住房自有率并不是经济因素所能解释的，而是深受文化规范效应的影响，受教育水平较低的户主受到文化规范的影响程度更大，且这种影响程度会随着房价的上升而减弱。王先柱等（2017）利用全球 27 个国家或地区的数据实证研究发现，儒家文化圈国家在文化规范效应的影响下具有更高的住房自有率，从文化层面为中国所在的儒家文化圈住房自有率高企的现象提供了理论与实证支撑。

由此可见，已有文献多集中于对住房租售结构决定因素的讨论，而且绝大多数都是基于住房自有率的视角，对城市住房租赁占比的分析并不多见，也鲜有关于住房租售结构的影响效应研究，忽视了其可能对居民家庭经济社会行为产生的影响。本书正是对这一研究领域进行了有益的补充和完善，旨在结合微观和宏观两个层面对住房租售结构变化可能产生的影响效应展开全面讨论，以弥补相关研究的不足。

第三节　住房租售结构的影响效应

正如 Haurin 等（2003）所指出的那样，已有文献对住房自有率的影响因素展开了丰富的探讨，却鲜有关于住房自有率的影响效应研究，特别是其可能对居民家庭经济社会行为产生的影响。Sweeney（1974）首次将住房的耐用性和异质性同时纳入一个统一的分析框架内，假定维修养护条件是住房性能变化程度的唯一影响因素，建立了一个住房租赁市场模型，住房的耐久性问题可以利用维修养护费用函数来解决，使不同等级住房在使用时具有互相替代的可能性。研究发现，租金并不受政府对供给方补贴变化的影响，解决低收入家庭的住房需求的问题，只有通过改变低收入家庭的收入结构或者直接对其进行资金补贴才行。美国著名智库彼得森国际经济研究所（PIIE）所长亚当·普森（2013）也曾指出，将住房拥有率提高至自由市场不能提供的水平，会扭曲资本配置，使大部分家庭储蓄处于不必要的风险之中。Livingston 等（2014）认为虽然住房租售结构对于当地犯罪率有一定的影响，但收入剥夺水平和一个地区的酒精消费量更能影响犯罪率。van Zandt（2007）研究发现住房自有率可能导致低收入群体居住在相对较差的住房里，加剧了社会和空间隔离。Laamanen（2017）研究了住房自有率和劳动力市场的关系，研究发现，虽然房屋所有者不太可能经历失业，但自有住房率的提高导致失业率上升，消费降低带来的外部性以及就业市场的竞争可以解释这一现象。2012 年，德国的 4000 万套住房中，有 2400 万套为租赁住房，租住人口约占总人口的 45%，发达的住房租赁市场，既有利于劳动力流动，又能降低居民资产单一化带来的金融风险（朱玲，2015）。

　　总体来看，关于住房市场租售结构对城市住房市场的影响研究目前还不多见，国内近年来也开始有一些文献注意考察住房自有率的影响效应，如邓宏乾和陈峰（2007）利用时间序列数据研究发现，我国住房市场结构失衡是导致住房价格上升的主要因素，当前的房价上涨实质为结构性泡沫。曹清峰和王家庭（2014）构建了一个纳入住房租赁市场的封闭、单中心城市一般均衡模型，研究发现，与自有住房者相比，租房者倾向于居住在离市中心较近的地方，因此住房自有率的提高会使城市空间面积扩大。祝梓翔等（2016）构建了一个多部门模型，基于贝叶斯估计发现，房价和房地产投资对于非房地产投资和居民消费有微弱的挤出效应，而根据扩展的一个异质性主体模型发现，过高的住房自有率会强化这种挤出效应，因此认为房地产市场的回落以及住房自有率的下降有助于宏观经济的平衡发展。刘斌（2016）利用第六次人口普查数据发现，高的住房自有率对劳动力参与率具有显著的正向影响，而对人口的流动性具有明显的抑制作用。袁诚等（2016）基于住房自有率和房价变化的视角，研究了住房市场对社会保障支出的替代挤出效应，实证结果表明，住房自有率本身对社会保障支出没有影响，但房价会通过住房自有率对社会保障支出产生显著的影响。

　　需要指出的是，已有研究多只是涉及宏观层面，缺乏住房市场租售结构对于微观家庭行为的影响研究。近年来，随着大量微观数据的涌现，国外的研究开始关注住房租赁市场中的歧视现象以及租金管制的影响，取得了不错的进展。Ahmed 和 Hammarstedt（2008）通过互联网实验的方法发现，在瑞典的住房租赁市场中，存在种族和性别的租赁歧视现象。Bosch 等（2010）利用实验的方法发现，移民在西班牙住房租赁市场中受到歧视。Hanson 和 Hawley（2011）通过给房东发送电子邮件，将租客的姓名告诉房东，这些姓名与白人或者非裔美国人高度相关，结果显示，住房租赁市场的歧视往往发生在非裔美国人身上，当电子邮件暗示租客具有较高社会地位时，则可以减少歧视行为。Hanson 等（2011）通过实验进一步发现，相对于非裔美国人租客来说，房东通常会使用更为正式的回执和礼貌的用语，更快速和详细地回复白人租客，因此，美国住房租赁市场中存在种族歧视。Munch 和 Svarer（2002）使用 Cox 比例风险模型，发现租金管制显著降低了丹麦住房市场的住房租赁流动性。

　　可以发现，国内外学者已经开始关注住房市场租售结构可能产生的影响效应，但缺乏对城市住房市场特别是微观家庭住房选择行为的系列研究，还需要进一步拓展。本书借鉴已有的研究基础，结合我国经济社会发展的特征事实，基于住房租售结构的视角，从微观机制到宏观效应全面考察了住房租售结构对城市住房市场的影响，为住房市场租售结构的优化提供理论参考。

第四节　文献述评与小结

　　总结来看，国内外现有文献对于住房市场租售结构的考察，主要还集中在其决定因素等方面，缺乏对于住房市场租售结构可能产生的影响效应研究。即使有部分学者已经开始注意到住房供应体系中租房与购房结构占比的变化可能带来的市场影响效应，研究视角也依然停留在住房自有率上，且多只是涉及宏观层面，缺乏住房市场租售结构对于微观家庭行为的影响研究，更没有关于城市住房租赁占比对城市住房市场微观和宏观影响的直接考察。然而，对城市住房租赁占比的分析同样重要，特别是在我国城市住房租赁占比整体偏低的情况下，更需要重视。此外，截至目前，国内关于住房市场租售结构对城市住房市场影响效应的研究还不多见，且尚缺乏直接和系统的实证分析，因此需要对此做进一步更深入的讨论。

在以往的文献中，对于住房租售结构的影响研究缺乏一个整体的理论思路，大多是针对住房租售结构的某个效应展开分析，较少涉及内在作用机制研究。基于此，本书融合了住房过滤理论、住房梯度消费理论、羊群效应理论和同群效应理论，构建了一个联结微观与宏观两个层面的住房租售结构对城市住房市场影响的分析框架，为后续的实证研究设计和讨论奠定了基础。

第三章

制度背景与分析框架

第二章

現代行為科學理論

本章为制度背景与分析框架。通过对比住房制度和住房市场的历史与现实，厘清政策演变的脉络，透视制度变迁的路径。立足当前中国城市住房市场客观环境，综合融入多学科的理论视角，建立住房租售结构及其影响的基本分析框架，揭示效应影响的具体理论机制和作用渠道路径，为接下来的经验研究奠定理论基础。

第一节　住房制度的演变历程

新中国成立之后，我国曾长期实行基于单位的实物化免费福利分房的城镇住房制度，导致1978年末中国主要城市都面临严重的住房短缺问题（于思远，1998）。同时由于没有经济利益激励，已建成的公房也设计非常简单，建筑质量低劣，配套简陋不全，让人居住备感不适。存量公房也往往年久失修，残破不堪，不仅严重影响人们的正常生活和工作，也给国家财政带来很大压力（王育琨，1992），住房问题已经到了十分紧急的时刻。

为了解决严重的住房危机，同时护航以经济建设为中心的改革开放，邓小平同志在1978年和1980年对住房问题分别做了两次谈话（侯淅珉等，1999），不仅由此启动了城镇住房体制改革，而且其构思深刻和长远地影响了后来房改的基本思路。中国城镇住房制度改革至今已走过整整四十周年的历程，与中国经济社会整体的改革进程几乎同时起步（杨鲁，1991）。可以说，城镇住房制度改革是我国1978年之后城镇领域诸项改革中最早酝酿和最早启动的改革，也是进程最曲折、反复最多、变革最为激烈、市场化完成程度很高的一项改革（成思危，1999）。然而，虽然住房制度改革在增加住房物质供给层面取得了巨大成就（高波等，2017），但其影响效应又是当前争议最多的（李剑阁，2007）。改革开放以来中国住房制度发展历程和变迁过程，浓缩了这一时期中国的社会经济发展轨迹，对中国经济增长产生基础性影响。

中国在1980年启动的城镇住房制度改革跟英国20世纪80年代的市政

住房私有化运动、苏联和东欧转型经济国家20世纪90年代的公房私有化浪潮有很多类似之处（斯蒂芬·帕德尼和高新军，1991），都是政府力图在最短时间内甩掉福利住房这个沉重的财政负担（Stephens等，2015）。所以在改革初期，都围绕如何出售公房或提高租金进行诸多的探索与尝试（孙鸣阳，1983）。其中共同的核心问题就是，当住房长期被当作福利品后，如何重新确认其商品属性（高映轸，1990），形成合理的价格发现机制和新型的供给模式（汪祥春，1990；任殿喜，1990）。

城镇住房制度改革在中国自1978年以来的经济改革和社会发展进程中具有关键性作用，住房商品化、市场化的实现，不仅形成了房地产业（杨继瑞，1990），自身就是中国整体经济市场化改革的重要组成部分（杨鲁和王育琨，1992），也对国企经营机制转换、工资体系与收入分配制度改革、职工与单位的关系重构、劳动力市场发育和人口自由流动、城镇化启动、积累居民财产乃至扩展金融发展空间等诸多方面都具有十分重要的前置性意义（边燕杰等，1996；文魁，2000）。围绕改革福利分房政策、配套改革住房金融体制、促进房地产市场化、建立各级住房基金、建立不同档次住房、实现住房社会化管理、鼓励集资建房等方面，中央和地方均提出了相应的政策措施和意见（见表3-1）。一方面，加强了职工和单位、团体之间的"交换"关系。但在这种双轨制体制下，公房的出售和出租还没有达到完全商品化高度，职工还要依靠单位解决住房问题，并且以优惠价购买的房屋不具备完全的产权，所以对于住房商品属性的认同还非常缺乏。另一方面，自建房的推行直接推动了住房市场化发展，在单位和团体之外形成了新的住房体系。虽然这一时期双轨制造也成了一些市场的不规范和混乱，但是作为住房市场化过渡的中间形式，住房双轨制不仅给政策制定者以探索和尝试的机会，也给居民提供了转变思想、适应新制度的时间，为"合二为一"的市场化住房体系建立打下了坚实的基础。

1998年是中国住房制度改革和住房事业发展史上历史性的一年。亚洲金融危机后，为了应对当时的经济环境危机，中央政府达成共识，将房地产业尽快培育成新的经济增长点，房地产业因祸得福，迎来了新的发展机遇。同时，根据之前的改革经验，中央政府切实地认识到在当前背景下必须将与计划经济相适应的实物福利分配住房制度彻底逼入死角,才能让房屋商品化改革进行下去。

表 3-1 1978—1998 年中国住房市场代表性制度安排或政策条例

时间	制度安排/政策条例	改革要点
1978 年 9 月	中央召开城市住宅建设会议,传达邓小平同志的重要讲话精神	"解决住房问题能不能路子宽些,譬如允许私人建房或者私建公助,分期付款""把个人手中的钱动员出来,国家解决材料""建筑业是可以为国家增加收入、增加积累的一个重要产业部门。""在长期规划中,必须把建筑业放在重要位置"
1980 年 4 月	邓小平同志就住宅问题发表《关于建筑业和住宅问题的谈话》	"城镇居民个人可以购买房屋,也可以自己盖""不但新房可以出售,老房子也可以出售""可以一次付款,也可以分期付款,10 年、15 年付清""住宅出售后,房租恐怕要调整""要联系房价调整房租,使人们考虑到买房合算""因此要研究逐步提高房租""房租太低,人们就不买房子了"。"繁华的市中心和偏僻地方的房子,交通方便地区和不方便地区的房子,城区和郊区的房子,租金应该有所不同""将来房租提高了,对低工资的职工要给予补贴""这些政策要联系起来考虑。""建房还可以鼓励公私合营或民建公助,也可以私人自己想办法"
1980 年 6 月	中共中央和国务院批转《全国基本建设工作会议汇报提纲》	正式提出实行住房商品化政策,开启了住房制度改革的序幕
1982 年 4 月	国家建委、国家城建总局选择郑州、常州、四平、沙市 4 个城市进行新建住房补贴出售试点	通过在部分城市搞试点的方式,由企业、个人和政府各承担房价的 1/3(即"三三制"),鼓励职工自主购房
1984 年 10 月	国务院批转城乡建设环境保护部《关于扩大城市公有住宅补贴出售试点报告的通知》(国发〔84〕140 号)	同意北京、天津、上海作为公有住宅补贴出售扩大试点城市;住宅的售价要考虑职工的支付能力;个人购买的住宅应免征房产税和契税

续表

时间	制度安排/政策条例	改革要点
1986年11月	国务院办公厅转发《关于烟台、唐山、蚌埠、常州、江门五城市住房制度改革试点工作会议纪要的通知》（国办发〔1986〕91号）	烟台市"提租发券"是住房制度改革的第一步；各项政策、措施既要有统一规定，又要照顾各地的实际情况；要注意处理好一个大多数和两个少数的问题。一个大多数，即要使大多数职工不过多地增加负担。两个少数也必须处理好：一是少数人住房超标准太多要增加一些负担；二是少数职工家庭人口多，平均工资低于全市职工平均工资水平，提租后也会增加一些负担。对这两个少数应采取区别对待的政策
1988年1月	国务院召开第一次全国住房制度改革工作会议	宣布从1988年开始，住房制度改革正式列入中央和地方的改革计划，在全国分期分批展开。住房制度的改革办法是实现住房商品化。基本构思是提高房租，增加工资，鼓励职工买房
1988年2月	国务院下发《关于印发在全国城镇分期分批推行住房制度改革实施方案》（国发〔1988〕11号）	国务院决定，从1988年起，用三五年时间，在全国城镇分期分批把住房制度改革推开。确定了住房制度改革的目标、任务和实施方案，标志着住房制度改革开始全面进行
1991年6月	国务院下发《关于继续积极稳妥地进行城镇住房制度改革的通知》（国发〔1991〕30号）	合理调整现有公有住房的租金，有计划有步骤地提高到成本租金；出售公有住房；实行新房新制度。为了使新建住房不再进入旧的住房体制，有利于今后住房制度改革的顺利进行，对新竣工的公有住房，实行新房新租、先卖后租、优先出售或出租给无房户和住房困难户等办法。凡住房迁出腾空的旧公有住房（不包括互换房），应视同新建公有住房，实行新制度
1991年11月	国务院办公厅转发国务院住房制度改革领导小组《关于全面推进城镇住房制度改革的意见》（国办发〔1991〕73号）	提出坚持租、售、建并举的原则，形成一个提高租金、促进售房、回收资金、推动建房的良性循环

续表

时间	制度安排/政策条例	改革要点
1992年11月	国务院下发《关于发展房地产业若干问题的通知》（国发〔1992〕61号）	进一步深化土地使用制度改革；积极推行土地使用权出让集中管理的办法；合理确定地价，提高土地利用效益；加强开发区的审批和土地出让管理；加强土地使用权出让合同的管理；加强对划拨土地使用权的管理；继续深化城镇居民住房制度改革；完善房地产开发的投资管理；正确引导外商对房地产的投资；建立和培育完善的房地产市场体系；提高房地产开发企业的素质，严格资质审批；加强土地有偿使用收入的征收管理；加强房地产业的法治建设；加强对房地产业的领导
1994年7月	国务院下发《关于深化城镇住房制度改革的决定》（国发〔1994〕43号）	全面推行住房公积金制度，积极推进租金改革，稳步出售公有住房，大力发展房地产交易市场和社会化的房屋维修、管理市场，加快经济适用住房建设，到20世纪末初步建立起新的城镇住房制度，使城镇居民住房达到小康水平
1998年7月	国务院下发《关于进一步深化城镇住房制度改革加快住房建设的通知》（国发〔1998〕23号）	停止住房实物分配，逐步实行住房分配货币化；建立和完善以经济适用住房为主的住房供应体系；继续推进现有公有住房改革，培育和规范住房交易市场；采取扶持政策，加快经济适用住房建设；加强住房物业管理。发展住房金融；标志着福利分房制度的终结，房地产全面开始市场化改革

1998年4月，中国人民银行下发《关于加大住房信贷投入，支持住房建设与消费的通知》（银发〔1998〕169号），明确提出要全面实行购房按揭政策，鼓励住房消费，极大地推动了房屋商品化改革之后，如表3-2所示的一系列政策规定相应出台。同年6月，全国城镇住房制度改革与住宅建设工作会议上提出四项改革重点：改革城镇住房分配体制，停止住房实物分配；建立以经济适用房为主题的多层次住房供应体系；促进住房金融发展；逐步培养和规范住房交易市场。同年7月，国务院下发《关于进一步深化城镇住房制度改革加快住房建设的通知》（国发〔1998〕23号），直接宣告了福利分房制度的终结，这一通知直接触及住房改革的核心，标

志着中国房地产市场全面进入市场化,随后房地产市场大热,短期内几乎消化了全国的所有存量空置房。

表 3-2 1998—2016 年中国住房市场代表性制度安排或政策条例

时间	制度安排/政策条例	改革要点
1998 年 4 月	中国人民银行《关于加大住房信贷投入支持住房建设与消费的通知》(银发〔1998〕169 号)	提高对住房信贷重要性的认识,加大住房信贷投入,扩大住房信贷业务范围,大力促进住房消费,积极支持普通住房建设,促进空置商品房的销售,规范住房信贷业务的管理
1999 年 7 月	中国人民银行下发《关于鼓励消费贷款的若干意见》	将住房贷款与房价款比例从 70% 提高到 80%,个人住房贷款最长期限从 20 年延长到 30 年,鼓励商业银行提供全方位优质金融服务
2002 年 5 月	国土资源部发布《招标拍卖挂牌出让国有土地使用权规定》(国土资源部令第 11 号)	明确要求商品住房等经营性土地必须通过招标、拍卖或者挂牌方式出让
2003 年 6 月	中国人民银行下发《关于进一步加强房地产信贷业务管理的通知》(银发〔2003〕121 号)	加强房地产开发贷款管理、引导规范贷款投向,严格控制土地储备贷款的发放,规范建筑施工企业流动资金贷款用途,加强个人住房贷款管理,重点支持中低收入家庭购买住房的需要,强化个人商业用房贷款管理,充分发挥利率杠杆对个人住房贷款需求的调节作用,加强个人住房公积金委托贷款业务的管理,加强房地产信贷业务的管理
2003 年 8 月	国务院发布《国务院关于促进房地产市场持续健康发展的通知》(国发〔2003〕18 号)	完善供应政策,调整供应结构;改革住房制度,健全市场体系;发展住房信贷,强化管理服务;改进规划管理,调控土地供应;加强市场监管,整顿市场秩序
2005 年 5 月	国务院办公厅转发住建部等七部门《关于做好稳定住房价格工作意见的通知》(国办发〔2005〕26 号)	加大土地供应调控力度,严格土地管理;调整住房转让环节营业税政策,严格税收征管;加强房地产信贷管理,防范金融风险;明确享受优惠政策普通住房标准,合理引导住房建设与消费;加强经济适用住房建设,完善廉租住房制度;切实整顿和规范市场秩序,严肃查处违法违规销售行为;加强市场监测,完善市场信息披露制度(简称"国八条")

续表

时间	制度安排/政策条例	改革要点
2006年5月	国务院总理温家宝主持召开国务院常务会议	切实调整住房供应结构；进一步发挥税收、信贷、土地政策的调节作用；合理控制城市房屋拆迁规模和进度，减缓被动性住房需求过快增长；进一步整顿和规范房地产市场秩序；加快城镇廉租住房制度建设，规范发展经济适用住房；完善房地产统计和信息披露制度，增强房地产市场信息透明度（简称"国六条"）
2006年5月	国务院办公厅转发建部等部门《关于调整住房供应结构稳定住房价格意见的通知》（国办发〔2006〕37号）	把调整住房供应结构、控制住房价格过快上涨纳入经济社会发展工作的目标，重点发展中低价位、中小套型的商品房、经济适用房以及廉租房。严格房地产开发信贷条件，调整住房转让环节营业税（简称"国十五条"）
2006年5月	中国人民银行下发《关于调整住房信贷政策有关事宜的通知》（国办发〔2006〕37号）	个人住房按揭贷款首付款比例不得低于30%，但对购买自住住房且套型建筑面积90平方米以下的仍执行首付款比例20%的规定，商业银行应要求贷款申请人如实填写购房用途，并严格按照规定确定住房贷款的最低首付款比例
2008年12月	国务院办公厅发布了《关于促进房地产市场健康发展的若干意见》（国办发〔2008〕131号）	加大保障性住房建设力度，进一步鼓励普通商品住房消费，支持房地产开发企业积极应对市场变化，加强房地产市场监测，强化地方人民政府稳定房地产市场的职责
2010年1月	国务院办公厅发布《国务院办公厅关于促进房地产市场平稳健康发展的通知》（国办发〔2010〕4号）	增加保障性住房和普通商品住房有效供给，合理引导住房消费抑制投资投机性购房需求，加强风险防范和市场监管，加快推进保障性安居工程建设
2010年4月	国务院出台《关于坚决遏制部分城市房价过快上涨的通知》（国发〔2010〕10号）	坚决抑制不合理住房需求，实行更为严格的差别化住房信贷政策，严格限制各种名目的炒房和投机性购房。增加住房有效供给，加快保障性安居工程建设。加强市场监管，加强对房地产开发企业购地和融资的监管（简称"国十条"）

续表

时间	制度安排/政策条例	改革要点
2010年6月	住房城乡建设部等七部门联合制定《关于加快发展公共租赁住房的指导意见》（建保〔2010〕87号）	加大政府对公共租赁住房投入，切实采取土地、财税、金融等支持政策，充分调动各类企业和其他机构投资和经营公共租赁住房的积极性。根据当地经济发展水平和市场小户型租赁住房供需情况等因素，合理确定公共租赁住房的供应规模和供应对象
2010年9月	中国人民银行和中国银行监督管理委员会联合发布《关于完善差别化住房信贷政策有关问题的通知》（银发〔2010〕275号）	暂停发放居民家庭购买第三套及以上住房贷款；对贷款购买商品住房，首付款比例调整到30%及以上；加强对消费性贷款的管理，银行消费性贷款禁止用于购买住房
2011年1月	国务院办公厅发布《关于进一步做好房地产市场调控工作有关问题的通知》（国办发〔2011〕1号）	进一步落实地方政府责任；加大保障性安居工程建设力度；调整完善相关税收政策，加强税收征管；强化差别化住房信贷政策；严格住房用地供应管理；合理引导住房需求；落实住房保障和稳定房价工作的约谈和问责机制；坚持和强化舆论引导（简称新"国八条"）
2011年9月	国务院办公厅印发《关于保障房建设和管理的指导意见》（国办发〔2011〕45号）	大力推进以公共租赁住房为重点的保障性安居工程建设，落实各项支持政策，提高规划建设和工程质量水平
2013年3月	国务院办公厅发布《关于继续做好房地产市场调控工作的通知》（国办发〔2013〕17号）	完善稳定房价工作责任制，坚决抑制投机投资性购房，增加普通商品住房及用地供应，加快保障性安居工程规划建设，加强市场监管和预期管理，加快建立和完善引导房地产市场健康发展的长效机制（简称新"国六条"）
2014年12月	国务院《不动产登记暂行条例》出台（国务院令第656号）	整合不动产登记职责，规范登记行为，方便群众申请登记，保护权利人合法权益
2015年1月	住建部印发《关于加快培育和发展住房租赁市场的指导意见》（建房〔2015〕4号）	建立住房租赁信息政府服务平台，积极培育经营住房租赁的机构，支持房地产开发企业将其持有房源向社会出租，积极推进房地产投资信托基金（REITs）试点，支持从租赁市场筹集公共租赁房房源

续表

时间	制度安排/政策条例	改革要点
2015年11月	国务院法制办公室关于公布《住房公积金管理条例（修订送审稿）》公开征求意见的通知	扩大住房公积金缴存范围，改进住房公积金管理机制，拓宽公积金使用范围，提升住房公积金金融属性
2015年12月	2015年中央经济工作会议	抓好去产能、去库存、去杠杆、降成本、补短板五大任务，化解房地产库存，防范化解金融风险。加快农民工市民化，扩大有效需求，打通供需通道，消化库存，稳定房地产市场。明确深化住房制度改革方向，以满足新市民住房需求为主要出发点，以建立购租并举的住房制度为主要方向，把公租房扩大到非户籍人口
2016年2月	中共中央、国务院印发《关于进一步加强城市规划建设管理工作的若干意见》（中发〔2016〕6号）	深化城镇住房制度改革，以政府为主保障困难群体基本住房需求，以市场为主满足居民多层次住房需求。大力推进城镇棚户区改造，稳步实施城中村改造创新棚户区改造体制机制，推动政府购买棚改服务

2000年，之前因市场过热而限制房地产企业上市的禁令到期，我国的资本市场对房地产企业关闭的大门重新开启，一时间大量资本涌入房地产市场，温州"炒房团"的出现成为该时期极具代表性的产物。2001年7月，北京成功申办第29届奥林匹克运动会，在这一强大的刺激下，中国房地产发展进入飞速的快车道，房价快速上升。2002年7月，《招标拍卖挂牌出让国有土地使用权规定》（国土资源部令第11号）正式实施，明确要求商品住房等经营性土地必须通过招标、拍卖、挂牌的方式出让，这一规定助推了政府基础设施建设和城市化进程的速度，创造了大量的强制性消费需求，地王现象频频出现，进一步助推了房价的上升。2003年3月SARS暴发，政府逐步开始意识到房价过快上涨的危害，中国人民银行于6月出台《关于进一步加强房地产信贷业务管理的通知》（银发〔2003〕121号），全国房价上涨势头才因此得到了暂时的遏制。同年8月，《国务院关于促进房地产市场持续健康发展的通知》（国发〔2003〕18号）正式下发，政府首次提出房地产业已经成为国民经济支柱产业，明确将通过鼓励

房地产发展扩大内需、拉动投资增长，全国房价再次反弹。

从2003年底开始，房价持续上涨，所以调控期间，中央一方面对房价作出持续调控，另一方面也对与房地产相关的其他体系进行调整和完善。2004年，国土资源部和监察部联合颁发的文件，强调8月31日后不得再因历史遗留问题采用协议方式出让经营性土地使用权（即"8·31"大限）。2005年起，国家又相继出台了"国八条""国六条""国十五条""国十条""新国八条"等文件，分别对房地产供给结构、税收、个人贷款、闲置土地、房屋拆迁、违规销售、经济适用房以及廉租房建设等问题作出了规范与要求，对抑制房价上涨作出了极大努力，同时也为调整和改善住房结构、调控土地管理、加强房地产市场监管等多方面提出了要求。2007年9月，中央再次利用对房地产信贷的严格管理抑制高烧不退的房价及交易量，终于在短期取得一定成效。

2007年以后，中央政府着重开始探索建立健全住房保障制度，两条腿走路的政策特点明显。2008年为了应对全球金融危机的冲击，全国实行了稳定经济增长扩大内需的10条措施，其中第一条就是加快建设保障性安居工程。2009年温家宝总理在政府工作报告中首次提到了积极发展公共租赁住房，次年6月，住房城乡建设部等七部门联合发布《关于加快发展公共租赁住房的指导意见》（建保〔2010〕87号）。2011年，国家"十二五"规划中再次强调建设保障性住房的重要性，特别是公共租赁住房已经计划成为保障性住房的主体，保障房供给呈"井喷"态势。2014年起，公租房和廉租房并轨制度开始推行。由此可见，这段时期我国住房制度已经进入市场化时代，政府的住房政策着眼点已经从微观的住房实物生产与分配转到宏观的市场调控。

但与此同时，住房改革深刻影响着社会发展，在人均住房面积不断提高的情形下，住房矛盾却成为影响经济发展与社会和谐的焦点，住房制度改革已经成为提高社会福利水平的重要途径（卢嘉，2013）。虽然中国城镇住房制度改革已经在很大程度上解决"安得广厦千万间"的问题，但"大庇天下寒士俱欢颜"的目标仍有待实现（陈钊等，2018）。1998—2010年，尽管经济适用房投资总额增长了295%，从270亿元增加到1067亿元,但是占城镇住房投资的比例却经历了倒"U"形发展,从13%上升到1999年的16%,后来一路下滑到3%。1999年4月正式成立的廉租房制度,其推行过程也困难重重,从1999—2006年在全国范围内新开工量累计仅有7.8万套左右。在住房市场化推进以及住房调控的同时,政府也在试图重建城镇公共住房体系,之前被搁置的保障房制度建设又被提起。一方面是由于2003年以来房价一路高歌猛进,中低收入家庭的住房问题显得愈加突出;另一方面,中国政府对于民生问题,特别是对中低收入家庭住房保障问题的重视超过了历史上任何一个时期(姚玲珍,2009)。地方政府在住房保障政策方面也进行了一些有益的探索,如北京提出了以公租房为主的四级政策性住房保障体系,建立了"低端有保障、中端有支持、高端有市场"的多层次梯度性住房供应体系。同北京类似,2007年广州也建立起四层次的住房供应体系,主要强调解决"夹心层"的住房困难问题。重庆实行"双轨制"住房供应体系,规定住房供应的30%—40%是公租房,60%—70%是商品房。2007年淮安在全国首次推出共有产权住房保障模式,以出让土地的共有产权房取代划拨土地的经济适用房。上海也吸收了淮安共有产权房的相关政策经验并进行改进,同时还先后制定了廉租房、公租房、动迁安置房等一系列住房保障政策。杭州制定的保障房建设意见中,坚持"租、售、改"三位一体方针和"六房并举"的要求,强调实现拆迁安置"房等人"的目标,并重点解决"夹心层"问题(高波等,2017)。

但是,由于缺少区分不同市场的制度设计,最终并没有建立起完善的多层次城镇住房供应体系(赵燕菁,2017)。另外,住房改革的核心指导思想在于推进住房商品化和社会化,同时加快住房建设,发展房地产业作为新的经济增长点,客观上也将城镇居民的住房需求推向了购房市场,住房租赁市场先天就存在条件不足的缺陷。在改革过程中,不少单位以很低的价格,将住宅的产权转让给个人,很多家庭一夜之间财产倍增(赵燕菁,2015)。这次改革涉及住房资产、利益与责任在国家、单位和个人之间的重新分配,在短时间内猛烈地释放出几十年积累下来的财富"库存",使整个社会的实际财富急剧扩张,深刻地改变了中国住房领域的治理结构

（朱亚鹏，2008）。原有的基于行政级别和权力的住房不平等有一定的消除，但已经累积起来的住房不平等则继续放大（何晓斌和夏凡，2012），进而成为财富不平等的加速器（胡蓉，2012）。另外，市场化导向的住房制度改革具有"差序格局"和差异化改革策略的特点，使中国城市居民的住房获得具有明显的时期效应和世代效应。

在福利住房产权化和住房商品化双轨并行背景下，住房市场化获取模式虽然降低了体制内外住房不平等，但加剧了精英和非精英阶层的住房差异，本质上延续了行政精英阶层的福利住房获得优势。而且在住房改革进程中，体制分割和市场分化导致的住房不平等相互叠加，并通过代际传递加剧了年轻世代的住房分化（吴开泽，2017）。城市住房价格犹如一匹脱缰的野马，越涨越高，尽管政府采取了各种措施，但调控效果非常有限。归根结底，房价问题的根源与实质就在于住房供应体系结构的失衡（朱亚鹏，2007）。

2015年12月召开的中央经济工作会议上，确定房地产市场主基调为去库存。2016年初，全国共超过150个城市分别制定了去库存政策，1月1日起开始执行新的公积金贷款利率，由4.25%下降到3.25%，2月中国人民银行和中国银行监督管理委员会联合发布，在不实施限购的城市，降低首付款比例，首套房最低至20%，二套房最低至30%（黄燕芬和张超，2016）。另外，降契税、营业税等宽松的财税、金融政策也陆续发布。热点城市，如北京、上海、深圳依然持续收紧政策，上海和深圳甚至提高了非户籍人口购房门槛；二线城市中库存压力较大的城市实行去库存，而南京、武汉等库存压力小的城市实行限购政策，主要通过提高首付款比例和公积金贷款额度的方式进行收紧；三线、四线城市普遍库存压力较大，除了对普通商品房实行宽松政策，烟台、九江等城市还对保障性住房进行扩建，赣州、唐山等城市给予进城农民工购房补贴。2016年底，中央政治局会议提出2017年要加快研究建立符合国情、适应市场规律的房地产平稳健康发展的长效机制。随后，在12月的中央经济工作会议上，以习近平同志为核心的党中央准确把握住了"房子是用来住的、不是用来炒的"的科学定位，在理论上廓清了多年来的混沌观点，提出了一套新思维和新方法，充分体现出新时代住房思想方法的合理性、理论概念的准确性和政策实践的指导性（张泓铭，2017）。"因城施策去库存"不再作为新阶段的工作重点，取而代之的是"更好地解决群众住房问题"，这说明房地产去库存工作已经告一段落，政策调控方向已经发生变化。

2016年以来中国住房市场代表性制度安排或政策条例详见表3-3。

表3-3　2016年至今中国住房市场代表性制度安排或政策条例

时间	制度安排/政策条例	改革要点
2016年2月	国务院发布《关于深入推进新型城镇化建设的若干意见》（国发〔2016〕8号）	建立购租并举的城镇住房制度。以满足新市民的住房需求为主要出发点，建立购房与租房并举、市场配置与政府保障相结合的住房制度，健全以市场为主满足多层次需求、以政府为主提供基本保障的住房供应体系
2016年5月	住房和城乡建设部关于《住房租赁和销售管理条例（征求意见稿）》公开征求意见的通知	建立购租并举的住房制度，规范住房租赁和销售行为，保护当事人合法权益。鼓励专业化住房租赁企业长期经营，明确界定出租人与承租人的权利义务，切实保证租客利益
2016年6月	国务院办公厅发布《关于加快培育和发展住房租赁市场的若干意见》（国办发〔2016〕39号）	实行购租并举，培育和发展住房租赁市场，是深化住房制度改革的重要内容，是实现城镇居民住有所居目标的重要途径。发展住房租赁企业、鼓励房地产开发企业开展住房租赁业务、规范住房租赁中介机构、推进公租房货币化、制定租赁用地计划鼓励新建租赁住房、对租赁企业给予税收优惠、推进REITs试点
2016年12月	住房城乡建设部、财政部发布《关于做好城镇住房保障家庭租赁补贴工作的指导意见》（建保〔2016〕281号）	城镇住房保障采取实物配租与租赁补贴相结合的方式，逐步转向以租赁补贴为主。合理确定租赁补贴的发放规模和发放对象；合理确定租赁补贴标准和补贴面积等；建立健全租赁补贴制度，并动态调整；可分类别、分层次对在市场租房居住的住房保障家庭予以差别化的租赁补贴，保障其基本居住需求
2016年12月	2016年中央经济工作会议	促进房地产市场平稳健康发展；坚持"房子是用来住的、不是用来炒的"的定位；加快住房租赁市场立法，加快机构化、规模化租赁企业发展

续表

时间	制度安排/政策条例	改革要点
2017年7月	住房和城乡建设部等部门联合印发《关于在人口净流入的大中城市加快发展住房租赁市场的通知》（建房〔2017〕153号）	培育机构化、规模化住房租赁企业、建设政府住房租赁交易服务平台、增加租赁住房有效供应，创新住房租赁管理和服务体制
2017年8月	国土资源部、住房和城乡建设部关于印发《利用集体建设用地建设租赁住房试点方案》的通知（国土资发〔2017〕100号）	国土资源部会同住房和城乡建设部根据地方自愿，确定第一批在北京、上海、沈阳、南京、杭州、合肥、厦门、郑州、武汉、广州、佛山、肇庆、成都等13个城市开展利用集体建设用地建设租赁住房试点，制定了《利用集体建设用地建设租赁住房试点方案》
2017年10月	中国共产党第十九次全国代表大会	加快建立多主体供给、多渠道保障、租购并举的住房制度，让全体人民住有所居
2017年12月	2017年中央经济工作会议	加快建立多主体供应、多渠道保障、租购并举的住房制度。要发展住房租赁市场特别是长期租赁，保护租赁利益相关方合法权益，支持专业化、机构化住房租赁企业发展
2018年4月	中国证监会、住房和城乡建设部发布《关于推进住房租赁资产证券化相关工作的通知》（证监发〔2018〕30号）	加快培育和发展住房租赁市场特别是长期租赁，支持专业化、机构化住房租赁企业发展，鼓励发行住房租赁资产证券化产品。鼓励专业化、机构化住房租赁企业开展资产证券化。支持住房租赁企业建设和运营租赁住房，并通过资产证券化方式盘活资产。支持住房租赁企业依法依规将闲置的商业办公用房等改建为租赁住房并开展资产证券化融资
2018年5月	住房和城乡建设部发布《关于进一步做好房地产市场调控工作有关问题的通知》（建房〔2018〕49号）	抓紧调整住房和用地供应结构，落实人地挂钩政策，有针对性地增加住房和用地有效供给。切实提高中低价位、中小套型普通商品住房在新建商品住房供应中的比例。要改进商品住房用地供应方式，建立房价地价联动机制，防止地价推涨房价。热点城市要提高住房用地比例，住房用地占城市建设用地的比例建议按不低于25%安排。要大幅增加租赁住房、共有产权住房用地供应，确保公租房用地供应。力争用3—5年时间，公租房、租赁住房、共有产权住房用地在新增住房用地供应中的比例达到50%以上

续表

时间	制度安排/政策条例	改革要点
2018年5月	中国银行保险监督管理委员会发布《关于保险资金参与长租市场有关事项的通知》（银保监发〔2018〕26号）	保险公司通过直接投资、保险资产管理机构通过发起设立债权投资计划、股权投资计划、资产支持计划、保险私募基金等方式间接参与长租市场，所投长租项目应位于人口净流入的大中型试点城市，满足效益、权属、土地使用性质和审批程序等方面的要求
2018年6月	住房和城乡建设部等七部委发布《关于在部分城市先行开展打击侵害群众利益违法违规行为治理房地产市场乱象专项行动的通知》（建房〔2018〕58号）	针对近期房地产市场乱象，通过部门联合执法，重点打击投机炒房行为和房地产"黑中介"，治理房地产开发企业违法违规行为和虚假房地产广告，进一步整顿和规范房地产市场秩序，健全房地产市场监管机制，切实维护人民群众合法权益
2018年8月	第十三届全国人民代表大会常务委员会第五次会议《关于修改〈中华人民共和国个人所得税法〉的决定》	居民个人的综合所得，以每一纳税年度的收入额减除费用六万元以及专项扣除、专项附加扣除和依法确定的其他扣除后的余额为应纳税所得额。专项附加扣除包括子女教育、继续教育、大病医疗、住房贷款利息或者住房租金、赡养老人等支出
2018年9月	中共中央、国务院印发《关于完善促进消费体制机制进一步激发居民消费潜力的若干意见》	大力发展住房租赁市场特别是长期租赁。总结推广住房租赁试点经验，在人口净流入的大中城市加快培育和发展住房租赁市场。加快推进住房租赁立法，保护租赁利益相关方合法权益
2018年9月	住房和城乡建设部、财政部联合印发《关于印发推行政府购买公租房运营管理服务试点方案的通知》（建保〔2018〕92号）	加快政府职能转变，推进供给侧结构性改革，积极推行政府购买服务，吸引企业和其他机构参与公租房运营管理，不断提高公租房运营管理专业化、规范化水平，不断提升保障对象满意度和获得感。通过试点，将在试点地区建立健全公租房运营管理机制，完善政府购买公租房运营管理服务的管理制度与流程，形成一批可复制、可推广的试点成果，为提升公租房运营管理能力提供支撑
2019年7月	财政部、住房和城乡建设部《2019年中央财政支持住房租赁市场发展试点入围城市名单》	北京、长春、上海、南京、杭州、合肥、福州、厦门、济南、郑州、武汉、长沙、广州、深圳、重庆、成都等16个城市首批入围

续表

时间	制度安排/政策条例	改革要点
2020年7月	财政部、住房和城乡建设部《2020年中央财政支持住房租赁市场发展试点入围城市名单》	天津、石家庄、太原、沈阳、宁波、青岛、南宁、西安等8个城市第二批入围
2020年12月	2020年全国住房和城乡建设工作会议	加强住房市场体系和住房保障体系建设，加快补齐租赁住房短板，解决好新市民、青年人特别是从事基本公共服务人员等住房困难群体的住房问题。加快构建以保障性租赁住房和共有产权住房为主体的住房保障体系。扩大保障性租赁住房供给，做好公租房保障，在人口净流入的大城市重点发展政策性租赁住房。规范发展住房租赁市场，加快培育专业化、规模化住房租赁企业，建立健全住房租赁管理服务平台。整顿租赁市场秩序，规范市场行为
2021年3月	2021年政府工作报告	解决好大城市住房突出问题，通过增加土地供应、安排专项资金、集中建设等办法，切实增加保障性租赁住房和共有产权住房供给，规范发展长租房市场，降低租赁住房税费负担，尽最大努力帮助新市民、青年人等缓解住房困难
2021年3月	中华人民共和国国民经济和社会发展第十四个五年规划和2035年远景目标纲要	加快培育和发展住房租赁市场，有效盘活存量住房资源，有力有序扩大城市租赁住房供给，完善长租房政策，逐步使租购住房在享受公共服务上具有同等权利。加快住房租赁法规建设，加强租赁市场监管，保障承租人和出租人合法权益。有效增加保障性住房供给，完善住房保障基础性制度和支持政策。以人口流入多、房价高的城市为重点，扩大保障性租赁住房供给，着力解决困难群体和新市民住房问题。单列租赁住房用地计划，探索利用集体建设用地和企事业单位自有闲置土地建设租赁住房，支持将非住宅房屋改建为保障性租赁住房
2021年6月	国务院办公厅关于加快发展保障性租赁住房的意见	坚持房子是用来住的、不是用来炒的定位，突出住房的民生属性，扩大保障性租赁住房供给，缓解住房租赁市场结构性供给不足，推动建立多主体供给、多渠道保障、租购并举的住房制度，促进实现全体人民住有所居

续表

时间	制度安排/政策条例	改革要点
2022年5月	中国证监会办公厅、国家发展和改革委员会办公厅《关于规范做好保障性租赁住房试点发行基础设施领域不动产投资信托基金（REITs）有关工作的通知》	保障性租赁住房发行基础设施REITs，有利于盘活存量资产，回收资金用于新的保障性租赁住房项目建设，促进形成投融资良性循环；有利于更好地吸引社会资本参与，拓宽保障性租赁住房建设资金来源；有利于加快建立多主体供给、多渠道保障、租购并举住房制度，推动实现全体人民住有所居；有利于防范化解重大风险，保持房地产市场平稳健康发展

党的十九大以来，中央对于住房市场的发展方向有了清晰的定位和规划，各地政府都在积极探索尝试各类新措施新政策，推进住房供应体系和住房保障体系的改革与完善，尤其在规范住房租赁关系的法令制度、建设统一的租赁信息平台和为租赁住房定向倾斜土地供应等方面做了很多努力，以此加快住房市场的租售结构优化调整。2016年6月，国务院办公厅印发《关于加快培育和发展住房租赁市场的若干意见》，明确要求加快培育和发展住房租赁市场，建立购租并举的住房制度，健全以市场配置为主、政府提供基本保障的住房租赁体系，支持住房租赁消费，促进住房租赁市场健康发展。到2020年，基本形成供应主体多元、经营服务规范、租赁关系稳定的住房租赁市场体系，基本形成保基本、促公平、可持续的公共租赁住房保障体系，基本形成市场规则明晰、政府监管有力、权益保障充分的住房租赁法规制度体系，推动实现城镇居民"住有所居"的目标。在这些政策推动下，大量长租企业进入了租赁住房供应领域，进行业务模式创新，为住房市场增添了活力，也让住房租售结构及住房租赁市场发生快速变化。住房租赁市场迎来了前所未有的发展机遇，政策覆盖面之广，政策推进力度之大，将整个行业的战略地位提升到了一个全新的高度。2017年7月，住房和城乡建设部表示，将通过立法，逐步使租房居民在基本公共服务方面与买方居民享有同等待遇，实现"租购同权"。同月，住房和城乡建设部等九部门联合印发《关于在人口净流入的大中城市加快发展住房租赁市场的通知》（建房〔2017〕153号），督促培育机构化、规模

化住房租赁企业、建设政府住房租赁交易服务平台、增加租赁住房有效供应，创新住房租赁管理和服务体制。2017年8月，国土资源部和住房和城乡建设部联合印发《利用集体建设用地建设租赁住房试点方案》（国土资发〔2017〕100号），正式允许城中村、城边村集体建设用地建租赁住房。此后，10月的中国共产党第十九次全国代表大会报告和12月的中央经济工作会议公报都重申了对发展住房租赁市场特别是长期租赁，尤其是专业化、机构化住房租赁企业发展的支持。2018年5月，住房和城乡建设部继续发布《关于进一步做好房地产市场调控工作有关问题的通知》（建房〔2018〕49号），要求抓紧调整住房和用地供应结构，落实人地挂钩政策，加大租赁住房、共有产权住房用地的供给力度，有针对性地增加住房和用地有效供应。这些政策对于住房租赁市场的供应主体、参与方式、供应对象都有了明确的发展目标和安排，基本确立了租购并举长效机制，提升了住房租赁市场的发展机遇和前景。这一阶段"高质量"和"可持续性"是重点，在"租购并举"的政策背景下，尤其是在党的十九大报告提出"加快建立多主体供给、多渠道保障、租购并举的住房制度"之后，住房租赁市场的重要性更显突出。从此，我国房地产市场开始由增量时代向存量时代转换。

在大力推进"租购并举"的进程中，一线、二线城市商品房依然施行严格的调控措施，随着去杠杆的深入，房贷利率上升，因此购房市场稍显疲软。统计资料显示，2017年，商品房销售面积169408万平方米，比上年增长7.66%，增速相较于2016年有明显回落；商品房销售额133701亿元，增长13.7%，增速提高1个百分点。[①] 到2018年初，部分城市房价已经出现下跌，根据国家统计局公布的1月70个大中城市商品住宅销售价格的统计，房价整体稳中有降，一线城市房价首次出现下跌。[②]

在这种形势下，中国住房制度的目标设计和深化改革需要按照统一与

[①] 见国家统计局《2017年全国房地产开发投资和销售情况》，2018-01-18，http://www.stats.gov.cn/tjsj/zxfb/201801/t20180118_1574923.html。

[②] 见国家统计局《2018年1月份70个大中城市商品住宅销售价格变动情况》，2018-02-24，http://www.stats.gov.cn/tjsj/zxfb/201802/t20180224_1584805.html。

差别兼顾、政府与市场结合、农村与城镇一体、目标导向与问题导向一致、购房与租房并举的原则，建立以政府为主提供基本保障和以市场为主满足多层次需求两级体系和廉居、安居、康居、乐居四个层次的住房制度体系（倪鹏飞，2017）。正如贾康和郭建华（2018）所指出，房地产有效制度供给的不足，包容性基础制度建设的缺失，是造成我国房地产市场扭曲和长效治理机制缺位、滞后的根源。事实上，租购并举的目标是构建多层次住房供给制度，以保障居民基本居住权，而不是调控房地产价格。只有在制度层面构建房地产长效机制，在实践层面合理配置运营体系，在调控层面推进逆周期靶向性政策，方能精准施策，促进房地产长期健康平稳发展和房地产价格有效控制（何芳，2017）。

2017年下半年起，住房租赁市场迎来了"爆发式"发展，有12个城市开展住房租赁市场改革试点。继广州首次提出"租购同权"后，武汉、郑州、杭州、成都等地密集出台住宅租赁市场建设指导政策。当前，我国租赁人口占比11.6%，租赁房屋占比18%，而这一数据在英国、美国、日本等成熟市场都在35%以上。北京、上海、深圳等流动人口集中的一线城市租赁房屋占比仅为20%，租赁人口也没有超过40%，相对于旧金山、纽约等城市高达60%的租赁人口和50%的租赁房屋，差距明显。以发达国家经验为参照，我国租赁市场的发展空间十分可观。成熟的租赁市场需要有完整的产业生态的支撑，从房源的持有、改造到房源客源的匹配撮合、租后管理服务以及衍生服务等环节都需要有专业机构参与运营才能保证整个庞大产业链的顺利运作。尤其是当租赁规模不断增大，对于租赁供给端的管理的难度将大幅上升，超越个人管理的能力范围，只有机构才能打破管理半径的天花板。近年来，各类酒店式公寓、长租公寓等新名词、新品牌在租赁市场屡见不鲜。例如长租公寓，指租赁运营机构将业主房屋租赁过来，进行装修和配置后再出租。此类"公寓"主要分为两种运营模式："集中式"和"分散式"。集中式公寓往往由厂房、商办用地改造而成，整栋楼宇均用于租赁。运营机构获得物业和土地资源后，按标准对房型和内部配置实行统一装修改造和对外招租。分散式公寓的来源则以自然人房源为主，以房间为单位，零星分布在城市的不同区位。目前，监管部门将上述持有运营或房屋托管为代表的企业称为"代理经租机构"。"代理经租机构"的加入，以其品牌化、机构化的特点使市面上发布的房源具有较高真实度，并提供相应的保洁、维修等房屋管理服务，提升了居住体验和安全性，化解了租房体验不佳的"痛点"以及消费升级的"痒点"。

虽然机构化渗透是租赁市场发展的必经之路，但当前"二房东"在机构化的过程中会遇到一定的困难。一方面，个人"二房东"的资金流有限，难以扩大规模。而如果使用金融借贷的方式扩大房源量的话，又会出现收房成本过高、资金链断裂的风险。大多个人"二房东"管理的房源量天花板都在100—200套，规模难以扩大，很难形成有知名度、影响力的品牌化租赁机构。另一方面，绝大多数个人"二房东"并没有专业的租赁品牌运营能力，当前所作的只是简单赚取租金差价，即使资金充足、房源量扩大，也难以应对指数上升的运营管理难度，品牌的包装宣传、高质量的客源获取、租赁附加服务提供、运营团队建设与行业监管部门的对接，都会成为个人"二房东"短时间内难以弥补的软肋。因此，市场上会有"三房东"出现。"三房东"指某一机构汇聚大量"二房东"的房源，按照统一的品牌及运营模式包装后再对外出租。这个过程中，个人"二房东"仍然独立运营，但需要接受统一的品牌包装和服务标准。而"三房东"机构则为个人"二房东"提供了品牌、宣传、运营、标准等多方面的赋能，解决了个人"二房东"仅靠自身难以扩大规模、没有运营经验、难以提供高品质服务等问题。个人"二房东"会逐渐通过主动加盟或被合并成"三房东"的方式，形成租赁的机构化品牌，相应的服务品质也会提升，市场会演变成品牌间的服务品质竞争赛，而无品牌、无品质的个人"二房东"获得的曝光量会被挤压，最终失去生存空间。

由于潜在的巨大市场，长租公寓行业近年来备受各方青睐，在住房租赁市场开展REITs契合"房子是用来住的，不是用来炒的"的定位，并且有利于长租公寓实现规模化扩张。加上近期国家层面密集的住房租赁REITs利好政策出台，我国长租公寓REITs的前景一片光明。长租公寓以企业作为新的市场供应主体，从房屋品质到日常管理再到社交培训等增值服务，提供更加契合市场需求的租赁房源，且有利于规模化经营、盘活存量资产等，是住房租赁市场的重要组成部分。尤其是2017年以来，随着"租购同权"的提出，各项租赁市场相关政策及组织架构得到快速推进，长租公寓市场也从此迎来了发展的契机。对于房地产企业而言，REITs将成为一种有效的融资工具，帮助企业盘活存量，加快资金流转，改善公司资本结构，使房地产企业可以在开发运营商和资产服务商之间进行良好的切换。另一方面，REITs可为投资者提供风险较低、收益稳定的投资产品，并进一步拓展投资渠道，加速金融市场的发展壮大。事实上，在REITs层面可以对不动产进行主动经营管理，当有相应的法律法规加以鼓励，并辅以相应税收优惠的政策时，REITs才呈现出规模化发展。目前PPP以项目公司的形式对其进行经营管理已经具备REITs的公司制运营管理的基础，存在公司型REITs发展的根本基础，是我国REITs标准化最为可行的方式，但需在REITs机构可持有并运营不动产等相关立法和税收层面得到相应支持。鉴于国内PPP项目内部收益率较低，其完全REITs化后若无外部支持，可能导致投资者意愿降低。在专项立法和税收明晰的前提下，因PPP以项目公司运营机制明确，项目及其运营均可控制在项目公司层面，公司型REITs是可行之法，存在操作基础。从内部收益率来看，目前PPP项目基本在5%—6%水平，与美国REITs的内部收益率水平相当，若PPP实现标准REITs化，其投资者收益或可期。

然而，需要引起注意的是，当前住房租赁市场也出现了一些乱象，严重侵害了群众利益。例如垄断房源，操纵房价、房租行为，捂盘、惜售或者变相囤积房源行为，捏造、散布虚假信息行为，"首付贷""租金贷""阴阳合同"等行为。2018年6月，住房和城乡建设部、中共中央宣传部、公安部等七部委联合发布《关于在部分城市先行开展打击侵害群众利益违法违规行为治理房地产市场乱象专项行动的通知》（建房〔2018〕58号），在部分城市先行开展打击侵害群众利益违法违规行为、治理房地产市场乱象专项行动，通过部门联合执法，重点打击投机炒房行为和房地产"黑中介"，治理房地产开发企业违法违规行为和虚假房地产广告，进一步整顿和规范房地产市场秩序，健全房地产市场监管机制，切实维护人民群众合法权益。随后，住房和城乡建设部连续通报三批各地专项行动查处的违法违规房地产开发企业和中介机构名单。① 一些长租公寓企业在租赁市场上，借助资本优势和"租房贷"等金融创新功能，大肆囤积租房房源，兴风作浪，逐步形成局部垄断优势，再以翻新和重装修等名义，强迫性或诱导性推动住房"消费升级"，抬高市场租金，带来了众多大城市租金纷纷出现持续大幅上涨的势头，给很多收入有限的租客带来沉重的生活压力和利益损失。值得注意的是，中国租房市场出现的这个新景象，不过是过去十来年西方很多国家出现的住房租赁市场"金融化"浪潮的翻版。在REITs等金融创新工具推动下，不仅在美国（Fields，2015；Fields & Uffer，2016），在加拿大（August & Walks，2018），甚至在一向对住房租赁市场管制十分严格的德国（Wijburg & Aalbers，2017；Wijburg等，2018），都不约而同地出现了专业化住房租赁公司占租房市场比重越来越大、市场租金大幅上涨的情况。

大力发展住房租赁市场被视为房地产市场长效机制建设的重要一环，各地已纷纷出台政策，大力发展租购并举的房地产市场。但是如果无法从社会制度层面，根本性地保障承租者权利的话，将会迷失租赁市场的发展方向。长租公寓刚刚兴起火爆之时，似乎利国利民，皆大欢喜。然而，长租公寓的进入，毕竟以资本逐利为基本出发点。在金融资本趋利本性下，以链家自如、相寓、蛋壳的收购租房房源统一经租模式为代表的一些长租公寓很快就出现了一些与民生福祉要求相背离的发展趋势，引起社会强烈不满。

住房租赁市场本来一向认为是消费属性，金融属性较少，传统观念中认为租赁住房只具有居住功能，租房消费无法利用杠杆，租赁住房投资也因此缺乏吸引力。然而，在金融资本的推动下，各种类型的租房贷款层出不穷，租房市场也出现了"金融化"趋势。各类租房贷款的实质是给租房业务加杠杆，银行将租客的若干年房租提前支付给中介，租客用每月租金偿还债务，中介或长租公司却可以利用推迟给房东的租金转移所带来的资

---

① 见住房和城乡建设部《公布一批各地查处的违法违规房地产开发企业和中介机构名单》，http：//www.mohurd.gov.cn/zxydt/201808/t20180801_237017.html；住房和城乡建设部《再次公布一批专项行动中各地查处的违法违规房地产开发企业和中介机构》，http：//www.mohurd.gov.cn/zxydt/201809/t20180914_237598.html；住房和城乡建设部《公布各地专项行动查处的第三批违法违规房地产开发企业和中介机构》，http：//www.mohurd.gov.cn/zxydt/201811/t20181113_238340.html。

金期限错配，以套取大量短期融资，从而实现快速扩张。但一旦住房租赁市场下行，长租公寓的快速扩张则可能因为资金链断裂导致公司倒闭，出现"爆仓"，所以其中蕴含了相当大的金融风险和社会风险。当然，目前我国住房租赁市场仍然存在信息不对称、租客与房东相互不信任、长期租赁交易成本高的痛点，简单地否决租赁中介模式创新，用政府代替市场，对租金进行管制乃至限价，会降低长租公寓投资积极性，减少长租供给，也会影响城市居民尤其是中产阶层和流动人口的居住权利。

第二节　住房市场的基本现状

全国从城镇住房供应量来看，1978年之前年均新建住房面积仅有0.18亿平方米，1978年城镇新建住房面积为0.38亿平方米，1980年翻倍达到0.92亿平方米随着改革的推进，1992年，突破2亿平方米，1999年突破5亿平方米，2012年达到10亿平方米，2013—2017年，累计城镇竣工住房面积为41.5亿平方米。2004—2008年，城镇住房每年的竣工量基本在400万—500万套，相当于城镇地区每千人年新增住房10—12套，已达到发达国家住房建设最高潮时期的水平，2009—2011年继续稳步增长，2012年以后的城镇住房的年竣工量基本稳定在700多万套，2012年城镇每千人年新增住房已突破15套。城镇住房商品化率从1991年的不足20%上升到2016年的78.42%。没有城镇住房的商品化和市场化改革，取得这样的成绩是难以想象的。

从住房市场的增量和存量来看，1978年我国城镇住宅存量面积仅为14亿平方米，2005年达到107.69亿平方米，2010年第六次人口普查时为179亿平方米，2014年已经近200亿平方米，是1978年的14倍多。尽管住房存量很大，但是在2016年以前存量房市场占比小、受到关注度不高。2008年，中国二手房交易额不足5000亿元，新房交易额约2.5万亿元，二手房交易占比仅约16.7%，到2016年，二手房交易额翻了十倍达到5万亿元，新房交易额约 10 万亿元，其中二手房交易规模占比已达 1/3，2016 年这一比值更是达 41% 之多。其中，北京、上海、深圳、厦门和福州的二手房交易占比从 2015 年开始已经超过了总成交量的 50%。从人均住房建筑面积来看，1978 年仅为 6.7 平方米，1985 年突破 10 平方米，2000 年达到 20.25 平方米，2016 年为 40.8 平方米。其中 1984—1985 年，出现了一次增长小高峰，分别增长了 5.12 平方米和 2.38 平方米，2001 年出现第二次小高峰，增长了 3.7 平方米，其他各年增量平均在 0.5 平方米。

同时，跟房地产业发展相配套的业态，也取得了较好的成绩。2016 年数据显示，我国城镇住房的经纪机构，尤其是一线城市经济机构渗透率已经达到较高水平，北京、上海、深圳及广州分别达到 88%、86%、80% 和 75%，并且还将持续增长。职业化经纪人数量也急剧增长，但是从效率、运营角度比较，其发展还有很大空间。1986 年全国房地产开发企业仅 1991 家，1999 年达到 25762 家，其中内资企业 21422 家，港澳台企业 3167 家，外资企业 1173 家。到 2013 年已发展到 91444 家，其中内资企业 86379 家，港澳台企业 3391 家，外资企业 1674 家。从 1998 年至 2013 年，国有企业数量从 7958 家减少到 1739 家，占比从 32.6% 下降到 1.9%，集体企业从 4538 家减少到 570 家，占比从 18.6% 下降到 0.62%。其间发展最迅猛的民营或股份制企业占全部企业数量比例从 1998 年的 30.6% 发展到 2013 年的 91.8%。全国房地产业从业人数在 1985 年时仅为 36 万人，占当时城镇就业人数的 0.28%，2004 年，为 158.5 万人，占城镇就业人数比例达到最高峰为 6.3%，随后几年虽然房地产从业人数与城镇就业人数比例有所回落，但是人数逐年增长趋势基本不变，到 2016 年达到 275.2 万人，占城镇就业人数比例为 3.2%①。

随着城镇流动人口逐步增加和城市化进程加快，更多的刚性居住需求亟待解决，城镇住房建设的推动能为人们在城镇安居乐业创造良好的物质条件。住房作为居住载体不仅要保证新进入城市的人员"住有所居"，还需要增加配套设施和相关服务，这需要扩大城镇规模，所以房地产业的发

---

① 部分数据见国家统计局《中国统计年鉴》与《中国房地产统计年鉴》。

展为城镇化发展提供了扣除设施的同时，还促进了其经济增长，从而吸引更多外来人员，实现了城镇化良性循环。根据统计资料，1978 年，我国城镇人口为 1.72 亿，占到全国总人数的 17.92%，2008 年为 6.24 亿，占总人口的 46.99%，到 2017 年底，我国城镇人口已经达到 8.13 亿，占全国总人口的 58.52%。1998 年全社会竣工的房屋面积为 17.1 亿平方米，2008 年达到 26 亿平方米，2014 年最高达 35.5 亿平方米，2017 年降至 28.6 亿平方米，所以为了满足更多城镇人口需求，大量住房、商业区增长必然会消耗更多土地，导致城镇扩张。2008 年我国城市建成区面积为 3.63 万平方千米，城市城区面积为 17.8 万平方千米，到 2016 年底城市建成区面积为 5.43 平方千米，城市城区面积为 19.8 万平方千米。

图 3-1 描绘了 1998—2017 年中国房地产开发企业房屋施工、新开工、竣工面积的走势，可以发现全国房地产开发投资迅猛增长。其中，房地产开发企业房屋施工面积从 1998 年的 5.1 亿平方米，增加到 2017 年的 78.1 亿平方米；房地产开发企业房屋新开工面积从 1998 年的 2 亿平方米，增加到 2017 年的 17.9 亿平方米；房地产开发企业房屋竣工面积从 1998 年的 1.8 亿平方米，增加到 2017 年的 10.1 亿平方米。另外，市场化改革也给房地产开发注入了广阔的资金来源，1986 年全国城镇房地产投资总额仅 101 亿元，只占全社会固定资产投资的 3.24%，而 2017 年投资为 10.98 万亿元，占全社会固定资产总投资的 17.12%，占 GDP 的 13.27%，成为拉动国民经济的重要力量。房地产业的年增加值在 1978 年时仅为 80 亿元，对 GDP 的贡献只有 2.17%，到了 2017 年，房地产业增加值为 53851 亿元，对 GDP 的贡献度上升到了 6.51%。

1998—2017 年中国商品房销售面积、销售额、平均销售价格的走势如图 3-2 所示，从图中可以看出，全国房地产销售的增长趋势明显。其中，商品房销售面积从 1998 年的 1.2 万亿平方米，增加到 2017 年的 16.9 万亿平方米；商品房销售额从 1998 年的 0.25 万亿元，增加到 2017 年的 13.4 万亿元；商品房平均销售价格从 1998 年的 2063 元/平方米，增加到 2016 年的 7892 元/平方米。这只是全国的平均水平，在一些大城市，住房销售价格更是上涨得厉害。

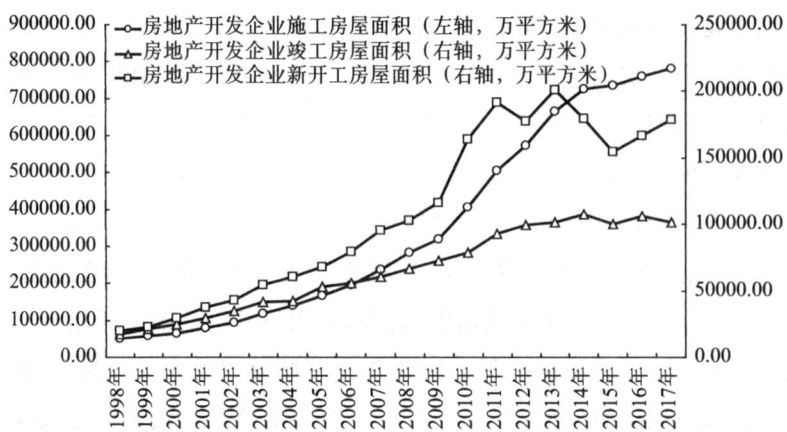

图 3-1　1998—2017 年中国房地产开发企业房屋施工、新开工、竣工面积走势图

数据来源：国家统计局。

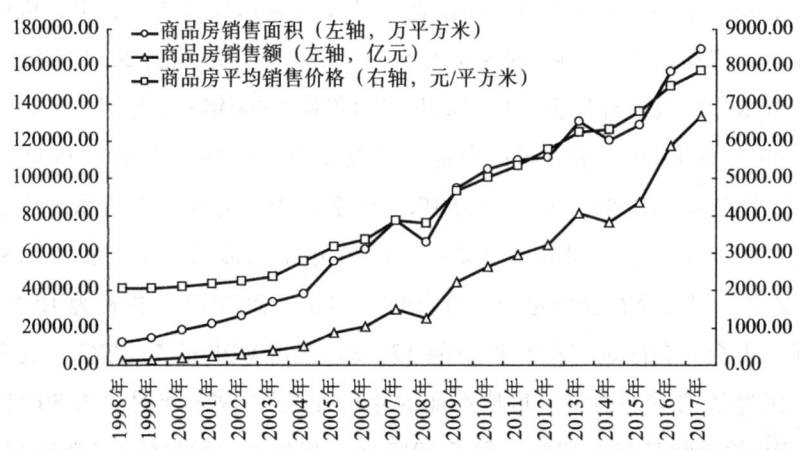

图 3-2　1998—2017 年中国商品房销售面积、销售额、平均销售价格走势图

数据来源：国家统计局。

以北京为例，2000 年的住房销售价格为 4557 元/平方米，而到了 2016 年，房价则升至了 28489 元/平方米。随着我国城市房价的迅猛增长，房价增长速度已经远超过居民收入增长速度，住房难逐渐成为备受社会各界关注的一个焦点问题。以上海市为例，2000—2016 年上海市住宅商品房平均销售价格的年均增长率为 14.4%，高于城市居民家庭人均可支配收入 10.5% 的年均增长率将近 4 个百分点，家庭越来越难以承受高额的购房成本。

成熟的住房市场应该是住房买卖市场和住房租赁市场共同发展，相辅相成。一方面，高速的城镇化过程中大量劳动力由乡入城、由小城入大城，使城镇特别是大城市的流动人口数量不断上升。另一方面，由于受到政策等多方面影响，房地产业一直以来"重购轻租"的模式制约了城市房屋租赁市场的发展。根据上海房管局的数据，上海2400多万常住人口中，约有40%的人口通过租房居住，但是在租赁住房供给方面存在若干不足。首先是公租房供不应求，由于上海公租房不设户籍和收入线，虽然从2010年起15万套公租房已经解决约20万人住宿问题，但是由于公租房实物房源筹措困难，中心城区房源供不应求的矛盾日益突出。其次是适合不同人群的租房不足，如适合中低收入人群和适合青年人群的规范市场化的房屋十分有限。根据住房和城乡建设部的一项抽样调查显示，现有出租房中商品房占比仅为40%，老式公房、农村自建房、拆迁安置房和小产权房等占很大比例，这些老旧房屋配套不完善、居住环境破旧是普遍现象（许倩，2017）。另外，虽然各地区住房租赁市场的状况不同，但是租赁房源分散、交易不规范、缺乏相应配套的公共服务等问题是通病。

在计划经济体制下，城市住房制度是一种实物福利分配制度，其主要特征包括住房投资建设的公共性、住房分配的实物福利性、住房经营的非营利性、住房管理的行政性等（宋士云，2009）。这样的体制下，职工对住房形成"等、靠、要"的观念，抑制了个人对住房的投入，住房供应逐渐显现出紧张的局面。随着住房制度改革坚定不移地深入，城镇居民开始逐渐接受从市场上购买住房的消费行为。1987年商品房销售面积共2697.24万平方米，其中个人购买426.66万平方米，占比仅13.96%；到1994年，这一比重首次突破50%；2003年，个人购买量占总商品房销售面积的96.43%。此后，商品房销售基本都由个人购买，住房私有率大大提升。至2005年，根据《2005年城镇房屋概况统计公报》，全国城镇住房私有率已经高达81.62%。[①] 但是，住房私有率的概念在市场经济下其意义并不大，更应该关注的，其实是住房自有率，即有多少家庭住进了自己所

---

① 见国家统计局《2005年城镇房屋概况统计公报》，http://www.stats.gov.cn/tjsj/tjgb/qt-tjgb/qgqttjgb/200607/t20060704_30621.html。

有的住房，有多少家庭需要租赁住房居住。住房在家庭自有和租赁之间的比率分配，是住房市场的最基本问题，对分析当前住房市场特征、预测住房市场未来需求都具有基础性意义，也是一个社会结构形态的重要特征（陈杰，2006）。住房自有率用以衡量一个国家或地区的住房产权结构，是指居住在拥有产权的住房中的家庭户数占家庭总户数的比例。同样，采用居住在租赁住房中的家庭占家庭总户数的比例也可以计算出城市住房租赁占比，即租房率，用这一比率可以反映住房在家庭自有和租赁之间的比率分配状况，定义住房租售结构。一般情况下，家庭自有住房状况普遍优于其他来源的住房状况。因此，住房自有率是国际上通用的考察居民住房状况的重要指标（王人扬和张惠，2014）。尽管中国目前并没有一个官方口径的住房租售结构统计数据，但可以根据一些微观调查数据进行推算。

图3-3根据西南财经大学中国家庭金融调查（CHFS）数据描绘出了2011年以来中国城镇地区与农村地区住房租赁占比的变化，可以明显发现，中国城镇地区的住房租赁占比有明显的下滑。具体而言，2011年全国城镇地区的住房租赁占比为15.2%，到2013年为13%，到2014年已降至11%，降幅达4.2个百分点，与2011年相比下降了约38%。由此可见，近些年来，我国城市住房市场租售结构愈发失衡，住房在家庭自有和租赁之间的比率分配愈发不合理。

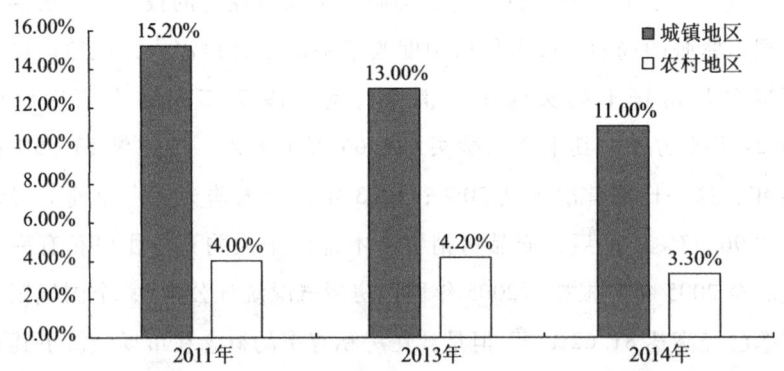

图3-3 2011年以来中国城镇地区与农村地区住房租赁占比变化图

数据来源：西南财经大学中国家庭金融调查（CHFS）数据。

从国际经验来看，发达国家的城市住房租赁占比普遍较高，跨度为

30%—70%。图3-4展示了中国与部分国家城镇住房租赁占比对比,可以看出,我国的住房租赁市场发展差距明显,住房租赁是一个短板。具体来看,西方发达国家中,德国的城市住房租赁占比高达46.7%,美国为34.8%,法国和英国分别为36.3%和33.3%,而中国只有13%,与西方发达国家相比非常低。即使与亚洲近邻日本和韩国比较,前者的城市住房租赁占比为45.8%,后者为38.6%,我国的住房租赁市场发展也相当地落后。发达国家住房租赁市场发展成熟的原因可能在于,首先其城市化水平较高;其次是经济、科技、产品更新换代和产业结构调整快,人才流动频繁;然后是租赁住房的法制和管理健全;最后是住房观念有所不同(包宗华,2011)。有研究也证实了经济增长水平越高,城市住房租赁占比也越高这个结论,因此,将住房保障问题归咎于住房市场化程度过高、居民购房倾向过强是具有误导性的(李宏瑾和徐爽,2009)。

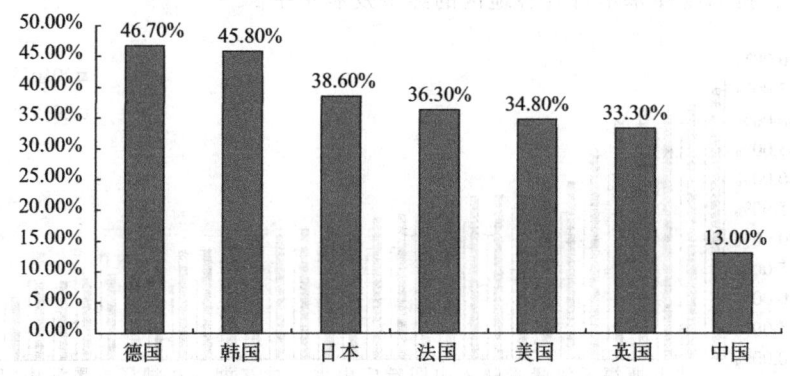

图3-4 中国与部分国家城镇住房租赁占比对比图

数据来源:欧盟统计局(*Eurostat*,2012);韩国统计局(*Statistics Korea*,2005);日本统计局(*Statistics Bureau of Japan*,2008);美国消费者金融调查(SCF,2013);中国家庭金融调查(CHFS,2013)。(转引自西南财经大学中国家庭金融调查与研究中心《城镇住房空置率及住房市场发展趋势》)

值得注意的是,随着房价不断上扬,作为主要租房主体的年轻人却越来越急于买房,一方面继续推高了房价,另一方面城市住房租赁占比也不断下降。为什么中国的青年人会如此热衷于购买住房而不是租房?这现象背后的原因有很多,比如传统的文化观念(王先柱等,2017)、婚姻市场的竞争（方丽和田传浩，2016）、享受公共服务的权利（冯皓和陆铭，2010）、财富积累的手段（Di 等，2007）以及身份地位的象征（刘祖云和毛小平，2012）等。而与此同时，住房租赁市场发展严重不足，政策法规缺失，租房者的合法权益得不到保障，也使住房市场租售结构越来越不平衡。

为了更好地观察中国不同地区的住房租售结构状况的差异，图 3-5 根据 2010 年第六次人口普查和 2015 年人口抽样调查的数据计算，得出 2010 年和 2015 年中国各省城镇住房租赁占比的排序情况。① 总体来看，绝大多数省份 2015 年的城市住房租赁占比要低于 2010 年，降幅明显。其中，广东省的城市住房租赁占比最高，2010 年为 45%，2015 年为 40%。北京紧随其后，2010 年为 42.6%，2015 年为 39.5%。上海排名第三，2010 年为 42%，2015 年为 38.8%。河北省排名垫底，2010 年为 10.5%，2015 年也基本持平。由此可见，中国不同地区的住房租售结构状况存在较大的省际差异，排名规律基本符合各地区的经济发展水平。

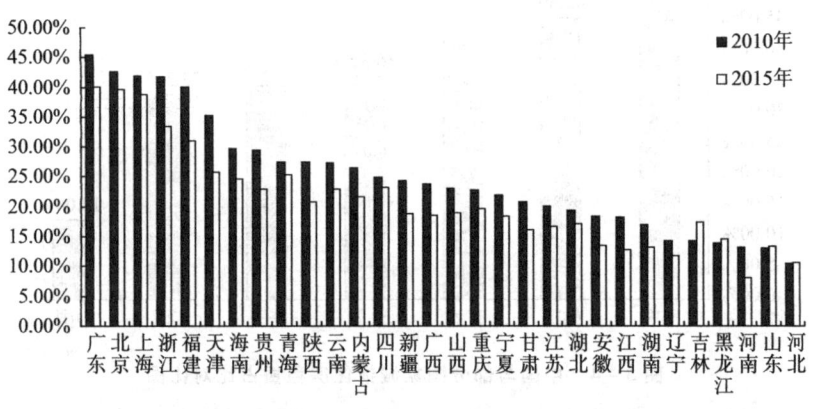

图 3-5　2010 年和 2015 年中国各省城镇住房租赁占比排序图（西藏除外）
数据来源：作者根据第六次人口普查数据和 2015 年人口抽样调查数据汇总计算。

事实上，Angel（2000）通过对全球 57 个国家数据的分析，发现住房自有率与当地的城镇化率呈负相关关系，也可以部分解释住房租售结构的差异。事实上，过低的城市住房租赁占比可能产生一系列的不利影响，如

---

① 人口普查数据中包含了对家庭住房来源的调查，据此可以近似计算相应的城市住房租赁占比。

抑制城市劳动力流动性和工作积极性，导致提前退休和失业率上升，不利于城市创新，也不利于人力资本的增加。Green & Hendershott（2001）使用美国前后 20 年的数据发现，过高的住房自有率可能会抑制劳动力流动，产生较高的失业率。这种影响主要体现在 35—65 岁的中等年龄户主家庭，而对 35 岁以下的年轻户主家庭以及 65 岁以上的老年户主家庭则并没有突出的作用。这是由于年轻人财富积累较少，更会很快对失业率的变化作出反应。

由于中国人传统观念中不能接受负债，而更加希望略有结余的生活，"无债一身轻"的观念在私人置业浪潮中也受到了极大的挑战，逐渐形成了接受按揭付款，习惯按揭付款的消费观。1997 年，新增个人商业住房贷款为 100 亿元，到 2017 年 20 年，每年新增个人商业住房贷款额度受到国家宏观调控的影响存在一定波动，但是整体上呈现上升趋势，2016 年，这一额度达到历史最高点为 4.96 万亿元，2017 年为 2.8 万亿元。另外，个人住房贷款余额占人民币贷款余额之比逐年攀升，从 1997 年的 0.25% 上升至 2017 年的 18.23%，个人住房贷款与 GDP 之比上升更为明显，1997 年仅 0.24%，2017 年达到 31.95%。在环境与观念的转变过程中，信用的重要性愈发凸显，按揭贷款的年限逐渐增长，贷款及还款方式也逐步多样化。另外，住房公积金制度的引入，也是改变居民住房消费观念的重要助推器。不仅从消费者角度鼓励其积极投入住房市场，同时也帮助职工家庭完成这一愿望。2018 年住房和城乡建设部、财政部和中国人民银行联合印发的《全国住房公积金 2017 年年度报告》（建金〔2018〕51 号）显示，2012 年全年住房公积金缴存额度为 9821.38 亿元，比上年增长 21.15%，缴存余额 26805.10 亿元；到 2017 年，住房公积金缴存额度 18726.74 亿元，比上年增长 13.06%，缴存余额 51620.74 亿元，提取额 12729.80 亿元；至 2017 年末全国住房公积金存缴总额共 124845.12 亿元，提取总额 73224.38 亿元，占缴存总额的 58.65%，比上年增长 9.49%[①]。随着房价

---

① 见住房和城乡建设部、财政部和中国人民银行关于印发《全国住房公积金 2017 年年度报告》的通知（建金〔2018〕51 号），http：//www.mohurd.gov.cn/wjfb/201805/t20180531_236261.html。

节节攀升，住房资产开始成为城镇居民最重要的资产。2016 年全国人均住房资产净值是人均可支配收入的 4.48 倍，住房资产升值幅度达到 61%。根据经济日报社中国经济趋势研究院编制的《中国家庭财富调查报告（2017）》可以发现，家庭财富不断增长的结果，一方面是来自收入的累积作用，另一方面是得益于家庭财产市场价值的提高。2017 年全国居民住房资产净值增长占到了家庭人均财富增长额的 68.2%，其中，城镇家庭人均财富中住房资产净值占比达到 68.68%，比农村家庭高出 13.6 个百分点。从增量上来看，全国居民住房资产净值增长占到了家庭人均财富增长额的 68.2%，其中，城镇居民同样高于农村居民[①]。该报告基于一手入户访问调查数据，覆盖了 24 个省份、435 个县共 36000 户家庭，涉及中国家庭财富的规模与结构、城乡与区域差异、金融资产和住房、家庭投资理财决策、互联网金融等方面，比较全面、客观地反映了当前我国家庭财富的基本状况。

住房资产逐渐成为城镇居民家庭最重要的资产时，住房的投资属性开始得到彰显，体现在住房建设和交易过程中的大量资本涌入。作为投资品的住房，其供求关系、定价基础、交易目的以及价格运行方式等与一般投资性商品大抵相同。但住房的投资功能却是从住房消费的长期有效性派生出来的，正是基于住房消费的长期性以及住房的居住功能，住房才具备了投资功能，并且住房的消费功能和投资功能是捆绑在一起的。消费者对于未来现实世界的不确定性以及对于未来各种经济变量预期的差异性，可能会引起住房价格的大幅波动，使住房投资面临着巨大的风险（杨太乐等，2013）。图 3-6 根据西南财经大学中国家庭金融调查（CHFS）数据描绘出了 2011 年以来中国城镇拥有多套房家庭比例变化，可以明显发现，中国城镇地区拥有多套房家庭比例有明显的上涨态势。具体来看，2011 年中国城镇拥有多套房家庭比例为 15.9%，2013 年增长至 18.6%，2014 年 3 月的季度数据显示城镇拥有多套房家庭比例已经快速上升至 21%。

---

① 见经济日报社中国经济趋势研究院《中国家庭财富调查报告（2017）》，2017-05-24，中国经济网，http://www.ce.cn/xwzx/gnsz/gdxw/201705/24/t20170524_23147241.shtml。

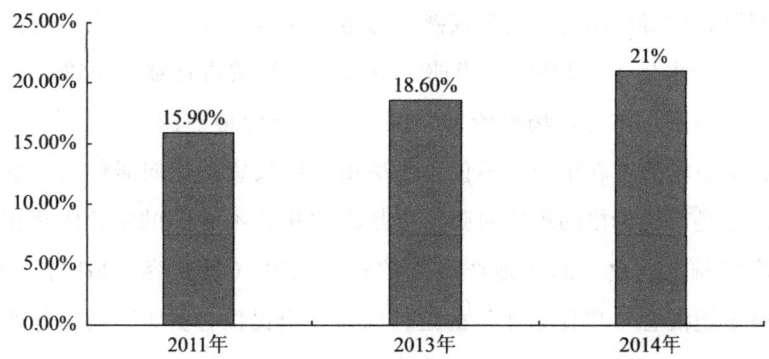

图 3-6　2011 年以来中国城镇拥有多套房家庭比例变化图
数据来源：西南财经大学中国家庭金融调查（CHFS）数据。

同样根据西南财经大学中国家庭金融调查（CHFS）数据，图 3-7 表明 2011 年以来中国城镇家庭住房空置率也有明显的上升势头。具体来看，2011 年中国城镇家庭住房总空置率为 20.6%，到了 2013 年上升为 22.4%，上涨了 1.8 个百分点。其中，多套房家庭住房空置率从 2011 年的 15.8% 上升至 2013 年的 17.3%，涨幅达 1.5 个百分点。

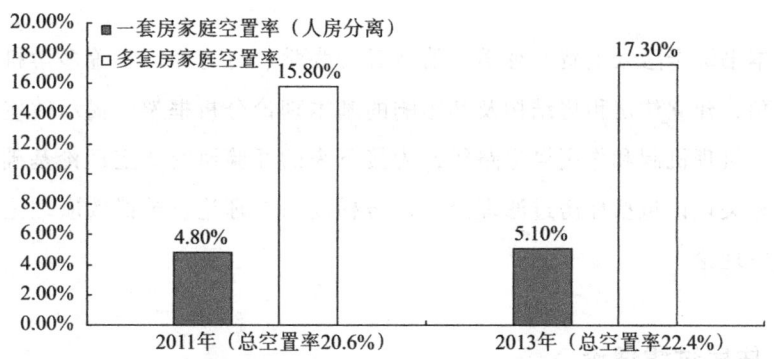

图 3-7　2011 年以来中国城镇住房空置率变化图
数据来源：西南财经大学中国家庭金融调查（CHFS）数据。

综上所述，中国城市住房市场已基本进入总量基本平衡但结构还不合理的新阶段，开始由增量时代向存量时代转换。一方面，中国的住房已从根本上解决了绝对短缺的问题，住房市场基本形成规模，房地产业也发展到一定的广度和深度。另一方面，中国的住房发展同样面临着不平衡不充分的问题，住房市场尚未完全成熟，房地产业也需要进一步迈向更高质量的发展（张永岳等，2018）。当前，城市住房租赁占比逐年下降，住房价格却高居不下，住房市场投资需求旺盛，资产价格泡沫风险犹存。因此，中国住房市场的重新定位，不仅是住房市场的投资功能向居住的消费功能转型，也是市场价格的理性回归，更是将"房住不炒"的定位固化在基础性制度安排上，建立起房地产市场的长效机制（易宪容，2017）。为此，必须坚定地沿着"房住不炒"的定位以及"全民住有所居"的目标所代表的房地产市场调控基调与制度建设方向，坚持稳定市场的房地产市场调控与固本强基的制度改革短效、长效举措两手抓且有机结合，不断拓展新时代房地产市场供求平衡、稳健协调发展的新空间（丁如曦和倪鹏飞，2018）。

第三节 相关理论基础

本书综合融入消费心理学、消费者行为学、行为经济学等多学科的理论视角，建立住房租售结构及其影响的基本理论分析框架，揭示效应影响的具体机理机制和作用渠道路径，为接下来的经验研究奠定理论基础。具体的相关理论包括住房过滤理论、住房梯度消费理论、羊群效应理论和同群效应理论。

一、住房过滤理论

住房过滤（Housing Filtering）是住房市场中的一种普遍性现象，是指随着时间推移，较高收入者的原有住房发生老化和折旧，带来服务功能和品质等下降，导致其为了保持原有居住品质离开现有住房去追求新住房，次高收入者继续使用该住房。过段时间后，先前次高收入者也会觉得该住房不能满足其住房需求而抛售给较低收入者，该住房由较低收入者继续使用的过程。这个过程会一直持续，直到该住房建筑寿命完结，住房过滤描述了住房在其整个生命周期中使用的全过程（Lowry，1960）。住房过滤的本质是在住房不断老化的物理作用和消费者保持原有居住品质或追求更高质量住房的心理诉求共同作用下，不同质量等级住房和不同收入阶层之间不断进行重新匹配的动态过程。除了住房老化或功能退化本身会刺激原有使用者放弃该住房，使用者收入增长或生命周期、家庭结构变化后对住房品质需求的提升也会带来改善性换房需求，从而让原有住房即使还没有明显功能退化也会传递流动到较原有使用者收入较低的那个阶层那里。

随着现有住房提供的服务功能不断弱化，同时降低了居住质量水平，租金也相应地减少，这就形成了住房过滤现象的内在原因。开始处于该收入层级的家庭不再满足于原先的居住质量水平，在市场上寻求与自己收入层级相匹配的高居住质量水平住房，并将其原有住房过滤给收入层级低于自己的家庭。当社会经济的发展与城市化进程持续加快，购房者对住房的要求越来越高，新建的住房由于其居住质量高、户型结构合理以及区位优势突出，从而吸引着高收入层级的家庭购买，而空出的住房则由相对低收入层级的家庭迁入，由此住房消费市场形成了长长的消费链。如果住房质量可以划分为 K 个等级，且每个收入层级的住房质量与其收入一一对应，那么住房市场将会经历（$K-1$）次过滤，确保每个家庭均能在市场上搜寻到与自己收入层级相适应的住房（朱柏铭和祝燕君，2009）。

住房过滤理论包括家庭和住房的属性、对资源的控制、社会和地理空间的区位三个维度。首先，家庭和住房是过滤的直接参与者，其属性的改变引起过滤的产生，为过滤的关键所在。其次，对资源的控制涉及住房的价值、住房所有权、家庭的收入等各个方面，是判断过滤产生的重要依据。最后，空间维度中的社会空间将过滤与社会公平、政府政策、社会歧视等结合起来，而地理空间则涉及过滤的区位差异与空间效应（塔娜等，2011）。住房过滤理论充分考虑了已有住房对新建住房的影响，从而将新旧住房联动起来研究建造规模及属性，基于住房等级和收入等级的视角，能够较好地分析住房供求结构性问题，对住房在其生命周期的流动过程进行跟踪，可以较为细致地从微观层面表现出住房市场的运行机制。该理论的前提条件主要包括住房耐用性、住房异质性和住房消费者异质性。具体而言，住房耐用性指的是住房商品的使用年限一般较长，长期耐用性使其得以在不同消费者间进行流动和传递。住房异质性强调的是在不同时点上同一住房体现出来的性能差别，比如以前的高档次住房可能会因为折旧以及更高档次住房的修建而降为中低档次住房。当然，仅依靠住房自身的物理属性还不能引起住房过滤机制的发生，住房消费者的差异则是过滤机制的能动性因素，包括住房偏好异质性、家庭收入或财富异质性等（陈筱和汤玉刚，2009）。除此以外，还需要依托较为完备的住房市场环境，如住房商品化、成熟的存量房市场和房地产中介业等。

有关住房过滤理论的争论主要体现在过滤的主体、属性、方向和有效性等方面。具体来说，对于过滤主体，一些学者关注住房过滤，而另一些学者则更加关注家庭过滤（Myers，1983）。前者认为住房租金、价格、真实价值下降或相对价值比其相对质量下降快时，过滤才会发生（Grigsby，1971）；后者认为如果家庭变化而导致对原有住房的评价变化，过滤也会发生（Little，1976）。也有学者指出，过滤过程涉及家庭、收入、住房、质量、价值等诸多方面，不仅包含因质量或价值下降产生的住房向下过滤，还包括由于家庭变化或收入增加而形成的住房向上过滤（Myers，1975）。对于过滤属性，学界的观点可概括为主动过滤和被动过滤，主动过滤强调家庭主动迁居、更新或改造等引发过滤（Baer，1991），被动过滤则强调当周围环境变化时，家庭若没有更换其原有住房所产生的效用损失，即邻里环境变化引起的过滤（Grigsby，1971）。对于过滤方向，传统意义上住房过滤是住房由较高收入者转移到次高收入者，而有些观点提出住房过滤也允许其由低向高过滤，如一些有历史价值的建筑往往存在升值现象。对于过滤有效性，一些观点质疑由于不少住房在过滤过程中损失效用，使向下过滤的住房不一定完全满足低收入层级家庭的需求，并且能够过滤的住房数量很多时候是由高收入层级家庭的户数所决定的，因此过滤在满足低收入层级家庭住房上的有效性被极大地削弱（Sands，1979）。尽管住房过滤理论还存在不少争论和质疑，但学界对该理论的普遍有效性仍然具备广泛共识。首先，该理论通过将住房质量等级与消费者收入水平进行匹配，能够预测住房建造规模及属性，对于政府和开发商具有指导意义。其次，该理论通过分析住房政策效率、公平性等，有益于政府政策的制定，如保障房建设、住房补贴发放、房屋拆迁等。再次，该理论能够辅助解释因住房问题产生的城市问题，如城市空心化等。另外，该理论能够通过考虑住房流动，进而分析旧房升值等问题。最后，该模型为提高城市整体居住水平提供了新思路，即通过加快住房过滤，有助于增加低收入层级家庭的福利。

由于我国目前住房市场的供给和需求没有形成良好的匹配关系，许多需求者找不到合适的住房，存量住房空置积压严重，使高端住房市场向低端住房市场的过滤过程受到阻碍（王来福，2004）。另外，受到税收政策、持有成本、区位价值和家庭住房偏好等不同条件的作用，使我国的住房过滤成为有限的过滤（康琪雪，2008）。因此，在城市家庭住房供求基本均衡的基础上，我国住房的供应体系应从新建住房或更新改造为主逐渐转变为充分利用存量住房为主，加快分层供应，为不同收入层级的家庭提供不同服务数量的住房，实现住房结构化梯度消费（褚超孚和贾生华，2005）。政府应重点考虑租赁房源的供应，通过住房过滤和稳定房价的措施解决"夹心层"的住房问题（刘友平和张丽娟，2008）。事实上，作为保障低收入层级家庭的住房政策，不该只是低收入家庭本身的问题，其实与中等收入和高收入家庭的住房消费也是彼此关联的，应从市场效率和公平并重的角度制定住房政策，充分考虑政策的实行对市场运作效率的影响后果，维护住房市场的繁荣健康稳定（宋博通，2002）。随着我国住房市场开放程度的扩大以及住房流动性的增强，住房过滤现象和住房过滤效果将会更加显著。

二、住房梯度消费理论

基于住房过滤理论，住房梯度消费（housing gradient consumption）理论进一步认为，住房市场的消费呈现出梯级消费规律。梯度消费可以用来形容住房消费的阶梯性、层次性特征，可以从静态和动态两个层面来看待。静态层面就是将梯度消费看作是类似楼梯或者阶梯（ladder），一层一层地从下往上交错层叠起来。梯度消费的动态层面主要体现在住房消费是循序渐进性的，随着个体的生命周期变化，其在社会结构中的地位也在不断地流动。如果将住房的不同价格水平结构比作一座"金字塔"，同时将消费者的不同收入水平比作另一座"金字塔"，那么不同消费者的住房消费应该是在其中某一个相对应的住房层面上产生的（褚超孚，2005）。当前，家庭在住房分配上的差别超越了传统群众—精英两分法范畴，而是与社会结构分层相一致，形成了梯度化的住房消费结构：低收入群体通过政策性住房获得保障，中等收入群体选择普通商品住房，而高收入群体购买高档商品住房（浩春杏，2007a）。

住房消费并非一种简单的个体消费行为，而是家庭的一种集体消费行为，商品住房是家庭成员共享的一项集体消费品。受家庭所处的生命周期、规模结构、代际特征和决策模式等因素的影响，城市家庭在住房消费选择上体现出梯度化的消费倾向。这样一种梯度化的消费倾向具体表现为，城市家庭在购房过程中形成了"租房与买房并重、新房与旧房联动、买房与卖房互通、大房与小房互补"的良性互动状态（浩春杏，2007b）。住房消费的梯度变化，一方面表现在对消费者自身变化而言，个体的社会地位以及收入水平、家庭财富的变化，加上本身个人能力、机遇等差别造成了家庭之间收入的多寡和贫富的差距，形成不同的消费阶层和消费水平，住房消费也产生了先小后大、先一般后高级，随消费水平分步到位的梯度消费（刘丽荣，2008）。另一方面，住房消费的梯度变化也表明，家庭经历了进入—退出—再进入住房市场的循环，在家庭形成的早期阶段，家庭开始进入住房市场并购买住房，逐渐实现住房消费的改善。当家庭进入解体时期，通常需要通过住房市场出售或出租自己的住房以退出住房市场。此外，家庭住房需求与消费能力也经历了增长—萎缩—再增长的循环，住房消费的梯度变化特征实质上是由家庭规模结构以及生命周期所共同决定的。这种梯度变化特征约束着家庭的购房选择行为，不断地推动实现家庭住房消费的动态改善升级（浩春杏，2007b）。事实上，就家庭个体而言，住房消费具有时间变化的特征，会随着不同年龄阶段的生活取向与消费偏好而变化。对于处于不同层次收入水平的消费群体而言，通常是处于最需要解决、改善或投资住房并且具备购买力的消费群体率先购买住房，其他消费群体则陆续跟进，其消费分时序进行。也就是说，消费时间先后的梯度性决定了住房市场发展的渐进性、波动性以及由此而形成的非精确和难以完全重复的周期性（刘丽荣，2008）。

然而，低端住房市场通常存在着原有住房品质下降或房屋拆除等问题，而低收入家庭又难以通过自身力量去改善居住条件，造成住房梯级消费过程缓慢或中断，此时需要政府的住房干预，通过公共住房政策来实现住房消费公平和改善住房福利。需要指出的是，实现梯度消费的根源在于梯度供应，之前梯度供应主要集中于住房保障领域，而事实上住房市场整体都需要梯度供应。首先，梯度的概念本身就说明应当在供应类型上形成梯度，如住房买卖市场与住房租赁市场形成梯度，普通商品房、政策性商品房和保障性住房形成梯度。其次，在每一种类型的内部也应当形成梯度，如普通商品住房可以针对消费性需求的供应、针对改善性需求的供应和针对享受性需求的供应形成梯度，从供给端挤压投资投机性住房需求的空间。最后，在供应主体上也应当形成梯度，使市场、政府和社会均有参与的机会，丰富供应主体的同时，进一步厘清各参与主体的功能定位，根据不同地区或者不同城市家庭的收入水平以及住房支付能力，形成与当地住房市场消费水平相适应的梯度供应结构，以梯度供应促进梯度消费的实现（黄燕芬和张超，2017）。

三、"羊群效应"理论

"羊群行为"（Herd Behavior）通常指在不完全信息环境下，行为主体因受其他人行为的影响，进而忽视私人信息而模仿他人行动的决策行为。虽然，对他人的跟风和模仿现象广泛存在自然界和人类社会，但被人们关注和研究却源自资本市场上投资者之间的跟风行为。由于羊群行为具有传染性，因此存在多个行为主体之间的羊群行为现象又称为"羊群效应"（herding effect）。随着行为经济学以及实验经济学的飞速发展，"羊群效应"理论已经被广泛应用于金融学和管理学等相关跨学科领域（Scharfstein 和 Stein，1990；Avery 和 Zemsky，1998；Graham，1999；Hwang 和 Salmon，2004）。

国内外关于"羊群效应"的研究主要集中于对金融市场上异象的讨论，投资者不约而同地买卖相似的股票或进行相同方向的买卖，这种羊群行为是一种特殊的非理性行为，投资者在信息环境不确定的情况下，行为受到其他投资者的影响，模仿他人决策，或者过度依赖于舆论，而不考虑自己的信息的行为，理智、信念、常识都失去了约束力（孙培源和施东晖，2002）。由于"羊群效应"涉及多个投资主体的相关性行为，对于市场的稳定性以及运行效率都有很大的影响，也跟金融危机有着十分密切的关系，从而引发了学术界、金融界以及政府监管部门的广泛关注（Choe 等，1999；Kaminsky 和 Schmukler，1999）。心理学家认为这是人类的从众心理，社会学家认为是人类的集体无意识，而经济学家则从投资者之间的信息不对称性（Rajan，1994）、机构投资者运作中的委托—代理关系（Maug 和 Naik，2011）以及经济主体的有限理性（Devenow 和 Welch，1996）等角度来探讨"羊群效应"的内在产生机制。Wermers（1999）和 Sias（2004）研究了股票收益率中的"羊群效应"，认为如果除信息以外的原因导致了"羊群效应"，那么股票的收益不会持续太久。事实上，投资者如何处理个人信息、如何形成决策的机制并非完全一样，尽管行动的现象和结果相似，但有的可能结合了对自身能力和信息的考虑，有的却可能完全跟风（朱宪辰等，2008）。由此可见，虽然"羊群效应"的表征一致，但形成机制却值得进一步去考察。从委托代理的角度来看，由于中小投资者不能直接识别基金经理的投资能力，而是根据业绩进行判断，所以基金的声誉就十分重要，考虑到自身声誉以及排名时，投资者就会倾向于模仿他人的行为，而不会去承担额外的风险（Scharfstein 和 Stein，1990）。另外，投资者往往会采取相似的投资策略，机构投资者经常使用正反馈投资策略，导致了他们同时买入股票，产生了"羊群效应"（Nofsinger 和 Sias，1999）。Lakonishok 等（1992）发现除了小市值股票外，美国证券市场中的"羊群效应"平均来说并不显著。Hong 等（2005）认为基金经理之间会通过谈话等方式共享信息，一个基金能够知道其他基金季度内的投资动向，然后采取相似的投资行为。Hott（2009）发现，投资者通过跟踪情绪投资者改善市场心情，创造积极的反馈，导致价格泡沫，而随着时间的推移，投资者了解到市场信息不足，则泡沫破裂。孙培源和施东晖（2002）研究发现，在信息不对称严重和政策干预频繁的市场环境下，中国的股票市场中也存在着部分程度的"羊群效应"，并使系统风险在总风险中占有较大比例。宋军和吴冲锋（2001）比较发现，中国证券市场的羊群效应程度要高于美国证券市场，且在市场收益率极低时的羊群效应程度远高于在市场收益率极高时的羊群效应程度。许年行等（2013）研究发现，机构投资者的"羊群效应"提高了公司股价未来崩盘的风险，也同样提高了上市公司股价同步性，且在"卖方"羊群效应的样本中更为明显。路磊等（2014）研究发现，基金排名变化与羊群效应变化有着显著的正相关关系，基金只在买入股票时才具有显著的正相关，且只有中资基金的羊群效应变化对短期排名的敏感性显著。廖理等（2015）借助"人人贷"网络借贷平台的数据，检验了中国P2P网络借贷市场中投资者投资行为"羊群效应"的存在性及其特点。方军雄（2012）实证研究了中国企业投资决策羊群行为的存在性及其后果，发现中国上市公司的投资决策确实存在"羊群效应"，投资羊群行为恶化了行业绩效。由于投资者经常出于"羊群效应"摒弃自己的个人信息而去追随别人，这就将导致市场信息传递链的中断，从而削弱市场基本面因素对未来价格走势的作用，还会造成金融市场产品价格的大幅变动以及不连续，破坏了市场的稳定运行。另外，"羊群效应"也会引发市场过度反应，在繁荣的市场中，盲目追涨一旦越过价值的限度，最终只能是制造泡沫；而在萧条的市场中，盲目杀跌只能是加深危机。

综上所述，我国住房市场中特别是消费者购房行为确实存在产生"羊群效应"的条件。住房市场中的各种交易行为的变化，实质上是市场参与主体之间相互影响与相互制约的行为过程，而"羊群效应"就是这些交易行为间相互影响的外在形式，是消费者由于无法对未来作出稳定的预期判断所导致的模仿行为。因此，如何引导消费者对住房市场形成稳定的预期，并进一步弱化"羊群效应"对家庭住房选择决策行为的影响，才是房地产市场宏观调控政策能否成功的关键（贺京同等，2009）。目前来看，我国住房市场中家庭购房行为的"羊群效应"研究还没有得到足够的关注，有必要基于更加全面的研究角度以及更加科学的研究方法对我国住房市场中的"羊群效应"进行深入分析（柯昇沛和黄静，2012）。

四、"同群效应"理论

"同群效应"（Peer Effect）也称"同伴效应"或者"同侪效应"，是指个体的行为不仅受到自身条件的约束，同时也会受到周围与他相似的其他人行为的影响。如果一个人处于某个群体中，他的行为会受到周围人群的影响，而影响他的人是和他处于同等地位的"同群者"（Winston和Zimmerman，2004）。"同群效应"是一种社会现象，个体行为人组成群体圈子，其中的某一个体的表现或者产出受到同一群体表现或产出的影响，所谓"近朱者赤，近墨者黑"，就是"同群效应"的具体表现。事实上，对于不同特征的群体来说，由于消费偏好的差异，其在消费中会表现出一种心理方面的非市场互动（Miller等，1993；陆铭和张爽，2007），家庭的消费行为更容易受到与其相类似的同群家庭行为的影响，表现出攀比和趋同的心理，也有相互学习的倾向。这种社会互动可能会影响个体决定是否破坏规则（Glaeser等，1996），形成一种社会规范（Social Norms），产生"同群效应"。

"同群效应"的研究最早起源于经济学家与社会学家关于社会互动（Social Interaction）对不同个体产出影响的讨论，社会互动是人类活动的重要形式，有时也被称为非市场互动（Non-Market Interaction），一般是指个体以相互的或交换的方式对别人采取行动，或者对别人的行为作出反应。Manski（1993）的经典研究开创性地将社会互动分为内生互动、情境互动和关联效应三种类型。其中，情境互动（Contextual Interaction）是指个体的行为决策与所处群体的外生性特征有关，关联效应（Correlated Effects）则是指拥有相似特征或者相似资源条件的主体会采取一致的行为。而内生互动（Endogenous Interaction），即行为主体行为随着其所处群体的行为发生变化，"同群效应"正是体现了个体之间决策的相互影响的一种内生的社会互动（Manski，2000）。受限于非独立数据可能存在的测量误差和选择性问题，特别是"映射"问题的存在，导致分析社会互动的因果关系并且准确推断变得非常困难（Manski，1993）。事实上，社会互动的影响可以分为三类：一是通过心理因素起作用，个体的决策除了基于自身的偏好外，还取决于他的行为与其周围人群行为之间的偏离度。二是由于个体缺乏足够的信息来独立做决策，通常会模仿他周围人群的行为。三是人与人之间的相互作用会直接影响到相关个体的决策。Moffitt（2011）认为内生性效应和外生性效应都说明是群体在起作用，内生性效应表示的是社会乘数的放大作用。社会乘数是一个比率，其分子是一个参数的变化所引起的平均反应，分母是当人们忽略同伴行为变化时，一个参数变化引起的平均反应（Scheinkman，2008）。即在群体层面上所产生的政策效应会大大高于在个体层面上所产生的影响，但关联效应与社会乘数的放大作用基本无关。

"同群效应"研究最为集中的是在教育领域，一般认为，学校、班级同学的能力和特征对学生个体的成绩会有影响，这种因宿舍、班级、年级或学校内同伴的背景、行为及产出对学生个体产出或行为的影响称为教育中的"同群效应"（Zimmer & Toma，2000；杜育红和袁玉芝，2016）。Angrist 和 Lang（2004）发现，取消种族隔离的制度安排会引发学生考试成绩"同群效应"适中且持续时间较短。Ding 和 Lehrer（2007）采用断点回归的方法，运用中国的数据证实了"同群效应"对于学生成绩的显著影响。Dills（2005）认为，教育质量的决定因素在许多文献中仍然是一个谜，其研究发现高能力同龄人的流失降低了低分数学生的学习成绩。Thiemann（2017）发现，在竞争性文化氛围中，"同群效应"使学生的总体表现更优。除了学生教育成绩之外，"同群效应"在其他领域的存在性也得到了证实。Bayer 等（2009）发现，青少年的犯罪行为存在"同群效应"，且更容易受到有特定犯罪经历的群体影响。Nakajima（2007）发现，美国青少年吸烟行为也存在"同群效应"，这个结论在中国同样成立，一个学生最好的朋友的吸烟量每增加10%，那么该学生的同期吸烟量将增加大约4%。

在个体的其他行为方面,郑怡林和陆铭(2018)指出,新进入城市的移民会受原住居民"同群效应"的影响,提高自身的环保行为和环境知识水平,且在大城市这种"同群效应"更强。Falk 和 Ichino(2006)通过实验的方法更准确地得出"同群效应"能够提高产出效率的结论。汪汇等(2009)发现,个人对于社会和政府的信任还受到居住小区内其他居民信任水平的影响,使户籍带来的社会分割对信任的负面效应会因为非本地户籍人口相对聚居的客观现实而被进一步放大。不少研究发现,个体的身体质量指数(BMI)会受到周围同伴平均 BMI 值的正向影响,即肥胖具有传染性(李强,2014;李磊等,2016)。对于大学生群体来说,程诚(2015)发现,大学生的消费行为及水平极易受同辈群体的影响,这一效应随着室友之间关系强度的增强而扩大,但未随着室友之间家庭社会经济地位差异性的增强而减弱。在我国大学生就业市场中存在着显著的、正向的"同群效应",这种"同群效应"一部分可由大学生在校期间的各种知识和能力培养的相互影响所解释(门垚和何勤英,2013)。当同辈群体中有创业者时,通过榜样效应和知识溢出效应,大学生的创业意愿也会变高(王兵等,2017)。

不少学者将"同群效应"研究扩展到了企业层面,Matvos 和 Ostrovsky(2010)发现,在公司董事的选举投票中,存在异质性行为和"同群效应",在同等条件下,如果其他的股东投反对票,那么剩下的股东也更倾向于投反对票。Leary 和 Roberts(2014)研究发现,公司融资行为和资本结构会受同行业的特征和融资行为的影响。赵颖(2016)认为,中国非金融上市公司高管存在较为显著的"同群效应",其中外聘 CEO 的"同群效应"最显著,这有助于企业价值的创造,可以在一定程度上降低企业在盈利方面的风险。石桂峰(2015)认为,同地区不同行业企业间投资的"同群效应"是存在的,即企业当年新增投资会随同地区不同行业企业平均新增投资的增加而增加。"同群效应"是影响企业慈善捐赠的重要因素,当企业嵌入董事网络时,联结企业之间的慈善捐赠行为存在显著的"同群效应"(王营和曹廷求,2017)。傅超等(2015)研究发现,"同群效应"是影响创业板企业并购商誉的重要因素,且不同的外部环境不确定性下并购商誉"同伴效应"的表现强度存在差异。同样地,企业的违规行为、并购决策、研发决策、资本结构决策等行为也存在明显的"同群效应"(陆蓉和常维,2018;万良勇等,2016;刘静和王克敏,2018;钟田丽和张天宇,2017;陆蓉等,2017)。另外,地方政府在一些重大决策上也并不是完全基于自身条件而是会模仿跟随作出与"同群"类似的决策,"同群效应"在越过省级行政区划边界后不会消失,但随地理半径增加而衰减(邓慧慧和赵家羚,2018)。孟天广和苏政(2015)研究揭示了地级市非税收入膨胀的政治逻辑,即地级市竞争的"同群效应",省内地级市数量越多,地级市非税收入越高。

家庭的住房选择行为作为一种个体消费决策,可能也会受到周围其他相似家庭决策的影响,出于攀比和趋同的心理,将与自身相似的人群作为参照对象来调整自己的消费行为,有时候不是根据自身的条件和需求合理选择,而是受到所在群体的影响而非理性决策。事实上,城镇家庭的消费攀比和住房面积攀比在很大程度上反映的是地位攀比。有研究发现,家庭总消费与高地位家庭的平均住房面积之间存在显著的负相关关系,这是因为,社会地位与住房面积有关,换句话说,住房面积的大小与家庭的面子有关,消费者宁可节衣缩食也不情愿放弃对住房的攀比。当周围人群的住房面积扩大时,为了维持或提高社会地位,首次购房的家庭会提高对住房面积的需求,许多已经拥有住房的家庭则希望更换更大的住房(杭斌和修磊,2015)。事实上,"同群效应"理论融合了经济学、社会学、金融学、消费者行为学等多学科的交叉思维,同时还涉及许多心理学的概念与实验,可以从微观角度细致考察住房市场参与者决策的心理和行为(姚玲珍和张小勇,2007)。目前来看,我国住房市场中家庭购房行为的"同群效应"相关研究鲜见,而住房市场运行的特征也是个体参与者行为的"合力",因此,有必要从微观角度出发,基于"同群效应"理论,考察个体在市场活动时的心理和行为特征,对中国城市住房市场进行探索。

第四节 研究设计与分析框架

本书尝试以"宏观—微观—宏观"的"闭环"逻辑,紧密结合微观家庭和宏观市场两个维度,对研究问题进行更加全面的分析。遵循这一逻辑,本书将已有的研究范围扩展至宏微观结合的层面,并探索不同情境下住房租售结构对城市住房市场的影响效应。基于此,本书融合了住房过滤理论、住房梯度消费理论、"羊群效应"理论和"同群效应"理论,基于个体决策时的跟风模仿心理、攀比从众心理、社会学习和信息交流等机制,构建了一个联结微观与宏观两个层面的住房租售结构对城市住房市场影响的分析框架(见图3-8),为后续的实证研究设计和讨论奠定了基础。

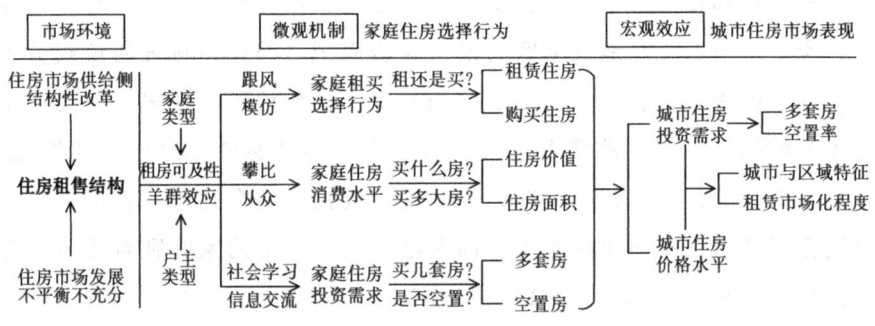

图3-8 研究设计与分析框架

在具体的研究设计中,本书没有采用一般意义上的"效应—机制"顺序展开论述,而是从微观机制开始着手,循序渐进地传导至宏观效应,使本书结构布局更加紧凑,章节之间的逻辑关系更加紧密。其中,微观机制和宏观效应各部分内容独立成章,均围绕中心论点不同角度展开分析,各问题平行并列、分别论证。但作为整体的微观机制和宏观效应部分彼此逐层递进,由原因到结果,微观问题和宏观论点一一对应,环环相扣,层层递进,不断深化,富有逻辑效果。如从家庭住房投资需求到城市住房投资需求、家庭住房消费水平到城市住房价格水平,从影响机制到影响效应渐次深化，从原因到结果逐层递进，从部分到整体渐进推演。

在接下来的章节中，第四、第五、第六章为微观机制部分，这三章围绕家庭住房选择行为这个中心论点，从家庭租买选择行为、家庭住房消费水平、家庭住房投资需求等不同角度分别展开论证。其中，第四章为住房租售结构对家庭住房选择行为的影响研究。家庭租买选择行为研究是分析住房市场需求结构及变动的基础，也是住房领域的研究热点。住房租售结构的变化首先就会影响家庭的住房租买选择行为，家庭首先要决定是租房还是购房，继而才会考虑买什么样的住房、买多大的住房以及买多少套住房等问题。因此，第四章的研究既是微观机制中最重要的一环，也为接下来研究家庭的其他住房选择行为创造了条件。

第五章为住房租售结构对家庭住房消费水平的影响研究。由于家庭在进行住房消费行为时，会同时考虑租买选择的结果。家庭在决定租房还是购房之后，对于购房的家庭来说，还要同时考虑买什么样的住房和买多大的住房的问题，而家庭住房消费水平的变化将汇总形成城市住房市场需求的变化，这种变化也会直接在城市住房价格中得到体现。事实上，第五章的研究既是对微观机制的进一步考察，也为接下来研究住房租售结构对城市住房价格水平的影响进行铺垫。

第六章为住房租售结构对家庭住房投资需求的影响研究。住房作为一种特殊的商品，既具有居住属性，又具有投资属性。家庭在进行住房消费选择之时，也会相应地考虑住房投资的决策，而家庭住房投资需求的变化将汇总形成城市住房投资需求的变化，这种变化也会直接在城市多套房比重和城市家庭住房空置率中得到体现。事实上，第六章的研究既是对微观机制的全面完整考察，也为接下来研究住房租售结构对城市住房投资需求的影响进行铺垫。

接下来的第七、第八章为宏观效应部分，这两章围绕城市住房市场表现这个中心论点，从城市住房投资需求、城市住房价格水平等不同角度分别展开论证。其中，第七章为住房租售结构对城市住房投资需求的影响研究。由于各类家庭的住房投资需求也会在城市层面汇总成为城市住房投资需求，甚至造成资产价格泡沫。事实上，家庭住房投资需求的变化将汇总形成城市住房投资需求的变化，这种变化也会直接映射在城市多套房比重和城市家庭住房空置率中。因此，第七章的研究既是对第六章家庭住房投资需求微观机制研究的回应，从影响机制到影响效应的渐次深化，从原因到结果的逐层递进，从部分到整体的渐进推演，也为接下来研究住房租售结构对城市住房价格水平的影响创造了条件。而第八章的研究既是对第五章家庭住房消费水平微观机制研究的回应，从影响机制到影响效应的渐次深化，从原因到结果的逐层递进，从部分到整体的渐进推演，也是对宏观效应的全面完整考察。

第五节 理论机制与关键假说

从理论机制来看，住房市场租售结构的变化首先可以显著地增强城市租房的可及性，使租房家庭可以有更大的机会在市场上寻找到符合其租赁需求的住房，进而改变其住房的选择行为。租房可及性是一个复杂的概念，可以从多个角度展开解读（王伟和任苒，2011；雍岚等，2018）。首先，住房租赁市场的发展会增加住房租赁服务资源的数量和类型，缓解住房租赁市场上的供需失衡，增强了租房的可得性（Availability）；其次，住房租赁市场的发展会缩短租房家庭在租赁市场上搜寻房源的时间、距离和成本，即增强了租房的可达性（Accessibility）；再次，住房租赁市场的发展，特别是规模化、集约化、专业化的机构出租人，可以有针对性地提供不同于个人租赁房源的新型租赁产品，满足消费者多样性和复杂性的租赁需求，有利于缓解住房租赁市场上租房服务资源提供与家庭租房需求特征的不匹配性，即增强了租房的可适性（Accommodation）；另外，住房租赁市场的发展也可能会降低住房租赁服务的单位价格，稳定租金收入比，从而提高居民家庭的租房可支付性（Affordability）。最后，住房租赁市场的发展还能够一定程度上改变居民家庭对于租赁住房的个人态度，转变部分居民的置业观念，租房不再是一种退而求其次的无奈之举，而是家庭进行租买选择的自由决策，即增强了租房的可接受性（Acceptability）。因此，租房可及性的提高会通过多种方式影响城市住房市场的状况。

事实上，除了先天条件不足以外，住房租赁市场后天也发育不良，机构化和企业化出租人很少，产业化程度很低，租客权益保护差，在子女入学等方面的公共服务受到诸多制度性歧视，租房成为一种"最后的选择"。这种基础教育资源租买不同权的政策安排进一步降低了自有和租赁之间的替代性，买房逐渐成为"望子成龙"的家长们将独生子女送进好学校的无奈选择（胡婉旸等，2014）。而原本旨在促进教育机会公平的"就近入学"招生政策不仅没能实现公平性，反而加剧了这种"以房择校"的现象，进一步导致了教育资源在不同收入阶层中形成新的配置不均（冯皓和陆铭，2010）。考虑到住房的投资属性，住房买卖市场可能会存在投机的现象（况伟大，2010），可能会导致房价背离住房的真实居住价值而上涨，家庭拥有多套住房和空置住房的动机增强，甚至产生泡沫。事实上，房价上涨一方面会使改善性需求家庭拥有多套住房和空置住房的决策加速提前，另一方面还会引起投资性需求家庭拥有多套住房和空置住房的需求进一步释放（李雪松和黄彦彦，2015）。

由此可见，当住房租赁市场发育成熟，住房市场上租买选择机制逐渐畅通，可能会使城市住房回归正常的轨道，反映住房市场的真实需求，从而影响城市住房投资需求和城市住房价格水平。同时，住房租赁市场的规范发展会鼓励越来越多的家庭或机构愿意提供住房进行出租，增加市场上的住房供给，直接影响城市住房市场的供需状况。另外，住房租赁市场的发展可以解决一部分中低收入者的居住需求，转变部分居民的置业观念，降低年轻人争抢购房的热潮，从而减少市场上的住房购买消费，降低住房价格，抑制家庭拥有多套住房和空置住房的投资需求。基于以上理论机制的分析，并结合第二节中的图3-2、图3-3、图3-6和图3-7，可以提出本书的两个关键假说：

假说1：城市住房租赁占比与城市住房投资需求之间存在负向关联。

假说2：城市住房租赁占比与城市住房价格水平之间存在负向关联。

由于住房市场租售结构的改善使租房可及性的提高，往往是通过影响家庭的一系列住房选择行为实现的。为了进一步识别住房市场租售结构的变化对城市家庭住房选择行为影响的内在机制，本书基于住房市场租售结构对家庭住房选择行为的影响展开一系列的微观机制研究，贯通了经验研究逻辑链条，并将微观机制的研究前提，形成层层递进的结构脉络。

家庭作为联系微观个体行为和宏观市场表现的主体，起到非常重要的影响机制作用。城市住房租售结构的变化会通过影响城市家庭一系列的住房选择行为，进而影响城市住房市场的表现。事实上，城市家庭群体的心理与行为在个体的住房选择行为中也扮演了重要角色，这体现在个体在群体中的反应与独立环境下的反应存在较大差异，家庭在住房市场上的各种决策变化，实质是市场参与主体之间相互影响和相互制约的行为过程。

首先，当家庭所在城市的住房租赁占比越高，使城市租房可及性增强，个体家庭更加容易寻找到符合自身需求的租赁住房，增加了特定群体在租赁市场获得租房的机会，提高了部分家庭群体特别是城市低收入家庭的租房可及性，进而影响家庭的住房购买决策，降低家庭选择购买住房的概率。同时，一个规范、完善的住房租赁市场，不仅可以为一部分中低收入群体创造福祉，而且还能促进住房市场自我调节机制的形成并使之充分发挥作用，进而弱化个体家庭出于从众和模仿心理的购房行为，从而降低家庭选择购买住房的概率。根据"羊群效应"理论，在住房市场中，如果消费者只获得有限信息，其消费决策将受到他人行为的影响。也就是说，家庭愿意为一套住房付出的价格将同时取决于持有成本和其他家庭为类似产品付出的价格，这样其对住房的需求也就与其他家庭的需求量有关。因此，基于以上理论机制的分析，可以提出本书第一个微观机制假说：

机制假说1：家庭所在城市的住房租赁占比与个体家庭购买住房的概率之间存在负向关联。

其次，当家庭所在城市的住房租赁占比越高，使城市租房可及性增强，个体家庭更加容易寻找到符合自身需求的租赁住房，增加了特定群体在租赁市场获得租房的机会，提高了部分家庭群体特别是城市低收入家庭的租房可及性，进而影响到家庭的住房成本负担和消费水平，降低家庭选择住房的价值和面积。同时，一个规范、完善的住房租赁市场，不仅可以为一部分中低收入群体创造福祉，而且还能促进住房市场自我调节机制的形成并使之充分发挥作用，进而弱化个体家庭出于地位寻求和攀比炫耀心理的住房消费行为，从而降低家庭住房消费的价值和面积。住房作为一种地位性商品（Positional Goods），这种地位性优势可以解释为什么近五十年来美国家庭会选择居住在面积更大、价值更高的住房（Wei 等，2017）。社会地位是个人或群体在社会中受到普遍认同的排位（Weiss 和 Fershtman，1998），社会地位通常与家庭财富在社会中的排序有关，即使是与财富没有直接关系的社会地位（金烨等，2011），如教育水平，也通常需要家庭先积累财富来进行投资。事实上，拥有宽敞和昂贵的住房不仅能够为房主带来更强的舒适感，而且通过与其他家庭的住房对比，还能获得一定的优越感（杭斌和修磊，2015）。因此，基于以上理论机制的分析，可以提出本书第二个微观机制假说：

机制假说2：家庭所在城市的住房租赁占比与个体家庭住房消费的价值和面积之间存在负向关联。

另外，当家庭所在城市的住房租赁占比越高，使城市租房可及性增强，个体家庭更加容易寻找到符合自身需求的租赁住房，增加了特定群体在租赁市场获得租房的机会，提高了部分家庭群体特别是城市低收入家庭的租房可及性，进而影响家庭的住房投资需求，降低家庭选择拥有多套房和空置房的概率。同时，一个规范、完善的住房租赁市场，不仅可以为一部分中低收入群体创造福祉，而且还能促进住房市场自我调节机制的形成并使之充分发挥作用，进而弱化个体家庭通过观察学习和信息预测识别住房投资价值的行为，从而降低家庭选择拥有多套房和空置房的概率。在金融领域，个体的投资决策同样会受到周围人行动的影响，并且常常关乎整个金融市场的稳定。家庭的住房投资也是如此，投资者的行为会受到心理偏差或者情绪的影响，个体与个体之间互动带来的情绪感染迅速扩散了投资者的非理性繁荣情绪，造成住房资产价格的泡沫。一个投资者会从其他投资者那里获得信息，如果投资者对自己的个人信息不确定时，他会放弃个人信息，而去模仿其他投资者的行为（Bikhchandani et al.，1992）。已有的理论研究表明，人们作出是否购买某项资产的决策的时候，确实会受到周围人的决策的影响,而影响作用的机制在于,他人购买某项资产的行为,可能会让人推测这项资产具有更高的价值,从而增大对该项资产的投资需求(Bursztyn 等,2014)。因此,基于以上理论机制的分析,可以提出本书第三个微观机制假说:

机制假说3:家庭所在城市的住房租赁占比与个体家庭拥有多套房和空置房的概率之间存在负向关联。

综上所述,城市住房租售结构的变化会对城市家庭一系列的住房选择行为产生影响,这些影响共同构成了对城市住房市场影响的微观机制,从而嫁接起宏观市场结构与宏观市场表现之间的桥梁。事实上,宏观变量之间的互动正是通过微观渠道来实现的,有必要将微观机制和宏观效应纳入一个统一的分析视角内。

第四章

住房租售结构对家庭租买选择行为

本章为住房租售结构对家庭住房选择行为的影响研究。研究问题的破解还需要较为充分翔实的经验证据支持。本书根据研究问题的视角与维度需要，综合权威的大样本微观家庭调查数据以及各类城市层面的宏观统计数据，对研究假说进行了全方位、多角度的检验，使对问题的剖析具有科学性、逻辑性和可靠性。

第一节 问题提出

2003年以来，中国部分城市房价持续快速上涨，房价问题已逐渐成为全民关注的焦点。房价上涨进一步加深了部分家庭"重购轻租"的住房观念，反过来也继续助推了房价攀升，住房消费两极分化现象愈发严重。对比部分发达国家的住房市场发展状况，中国住房市场租售结构失衡的矛盾日益突出，这既折射出中国住房租赁市场发展相对滞后，更反映出中国住房制度与政策不完善。

租买选择是多需求约束的选择，需要满足人均居住面积的下限约束、财富水平的上限约束以及后期家庭总收入的上限约束（郑思齐，2007）。一般而言，租买选择是家庭首要的住房需求选择，其后才是价值、面积、区位等选择，这些住房需求选择与租买选择又相互关联，共同组成了一个联合决策（陈杰和金珉州，2012）。已有研究大多从住房的消费和投资双重属性、影响因素以及住房租赁市场等方面着手。Henderson 和 Ioannides（1983）首次将住房需求和个人跨期收入结合起来，基于住房的消费和投资双重属性，研究消费者的住房租买选择行为。一些学者认为，住房的消费需求更容易受到家庭收入、人口特征以及住房价格等因素的影响，而住房的投资需求则一般更多地受到住房使用成本、投资收益等因素的作用（Himmelberg 等，2005；况伟大等，2012）。陈多长等（2011）通过实证研究发现，影响杭州市居民住房租买选择偏好的影响因素主要包括心理因素、权利因素以及租赁市场的发育程度。王振坡等（2017）基于租买选择效用最大化模型分析了城市居民住房消费行为，认为租买效用差异、住房及其他金融投资增值预期是影响居民租买选择的主要因素。由于中国城镇住房制度改革起步较晚，城市住房市场曾经长期处于再分配机制和市场机制并存的二元市场阶段。因此，还有一些家庭特征会直接影响家庭的住房产权获得。有研究发现，单位的所有制性质对家庭拥有住房有显著的影响，工作单位在商品房的购买和分配中起到很重要的作用，传统的分配机制仍在形塑着住房消费（Li, 2000）。由福利分房的再分配体制向住房商品化的市场体制转型过程中所采取的赎买措施，也是造成城市居民家庭高住房自有率的主要原因之一。随着市场化转型的逐步完成，未来城市住房的增量结构将更多地受到市场机制的影响作用（马忠东等，2010）。

早期关于家庭住房租买选择的研究，主要是从成本—费用的角度来分析住房权属选择决策（Doling, 1973），即家庭在一定的约束条件下，对比租赁和购买住房的费用支出，最终依据成本最小化原则作出租买选择决策。King（1980）指出需求价格弹性对于居民的租买选择具有显著影响。Kent（1983）进一步认为收入和价格弹性也能影响住房需求、租买选择和家庭结构。Horioka（1988）利用日本家庭层面的微观数据，发现房价和持久收入对居民住房需求的弹性分别为 -0.8 和 1.4。Goodman（2003）认为，由于搬迁和交易成本，大多数购房者不会因收入或房价的小幅变化而经常搬家，并通过美国住房调查数据发现租金价值比在不同年份对于住房需求和租买选择具有不同的影响。Kan（2000）运用动态随机效应联立方程模型研究了居民的住房租买选择，发现家庭的社会经济特征与住房租买选择具有显著关联，同时，家庭流动性也会对其产生显著影响。上述传统的效用理论框架下的各种讨论虽然在一定程度上对租买选择研究进行了丰富，但是没有纳入住房的许多属性因素。而新效用理论和特征价格理论提供了新的思路，认为消费者的效用取决于商品所包含的属性（Lancaster, 1966；Rosen, 1977）。也就是说，住房属性如住房面积、建筑结构、区位地段、邻里环境等因素均会对住房消费者的效用产生影响。Mills（1990）将家庭住房租买选择纳入一个税制改革框架，通过理论分析和数值模拟，得出了个人经济因素决定住房租买选择的结论。Chambers 等（2009b）研究发现，贷款结构对于家庭住房租买选择具有显著影响。

本书首先从家庭的租买选择决策入手，探究住房租售结构对家庭租买选择行为的影响，并进一步区分这种影响在不同家庭群体之间的差异。本章的主要任务具体包括：（1）估计家庭持久收入，并作为一个重要的控制变量；（2）实证检验住房租售结构对家庭租买选择行为的影响效应；（3）研究不同家庭特征情形下，住房租售结构对家庭租买选择行为的异质性影响；（4）进行稳健性检验。

第二节 理论分析与研究假说

培育和规范住房租赁市场，可以使住房买卖市场和租赁市场形成互补效应，完善住房租买选择机制，提高租房可及性。Nelson（1994）以家庭人口和收入为基础，将家庭按照不同的收入水平进行分类，并根据不同收入群体的住房需求与住房市场供给结构的不匹配程度来反映家庭群体寻找其特定需求房屋的困难程度（周仁等，2010）。住房租赁市场的发展，增加了特定群体在租赁市场获得租房的机会，提高了部分家庭群体特别是城市低收入家庭的租房可及性，进而影响家庭的住房成本负担、住房消费和居住质量等多个方面（张川川，2016）。一个规范、完善的住房租赁市场，不仅可以为一部分中低收入群体创造福祉，而且还能促进住房市场自我调节机制的形成并使之充分发挥作用，减少住房市场中非理性行为对社会经济带来的不利影响，强化住房市场为经济发展、人民生活起到的积极作用（崔裴等，2014）。

市场参与主体在信息环境不确定的情况下，因其行为受到其他参与主体的影响，模仿他人决策，或者过度依赖于舆论，而不考虑自己信息的一种群体行为（黄静和柯昇沛，2013），这种由群体心理而产生的个体从众、跟风和模仿行为即为"羊群效应"，即个体违反贝叶斯理性人的后验分布法则，模仿群体中他人，而忽视私人信息的行为（Asch，1956）。事实上，对他人的模仿与跟风现象广泛存在于自然界和人类社会，由此提炼出的"羊群效应"理论随着行为经济学的发展而被广泛应用于金融学和管理学领域（Scharfstein 和 Stein，1990；Avery 和 Zemsky，1998；Graham，1999；Hwang 和 Salmon，2004）。

根据不完全信息"羊群效应"理论，住房市场中存在产生"羊群效应"的条件。一方面，住房市场存在很大的不确定性。这不仅仅由于住房的资产属性所带来的供求条件及其影响因素的复杂性，而且住房自身的产品特性如多重异质性，使住房市场具有极大的不确定性（高波和洪涛，2008）。另一方面，住房市场的信息传播机制也使"羊群效应"容易被不断强化。已有不少研究针对住房市场中的消费者"羊群效应"进行了检验，基本都得出了住房市场存在显著的"羊群效应"结论。如 Case 和 Shiller（1988）对泡沫膨胀时期的消费者行为进行市场调查，发现有 95% 的人在最近几个月中与朋友讨论过房地产价格发展趋势的问题，即使在泡沫破灭后，也有 84.8% 的人作出同样的行为。Baddley（2005）根据"羊群效应"理论构建了计量模型，实证检验结果显示，英国住房市场中存在显著的"羊群效应"。史永东和陈日清（2006）通过构造一个 0—1 决策博弈模型，分析了中国房地产市场中"羊群效应"的形成机制以及"羊群效应"如何导致房地产泡沫的产生。高波和洪涛（2008）结合中国住房市场的实际状况，利用 1999—2005 年省级宏观面板数据对住房市场中的"羊群效应"进行实证检验，结果发现在住房市场繁荣的地区，住房交易量增长与价格上涨相互促进，存在显著的扩张性"羊群效应"。贺京同等（2009）对我国 35 个大中城市住房市场的"羊群效应"强度进行了测度，发现我国住房市场中存在严重的羊群行为。柯昇沛和黄静（2012）基于 CSAD 非线性模型，实证分析发现，我国各省市商品住房、办公楼和商业营业用房市场都存在明显的"羊群效应"，且商品住房市场在交易量大小不同情况下也成立。由此可见，"羊群效应"实质上是一种从众模仿行为，通常是自发形成的，并表现为非理性的特征，个体忽略私有信息而跟随大众行动进行决策，导致了信息和行动的传染（Banerjee，1992）。据此，本章提出如下假说：

H1：家庭所在城市的住房租赁占比越高，可以增强租房可及性并弱化个体家庭出于从众和模仿心理的购房行为，从而降低家庭选择购买住房的概率。

家庭在住房市场上的各种决策变化，实质上是市场参与主体之间相互影响和制约的行为过程，"羊群效应"是这种决策行为间相互影响的外在形式（贺京同等，2009），是消费者由于无法对未来作出稳定的预期所引致的从众和模仿行为。家庭的住房租买选择行为作为一种个体消费决策，可能也会受到周围其他相似家庭决策的影响，出于攀比和趋同的心理，将与自身相似的人群作为参照对象来调整自己的消费行为，有时候不是根据自身的条件和需求合理选择，而是受到所在群体的影响而非理性决策。特别是城市青年在参与住房消费过程中已经呈现出仪式化的倾向（闵学勤，2011），他们的购房行为已从集体消费转向集体展演，对住房的认同已从经济资本扩展到符号资本。由此可以推断，不同类型的家庭对住房租买选择的偏好可能会存在一定的差异性。据此，本章提出如下假说：

H2：家庭所在城市的住房租售结构与个体家庭的租买选择行为之间存在着不同群体的异质性。

因此，住房租售结构对城市家庭的租买选择行为的影响可能会存在"同群效应"，即在不同类型的家庭组群中产生的影响存在差异。事实上，许多群体的消费行为都会受到"同群效应"的影响。例如，女性群体乐于社交，善于分享，信息传播速度快，她们偏爱炫耀性商品，偏向冲动消费和感性消费。而男性群体一般喜欢独立思考，他们偏爱实用性商品，偏向理性消费，因此"同群效应"在这两个群体中可能会存在明显的差异性。

第三节　模型设定与变量说明

参考已有文献，结合我国住房市场的实际情况，本章采用混合截面数据考察住房租售结构对家庭租买选择行为的影响。

一、模型设定

考虑到家庭的租买选择决策是一个二值选择变量，本章选用 Probit 模型进行估计，具体的回归模型设定如模型 4-1 所示：

$$Pr(ownership_{ijt} = 1) = G(\beta_0 + \beta_1 rental\_ratio_{jt} + \gamma Z_{ijt} + \mu X_{jt} + c_j + y_t + \varepsilon_{ijt}) \quad (4-1)$$

其中，$ownership_{ijt}$ 为 t 时期 j 城市中家庭 i 是否拥有住房产权（是 =1；否则 =0）；$rental\_ratio_{jt}$ 为 t 时期 j 城市中的住房租售结构即租房家庭所占比重（%）；Z_{ijt} 是一系列影响家庭租买选择的控制变量，包括家庭特征变量（如家庭收入、家庭持久收入和家庭人口规模等）以及户主特征变量（如户口、民族、性别、年龄、教育水平、婚姻状况和职业等）；X_{jt} 代表反映城市社会经济特征的宏观变量（如人均 GDP、人口规模、信贷规模、产业结构、商品房平均销售价格、每万人拥有在校大学生数和每万人拥有医院床位数等）；c_j 和 y_t 分别表示城市固定效应和年份固定效应，ε_{ijt} 为误差项。如果 β_1 为负，那么可以说明，住房租售结构的改善即住房租赁占比的提高会降低城市家庭选择购买住房的概率。

二、数据来源

本书主要采用 2002—2009 年国家统计局的城镇住户调查（UHS）数据构造关键变量，该调查始于 1986 年，基于分层随机抽样的方法，以城市市区和县城关镇区内的住户家庭为调查对象。样本包括了 16 个省级行政区的 152 个地级市，主要分布于中国东北、华东、华北、华南、西北、西南地区，在经济条件以及地理位置等方面均具有一定的代表性。调查包括了城市家庭的收入、人口特征、消费支出、住房、就业等家庭生活各方面的数据，是国家统计局发布城镇家庭收入与消费等官方统计数据的基础数据源，具有一定的权威性。近年来，很多研究基于 UHS 数据，对中国问题展开了深入探讨，并发表在国际一流学术期刊（Anderson 等，2016；Li 等，

2016；Zhang 等，2016；Chen 和 Hu，2019）。

三、变量说明

在模型回归之前，有必要对主要变量的选择和定义进行一个详细的说明，本章模型所选择的相关变量说明如下：

（一）被解释变量

本章主要研究住房租售结构对家庭租买选择行为的影响，因此首先需要确定家庭是否拥有住房。UHS 数据将家庭的住房产权形式分成五类，分别为租赁公房、租赁私房、原有私房、房改私房和商品房。其中，租赁公房是指被调查家庭租赁房管部门或机关、企事业单位所有并管理的住房；租赁私房是指被调查家庭向私人或亲友租赁或借用的住房，不论是否交纳房租；原有私房是指被调查家庭自建、祖传或在住房改革前购买的住房；房改私房是指被调查家庭在房改中以成本价或标准价购买的带产权的住房；商品房是指被调查家庭按市价购买的住房，包括经济适用房。根据以上家庭住房产权信息，如果被调查家庭拥有的住房产权形式为原有私房、房改私房或者商品房，则将其定义为有房家庭（ownership），否则定义为租房家庭（Carter，2011）。

（二）关键解释变量

本章的关键解释变量为住房租售结构即城市住房租赁占比（rental ratio），也是通过 UHS 数据中的家庭住房产权形式指标计算得出。具体计算步骤为：首先，对原始数据进行了预处理，剔除了关键变量缺失或明显异常的样本；其次，将住房产权形式为租赁公房和租赁私房的家庭定义为租赁住房家庭，并计算每个城市租赁住房家庭数与被调查家庭总数的比值作为关键解释变量住房租赁占比（陈卓和陈杰，2018a、2018b）。

（三）控制变量

本章选取的控制变量主要涉及家庭层面和户主层面两类，家庭特征变量包括家庭收入（hinc）和家庭人口规模（family size）等，户主特征变量包括是否为城市户口（hukou）、是否为汉族（nation）、是否为女性

(*gender*)、年龄（*age* 1、*age* 2、*age* 3、*age* 4）、教育水平（*highedu*、*high school*、*middle school*）、是否结婚（*married*）、是否在国企工作（*soe*）、是否退休（*retired*）、是否缴纳养老金（*pension*）和是否缴纳住房公积金（*hfund*）等（Chen & Jin，2013；周京奎，2011；万晓莉等，2017；陈峰和张妍，2018）。Kim 和 Jeonb（2012）指出，家庭原本拥有住房但仍然选择租房的概率与家庭收入、户主年龄呈倒"U"形关系，且子女处于学龄阶段的有房家庭选择租房的概率更高。本章同时还控制了部分城市特征变量，包括人均 GDP（*pgdp*）、人口规模（*pop*）、信贷规模（*loan*）、产业结构（*structure*）、商品房平均销售价格（*sales price*）、每万人拥有在校大学生数（*student*）和每万人拥有医院床位数（*hospital*）等，以进一步控制城市宏观经济因素对微观家庭住房选择行为的影响（陆铭等，2015；陈斌开和张川川，2016）。

需要说明的是，本书还通过人力资本模型估计出家庭的持久收入（*perhinc*），并作为一个重要的控制变量代入模型中。根据 Friedman（1957）的持久收入理论，家庭当前的消费行为不仅与家庭当前的绝对收入有关，还受到家庭的持久收入支配。国内也有不少研究证实了持久收入对于家庭消费行为的影响作用，如艾春荣和汪伟（2010）将持久收入理论推广到中国农村的实际情况，发现农户仍然能通过对非农就业的调整来维持生命周期消费。也就是说，家庭收入可以被分为暂时性收入和持久性收入两部分，持久收入是家庭总收入中可以预料到的、较稳定的、持续性的那部分收入，而暂时性收入是不稳定的、意外的收入，与持久收入并不相关（苏良军等，2005）。因此，在实证研究之前，本章的首要任务就是估计家庭的持久收入，并将其作为影响家庭住房选择行为的一个重要控制变量。

但是，如何准确估计出家庭的持久收入是一个关键问题。一些学者采用家庭过去收入的加权平均来衡量持久收入，这种方法的缺陷在于没有充分考虑未来收入的不确定性（范红忠等，2013）。罗楚亮（2004）使用城镇家庭当期收入对家庭的人口结构特征、户主特征和家庭成员就业特征等变量进行回归，将由该回归模型对家庭收入的预测值作为家庭的持久收入。一般认为，持久收入不仅受家庭人力资本因素如教育、年龄等的影响，还同家庭的非人力资本相关，本书参考 Chen 和 Jin（2013），以家庭是否拥有汽车作为住户非人力资本及财富的代理变量，对家庭持久收入进行了拟合估计，回归结果如附表 1 所示。

附表 1 中的第一列采用 OLS 回归，把户主年龄作为离散变量带入模型，第二列和第三列则将户主年龄视为连续变量作为比较，同样采用 OLS 进行估计，其中第三列加入了年龄连续变量的平方项。为了避免异方差的干扰，第四列在第一列的基础上采用了加权最小二乘法（WLS）。回归结果显示，在控制了城市固定效应和年份固定效应之后，各变量对持久收入的影响基本显著。从各个年龄段虚拟变量 $age\,2$、$age\,3$ 和 $age\,4$ 的估计系数可以看出，持久收入并非简单地随着年龄的增长而单调递增，这与 Goodman（1988）的结论基本一致。但教育水平对持久收入的影响则呈单调递增的趋势，大专以上学历户主家庭的持久收入比高中学历户主家庭要高，初中以下学历户主家庭的持久收入最低。另外，户主为女性的家庭和户主在国企工作的家庭，其持久收入要比户主为男性的家庭和户主不在国企工作的家庭更高；家庭人口规模与持久收入之间也呈现显著的正向关联。值得一提的是，拥有汽车家庭的持久收入约为没有汽车家庭的 1.45（$e^{0.373}$）倍，这说明家庭的非人力资本及财富对持久收入具有一定的正向作用。本书依据第四列 WLS 的回归结果估算家庭的持久收入，即该回归方程的预测值，并作为下文研究家庭住房选择决策时的一个重要的控制变量。

为了避免异常值对回归结果的干扰，本书对住房租赁占比（*rental ratio*）、家庭暂时收入（*hinc*）和家庭持久收入（*perhinc*）进行了上下 1% 的缩尾处理。需要说明的是，所有的名义值都以 2002 年为基期进行了平减处理，转换成实际值，以剔除通货膨胀的影响。另外，在实际进行回归时，为了缓解异方差问题，我们还对家庭暂时收入（*hinc*）、家庭持久收入（*perhinc*）和户主年龄（*age*）变量进行了对数化处理。表 4-1 对主要变量进行了描述性统计。

表4-1　家庭租买选择行为主要变量描述性统计（$N = 237\ 163$）

变量名	平均值	最小值	最大值	标准差
ownership（有房 = 1）	0.923	0.000	1.000	0.267
rental ratio（%）	9.044	0.995	35.600	6.696
hinc（元）	32099.079	4935.100	125806.636	22067.382
perhinc（元）	29000.621	6518.257	235032.890	14763.553
hukou（城市 = 1）	0.976	0.000	1.000	0.152
nation（汉族 = 1）	0.977	0.000	1.000	0.149
gender（女性 = 1）	0.294	0.000	1.000	0.456
age（岁）	49.461	18.000	106.000	12.062
age1（18—35 岁）	0.118	0.000	1.000	0.323
age2（35—45 岁）	0.298	0.000	1.000	0.457
age3（45—60 岁）	0.397	0.000	1.000	0.489
age4（大于 60 岁）	0.187	0.000	1.000	0.390
highedu（是 = 1）	0.309	0.000	1.000	0.462
high school（是 = 1）	0.347	0.000	1.000	0.476
middle school（是 = 1）	0.344	0.000	1.000	0.475
married（是 = 1）	0.932	0.000	1.000	0.251
soe（是 = 1）	0.473	0.000	1.000	0.499
retired（是 = 1）	0.122	0.000	1.000	0.327
pension（是 = 1）	0.452	0.000	1.000	0.498
hfund（是 = 1）	0.380	0.000	1.000	0.485
family size（人）	2.910	1.000	15.000	0.846

第四节　基本实证结果

表4-2汇报了基准回归的估计结果，除模型（1）以外，其余模型均同时控制了城市特征变量、城市虚拟变量和年份虚拟变量，以最大限度地缓解遗漏变量带来的偏误。考虑不同等级和不同区域的城市之间可能会存

在一定的组别差异，表 4-2 同时列出了分大中城市①和中小城市、东部城市②和中西部城市的回归结果，作为对照。从表 4-2 中可以看出，无论是全样本还是城市分组回归，城市住房租赁占比对家庭租买选择行为的影响系数均显著为负。全部城市平均而言，住房租赁占比每上升 1 个百分点，将导致家庭选择购买住房的概率降低约 0.53 个百分点，研究假说 H1 得到验证。

表 4-2　　　　　　　　家庭租买选择行为的基准回归结果

ownership	全样本 (1)	全样本 (2)	大中城市 (3)	中小城市 (4)	东部城市 (5)	中西部城市 (6)
rental ratio	-0.554*** (0.018)	-0.532*** (0.019)	-0.693*** (0.038)	-0.437*** (0.020)	-0.492*** (0.028)	-0.643*** (0.028)
ln_hinc	0.038*** (0.001)	0.039*** (0.001)	0.048*** (0.002)	0.030*** (0.001)	0.040*** (0.001)	0.037*** (0.002)
ln_perhinc	0.065*** (0.007)	0.062*** (0.007)	0.079*** (0.010)	0.053*** (0.011)	0.072*** (0.008)	0.037*** (0.014)
hukou	0.076*** (0.003)	0.077*** (0.003)	0.096*** (0.004)	0.062*** (0.003)	0.070*** (0.003)	0.088*** (0.004)
nation	-0.014*** (0.004)	-0.014*** (0.004)	-0.016*** (0.006)	-0.011** (0.005)	-0.025*** (0.005)	0.006 (0.005)
gender	-0.006*** (0.001)	-0.005*** (0.001)	-0.012*** (0.002)	0.000 (0.002)	-0.012*** (0.002)	0.002 (0.002)
age2	0.014*** (0.002)	0.014*** (0.002)	0.015*** (0.003)	0.011*** (0.002)	0.007** (0.003)	0.020*** (0.002)
age3	0.020*** (0.002)	0.020*** (0.002)	0.020*** (0.003)	0.019*** (0.002)	0.009*** (0.003)	0.032*** (0.003)

---

① 样本中的大中城市共包括北京、太原、沈阳、大连、丹东、锦州、哈尔滨、牡丹江、上海、南京、无锡、徐州、扬州、合肥、蚌埠、安庆、南昌、九江、赣州、济南、青岛、烟台、济宁、郑州、洛阳、平顶山、武汉、宜昌、襄樊、广州、韶关、深圳、湛江、惠州、重庆、成都、泸州、南充、昆明、兰州，共 40 个城市，分类标准见国家统计局《住宅销售价格统计调查方案》，http://www.stats.gov.cn/tjgz/tzgb/201102/t20110216_57581.html。

② 样本中的东部省级行政区包括北京、辽宁、上海、江苏、山东和广东等，共 60 个城市，分类标准见陆铭等（2015）。

续表

ownership	全样本 (1)	全样本 (2)	大中城市 (3)	中小城市 (4)	东部城市 (5)	中西部城市 (6)
age4	0.038*** (0.003)	0.039*** (0.003)	0.050*** (0.005)	0.027*** (0.003)	0.024*** (0.004)	0.055*** (0.004)
highedu	-0.001 (0.003)	-0.000 (0.003)	0.003 (0.005)	-0.006 (0.005)	-0.005 (0.004)	0.011* (0.006)
high school	-0.001 (0.002)	-0.001 (0.002)	0.001 (0.003)	-0.004* (0.002)	-0.005 (0.002)	0.005* (0.003)
married	0.009*** (0.003)	0.009*** (0.003)	0.019*** (0.004)	-0.001 (0.004)	0.007** (0.004)	0.016*** (0.005)
soe	0.004*** (0.001)	0.004*** (0.001)	-0.001 (0.002)	0.008*** (0.002)	0.001 (0.002)	0.009*** (0.002)
retired	0.011*** (0.002)	0.010*** (0.002)	0.015*** (0.002)	0.006** (0.002)	0.006** (0.003)	0.019*** (0.003)
pension	0.007*** (0.001)	0.007*** (0.001)	0.005* (0.002)	0.009*** (0.002)	0.007*** (0.002)	0.006*** (0.002)
hfund	0.001 (0.002)	0.002 (0.002)	0.008** (0.004)	-0.005 (0.003)	-0.006* (0.003)	-0.012*** (0.004)
family size	0.006*** (0.001)	-0.006*** (0.001)	-0.008*** (0.002)	-0.004** (0.002)	-0.008*** (0.001)	-0.002 (0.002)
城市特征变量	No	Yes	Yes	Yes	Yes	Yes
城市虚拟变量	Yes	Yes	Yes	Yes	Yes	Yes
年份虚拟变量	Yes	Yes	Yes	Yes	Yes	Yes
伪 R^2	0.135	0.136	0.105	0.139	0.156	0.122
样本量	237 163	237 163	112 024	125 139	121 96	115 367

注：(1) 表中汇报的是平均边际效应计算结果；(2) 括号内为稳健标准误；(3) ***、** 和 * 分别表示在1%、5%和10%的显著性水平上显著。

通过对比可以发现，绝大部分控制变量对家庭租买选择行为的影响都比较符合预期，说明本章的模型设定具有一定的合理性。具体来看，家庭特征变量中，家庭暂时收入和持久收入越高，家庭选择购买住房的概率越大，且家庭持久收入要比暂时收入的影响更强。户主特征变量中，随着户主年龄的增加，家庭选择购买住房的概率越大，与 Li（1977）的研究结果一致，这也符合住房梯度消费理论和住房过滤理论的结论。但户主教育水平对其家庭租买选择决策的影响并不显著，这可能是由于教育的作用本身就隐含在了家庭收入之中，且家庭的租买选择决策并非完全由户主决定。虞晓芬（2007）以杭州市为例，建立了包含住房、人口、经济、心理特征四个维度的住房租买选择模型，同样发现户主的学历对家庭租买选择的影响并不显著。另外，户主为城市户口的家庭与农村户口相比有更大的概率选择购买住房，这也与以往的研究结论相一致，表明户籍对于家庭决策行为的作用依然存在（Song 等，2008）。Huang 和 Clark（2002）发现，户口、单位性质和工作等级等代表国家、单位与家庭之间制度关系的因素，在家庭的住房租买选择过程中发挥着重要作用。本书同样证实了这个观点，户主在国企工作的家庭和户主已经退休的家庭，其选择购买住房的概率要比其他家庭更高。另外，本书还发现，在大中城市和东部城市，家庭进行住房租买选择决策时受暂时收入和持久收入的影响程度更大，与户主是否在国企工作的关系并不显著，而在中小城市和中西部城市，户主在国企工作会显著提高家庭选择购买住房的概率。吴翔华（2016）等通过调研同样发现，不同城市影响居民租买选择的因素及其重要性有所差异，而这种差异性在经济发展水平相对较高的城市和区域更加突出。因此，应针对家庭租买选择行为在不同类型城市之间的差异性，在发展住房租赁市场和解决房地产去库存问题时注意分城施策、分类调控，避免"一刀切"。

由此可见，培育和发展住房租赁市场不仅能够满足一部分中低收入者的居住需求，改善住房供应结构，补租赁市场不足的短板，增强租房可及性，促进城市住房梯度消费，逐步解决新市民的住房问题，还可以抑制城市住房市场中购房的"羊群效应"，转变城市家庭的住房选择观念，降低年轻人被迫买房的压力，进而改变消费者预期，从而降温市场上的住房购买热潮。同时，随着住房租赁市场的发展愈加规范化，有助于住房租买选择机制的畅通，恢复住房市场的自我调节功能，减弱住房的投资属性，加快我国房地产企业转型升级。

第五节 进一步讨论

接下来对家庭特征异质性结果和户主特征异质性结果展开进一步分析,并进行稳健性检验。

一、家庭特征异质性分析

事实上,"同群效应"的存在已经在很多研究中被广泛地证实,比如个体的教育、贷款、移民、就业、生育、犯罪等行为(邓慧慧和赵家羚,2018)。那么,家庭所在城市的住房租售结构与个体家庭的租买选择行为之间是否也存在着不同群体的异质性呢?为了进一步验证这个研究假说,同时更好地识别住房租售结构对不同特征的家庭租买选择行为的异质性影响,本书基于住房获得方式、家庭收入和家庭财富将样本家庭划分为不同类型的家庭组群,依次进行分组回归(胡书芝,2017;姚玲珍和丁彦皓,2013;张大永和曹红,2012)。具体地,根据家庭住房产权信息,如果被调查家庭拥有的住房产权形式为租赁私房和商品房,则将其定义为市场化住房家庭,即通过市场化的方式解决居住问题的家庭,其他定义为非市场化住房家庭。如果被调查家庭的总收入高于所有家庭总收入的中位数,则将其定义为高收入家庭,否则定义为低收入家庭。以家庭是否拥有汽车作为划分家庭非人力资本及财富高低的依据,有车家庭意味着其非人力资本及财富更高,无车家庭则相反。

表4-3给出了不同特征家庭租买选择决策的异质性回归结果,总体来看,在不同家庭特征组群中,城市住房租赁占比对家庭租买选择行为的影响系数均显著为负,即住房租赁占比越低,家庭会有更高的概率选择购买住房。也就是说,住房租售结构与城市家庭的租买选择行为之间确实存在分家庭特征的"同群效应"。另外,从回归系数来看,住房租赁占比对市

场化住房家庭租买选择决策的影响程度与非市场化住房家庭没有较大的差异，对高财富家庭和低财富家庭的影响程度也基本相当。值得注意的是，住房租赁占比每变化 1 个百分点，对低收入家庭选择购买住房的影响程度比高收入家庭更大，约高出 0.26 个百分点，这可能是由于高收入家庭本身选择购房的意愿就比较强烈（Koizumia 和 McCannb，2006），不太容易受到相同类型家庭决策的干扰，而低收入家庭可能会由于未来的不确定性更加容易受到趋同心理的影响而改变其住房租买选择行为（Robst 等，2004）。因此，随着住房租售结构的改善，可以增强租房可及性并减少低收入家庭出于从众和模仿的心理而选择购买住房的概率，使其更有可能会选择租房居住，从而抑制低收入家庭购房行为的"同群效应"，促进城市住房梯度消费。

表 4-3　　租买选择决策的家庭特征异质性回归结果

ownership	市场化 (1)	非市场化 (2)	低收入 (3)	高收入 (4)	高财富 (5)	低财富 (6)
rental ratio	-0.467***	-0.471***	-0.652***	-0.392***	-0.574***	-0.530***
	(0.040)	(0.022)	(0.027)	(0.028)	(0.124)	(0.019)
ln_hinc	0.025***	0.043***	0.046***	0.029***	0.014***	0.040***
	(0.002)	(0.001)	(0.002)	(0.002)	(0.005)	(0.001)
ln_perhinc	0.089***	0.025***	0.104***	0.058***	1.639	-0.395***
	(0.011)	(0.009)	(0.024)	(0.007)	(1.639)	(0.043)
其他控制变量	Yes	Yes	Yes	Yes	Yes	Yes
城市特征变量	Yes	Yes	Yes	Yes	Yes	Yes
城市虚拟变量	Yes	Yes	Yes	Yes	Yes	Yes
年份虚拟变量	Yes	Yes	Yes	Yes	Yes	Yes
伪 R^2	0.221	0.143	0.133	0.144	0.131	0.137
样本量	60 945	171 726	117 574	117 919	10 869	222 296

注：(1) 表中汇报的是平均边际效应计算结果；(2) 括号内为稳健标准误；(3) ***、** 和 * 分别表示在 1%、5% 和 10% 的显著性水平上显著。

二、户主特征异质性分析

同样地,对于不同户主特征的家庭来说,其对住房租买选择的偏好可能也会存在一定的差异性。本书将样本家庭划分为不同户主类型的家庭组群,依次进行分组回归。具体地,分别根据户主的性别、婚姻状况和教育程度将样本家庭划分为女性户主家庭和男性户主家庭、已婚户主家庭和未婚户主家庭、高学历户主家庭和低学历户主家庭(周业安等,2013;王琎和吴卫星,2014;吴卫星和沈涛,2015)。

家庭住房租买选择决策的户主异质性回归结果如表4-4所示,总体来看,在不同户主特征的家庭组群里,城市住房租赁占比对家庭租买选择行为的影响系数均显著为负。也就是说,住房租售结构与城市家庭的租买选择行为之间确实存在分户主特征的"同群效应"。但是从回归系数来看,住房租赁占比对不同户主特征家庭的影响程度存在一定的差异。其中,住房租赁占比每变化1个百分点,对女性户主家庭和未婚户主家庭的住房租买选择行为影响程度较男性户主家庭和已婚户主家庭要更大,分别约高出0.15个和0.38个百分点。这可能是因为女性户主家庭和未婚户主家庭的租买选择行为更容易受到与其相类似的同群家庭行为的影响,从众和模仿的心理更强,"同群效应"也更明显。由于高校扩招改变了高学历人口的性别结构,女性所占比例持续提高,推迟了女性进入婚姻市场的时间,婚姻搜寻失败的概率提高(吴要武和刘倩,2015;吴要武,2016)。因此,女性户主的住房选择成为彰显其个人"质量"的信号,产生竞争攀比性的"同群效应"。另外,本书还发现,住房租赁占比每变化1个百分点,对低学历户主家庭的租买选择行为影响力度较高学历户主家庭要高出0.27个百分点左右。这可能是由于高学历户主家庭的购房决策偏好稳定(Nordin等,2010;陈昊,2011),不太容易受到相同类型家庭决策的干扰,而低学历户主家庭的消费行为更易受到从众和模仿心理的作用而产生"同群效应"。综上所述,随着住房租售结构的改善,可以增强租房可及性并减少低学历户主家庭出于从众和模仿的心理而选择购买住房的概率,使其更有可能会选择租房居住，从而抑制低学历户主家庭购房行为的"同群效应"，促进城市住房梯度消费。

表 4-4　租买选择决策的户主特征异质性回归结果

ownership	女性户主 (1)	男性户主 (2)	已婚户主 (3)	未婚户主 (4)	高学历 (5)	低学历 (6)
rental ratio	-0.640*** (0.040)	-0.494*** (0.021)	-0.511*** (0.019)	-0.894*** (0.100)	-0.349*** (0.032)	-0.614*** (0.023)
ln_hinc	0.045*** (0.002)	0.037*** (0.001)	0.039*** (0.001)	0.048*** (0.005)	0.023*** (0.002)	0.046*** (0.001)
ln_perhinc	0.076*** (0.013)	0.058*** (0.008)	0.059*** (0.007)	0.098** (0.044)	0.053*** (0.008)	0.059*** (0.007)
其他控制变量	Yes	Yes	Yes	Yes	Yes	Yes
城市特征变量	Yes	Yes	Yes	Yes	Yes	Yes
城市虚拟变量	Yes	Yes	Yes	Yes	Yes	Yes
年份虚拟变量	Yes	Yes	Yes	Yes	Yes	Yes
伪 R^2	0.136	0.136	0.132	0.129	0.127	0.135
样本量	68 694	167 072	220 692	15 335	71 652	163 924

注：(1) 表中汇报的是平均边际效应计算结果；(2) 括号内为稳健标准误；(3) ***、** 和 * 分别表示在1%、5%和10%的显著性水平上显著。

值得一提的是，户主年龄往往也会对家庭的住房租买选择行为起到重要的影响作用，反映了一个家庭在不同的生命周期对于住房的偏好及其收入和财富约束状况的变化（郑思齐和刘洪玉，2005）。本书将样本家庭划分为不同户主年龄段的家庭组群，依次进行分组回归，以比较住房租售结构对不同户主年龄家庭租买选择行为的异质性影响。参考已有研究（Carliner，1973），并根据户主年龄的分布，将样本家庭划分成18—35岁、35—45岁、45—60岁以及60岁以上四组。家庭住房租买选择决策的户主年龄异质性回归结果如表4-5所示，总体来看，在不同户主年龄段的家庭组群里，城市住房租赁占比对家庭租买选择行为的影响系数均显著为负。也就是说，住房租售结构与城市家庭的租买选择行为之间确实存在分户主年龄的"同群效应"。从回归系数来看，随着户主年龄的增加，住房租赁占比对家庭的住房租买选择行为影响程度逐渐减小。住房租赁占比每变化1个百分点,对最年轻的户主家庭(18—35岁)购房概率的影响要比最年长的户主家庭(60岁以上)高出近0.23个百分点。一方面可能是由于年轻人的风险偏好更强,更愿意去从事风险性较高的投资活动,从而减少了购房的资金(Jovanovic,1979;Miller,1984;吴卫星等,2010;王聪等,2017)。另一方面,家庭会根据每个生命周期阶段来进行住房租购选择行为,年轻人没有足够的时间来积累财富和资源,购房能力不足,特别是房价较高的时期,从而使其住房租买选择行为更容易发生变化(黄凌灵和刘志新,2007;李恩平,2016)。还有一种解释认为,根据生命历程理论,社会急剧变迁的历史车轮往往会造成不同世代之间形成世代差异(Elder等,2003),而且对处于不同生命阶段的个体来说,造成的影响也各有不同,新机会的获得在很多方面被个体在生命中的位置所调节(周雪光,2014)。因此,在我国的住房市场化进程中,由于不同世代所面临的购房机遇各异,住房产权的获得具有显著的世代效应(吴开泽,2017)。

表4–5　　租买选择决策的户主年龄异质性回归结果

ownership	18—35岁	35—45岁	45—60岁	大于60岁
	(1)	(2)	(3)	(4)
rental ratio	-0.692***	-0.588***	-0.500***	-0.464***
	(0.061)	(0.034)	(0.032)	(0.042)
ln_hinc	0.023***	0.038***	0.047***	0.032***
	(0.003)	(0.002)	(0.002)	(0.002)
ln_perhinc	0.072***	0.071***	0.059***	0.020
	(0.018)	(0.012)	(0.012)	(0.022)
其他控制变量	Yes	Yes	Yes	Yes
城市特征变量	Yes	Yes	Yes	Yes
城市虚拟变量	Yes	Yes	Yes	Yes
年份虚拟变量	Yes	Yes	Yes	Yes
伪R^2	0.180	0.153	0.146	0.111
样本量	27 116	70 174	93 453	42 240

注:(1)表中汇报的是平均边际效应计算结果;(2)括号内为稳健标准误;(3)***、**和*分别表示在1%、5%和10%的显著性水平上显著。

三、稳健性检验

由于同一个城市的家庭会受到相同城市宏观环境等因素的影响，可能会具有一定的相似性。但考虑国家统计局在进行家庭样本抽样时具有一定的代表性，因此该问题并不会太严重。为谨慎起见，本书进一步采用多层线性模型（HLM）进行稳健性回归分析，以保证研究结论的可靠性。

多层线性模型（HLM）是一种跨层次的统计模型，当数据存在不同层级时，先以第一层级的变量建立回归方程，然后把该方程中的斜率和截距作为因变量（薛艳，2016）。再将第二层级的变量作为自变量，从而建立两个全新的方程。该模型在教育学和心理学等领域应用广泛，比如在教育研究的数据样本中一般包括了若干个学校，若干个班级嵌套于同一个学校中，若干个学生又嵌套于同一个班级中，这样就构成了一个学生—班级—学校的三层数据（王天夫和崔晓雄，2010）。该模型的基本原理在于，可以将因变量中的变异划分成两类：一类属于同一群体的个体差异，即组内变异；另一类属于不同群体之间的个体差异，即组间变异（杨菊华，2006）。这样就可以将多层结构数据在因变量中的总变异分解为组内和组间两个层次，然后在不同层次上引入自变量来对组内变异和组间变异加以解释。事实上，许多传统统计方法都是多层线性模型的特例，如假设在两个水平模型中有一个水平的变量为常数，则多层模型简化为传统的回归分析（刘红云和孟庆茂，2002）。此外，单因素方差分析、单因素协方差分析也可以看成是多层分析模型的简化。多层线性模型的重要性日益受到研究者的重视，近年来涌现出不少专门用于多层线性模型分析的统计软件，如 HLM 软件等，另外一些综合性统计软件在近年也增加了处理多层线性模型的功能命令，如 SAS、STATA 和 SPSS 等（郑昱和王二平，2011）。本书以简单二层模型形式构造多层线性模型，既包含了第一层城市变量，也包含了第二层家庭变量，并应用 STATA 软件进行数据分析。

家庭住房租买选择决策的多层线性模型（HLM）回归结果如表 4 - 6 所示，可以看出，无论是全样本还是城市分组回归，城市住房租赁占比对家庭租买选择行为的影响系数均显著为负。也就是说，城市的住房租售结构对家庭的租买选择决策确实存在着重要影响。因此，在考虑了多层数据结构的影响之后，HLM 回归结果与基准回归结果基本保持一致，说明本章的研究结论具有一定的稳健性和可靠性。

表 4 – 6　租买选择决策的多层线性模型（HLM）回归结果

ownership	全样本 (1)	全样本 (2)	大中城市 (3)	中小城市 (4)	东部城市 (5)	中西部城市 (6)
rental ratio	-0.500*** (0.073)	-0.500*** (0.084)	-0.572*** (0.124)	-0.501*** (0.101)	-0.461*** (0.134)	-0.633*** (0.062)
ln_hinc	0.042*** (0.004)	0.042*** (0.004)	0.051*** (0.006)	0.035*** (0.004)	0.043*** (0.005)	0.042*** (0.005)
ln_perhinc	-0.084*** (0.014)	-0.023 (0.022)	0.025 (0.026)	-0.069*** (0.014)	0.000 (0.027)	-0.077*** (0.017)
其他控制变量	Yes	Yes	Yes	Yes	Yes	Yes
城市特征变量	No	Yes	Yes	Yes	Yes	Yes
城市样本量	152	152	40	112	60	92
家庭样本量	237 163	237 163	112 024	125 139	121 796	115 367

注：括号内为稳健标准误，***、**和*分别表示在1%、5%和10%的显著性水平上显著。

第六节　本章小结

城市家庭群体的心理与行为在个体的住房租买选择行为中也扮演了重要角色，家庭在住房市场信息环境不确定的情况下，其行为受到其他参与家庭的影响，从而产生由群体心理而导致的个体从众、跟风和模仿行为。本章采用国家统计局大样本城镇住户调查（UHS）微观数据和城市层面的宏观统计数据，构建城市住房租赁占比等关键指标，实证考察了住房租售结构对家庭租买选择行为的影响效应。基本实证结果显示，无论是全样本还是城市分组回归，城市住房租赁占比对家庭租买选择行为的影响系数均显著为负。全部城市平均而言，租赁市场比例每上升 1 个百分点，将导致家庭选择购买住房的概率降低约 0.5 个百分点。也就是说，家庭所在城市的住房租售结构对个体家庭的租买选择决策确实存在着重要影响。

由于家庭的住房租买选择行为可能也会受到周围其他相似家庭决策的影响，出于攀比和趋同的心理，产生"同群效应"。因此，住房租售结构对城市家庭的租买选择行为的影响在不同类型的家庭组群中产生的影响可能会存在差异。家庭特征异质性分析发现，租赁市场比例的变化对市场化住房家庭租买选择决策的影响程度与非市场化住房家庭没有较大的差异，对高财富家庭和低财富家庭的影响程度也基本相当，但是对低收入家庭租买选择决策的影响程度比高收入家庭更大。户主特征异质性研究发现，租赁市场比例的变化对不同户主特征家庭的影响程度也存在一定的差异，对女性户主家庭、未婚户主家庭和低学历户主家庭的住房租买选择行为影响程度较男性户主家庭、已婚户主家庭和高学历户主家庭要更高。另外，随着户主年龄的增加，租赁市场比例的变化对家庭住房租买选择行为的影响程度会逐渐减小。最后，在考虑了多层数据结构的影响之后，多层线性模型（HLM）回归结果与基准回归结果基本保持一致，说明本章的研究结论具有一定的稳健性和可靠性。

本章研究了住房租售结构对家庭租买选择行为的影响，并进一步区分这种影响在不同家庭群体之间的异质性，为接下来研究家庭的其他住房选择行为创造了条件。

第五章

住房租售结构与家庭住房消费水平

本章为住房租售结构对家庭住房消费水平的影响研究。由于家庭在进行住房消费行为时，会同时考虑租买选择的结果。也就是说，家庭的租买选择和住房消费以及住房投资选择是一种联合决策（joined decision）。因此，首先有必要进一步考察住房租售结构对家庭住房消费水平的影响。这个问题和下一个重点问题是并列存在的，一个是住房消费水平，一个是住房投资需求，两个问题都是住房租售结构对城市住房市场影响微观机制的重要组成部分。

第一节 问题提出

当前，我国城市住房市场存在着不少问题，一是房价太高，虽然许多家庭有强烈的购房需求，却苦于没有积蓄购买。二是地方政府长期依赖"土地财政"，通过土地拍卖，推高了房价上升，而旨在抑制房价过快上涨的调控政策收效甚微（肖作平和尹林辉，2014）。三是住房市场信息的透明度较低，消费者无法掌握真实的住房供求状况，住房价格与供求关系发生扭曲。住房拥有消费和投资两大基本属性，也就是说，住房既是生活必需品，又是投资品。事实上，昂贵和宽敞的住房不仅可以带来更多的舒适感，而且还能够彰显家庭的阶层地位，对社会地位的关注会促使家庭将更多的资源从非地位性商品转向地位性商品，从而扭曲资源配置，而家庭住房面积的不断扩大就是与社会地位的攀比有关（杭斌，2014）。

事实上，家庭住房消费水平可以表现在多个方面，可以由家庭住房消费价值和住房消费面积获知家庭的住房消费状况，可以认为这些选择是家庭基于自身的各种需要和外部环境作出的合理判断（高晓路，2008）。因此，本章将从家庭住房消费价值和住房消费面积两个方面着手，对住房租售结构对我国家庭住房消费水平的影响进行了理论和实证分析，并进一步区分这种影响在不同家庭群体之间的差异。这对更好地掌握我国住房消费的内在影响机制以及转变家庭住房消费行为，推动房地产业的健康稳定发展，具有重要的理论和现实意义。

综上所述，对于家庭住房消费水平的考察，是理解家庭住房选择行为的一个重要视角，研究结论有助于引导家庭进行合理住房的消费，进一步释放城市家庭的住房消费活力，推动房地产市场持续健康稳定发展。本章的主要任务具体包括：（1）解决联合决策问题，计算逆米尔斯比率；（2）实证检验住房租售结构对家庭住房消费水平的影响效应；（3）研究不同家庭特征情形下，住房租售结构对家庭住房消费水平的异质性影响；（4）进行稳健性检验。

第二节 理论分析与研究假说

住房消费是关系城市居民切身利益的基本问题，也是社会热点问题之一。已有关于家庭住房消费水平影响因素研究的文献比较丰富，一般认为，家庭住房消费决策本质上是家庭全体成员而非个体消费行为，因此家庭的类型与规模将会影响家庭的住房消费水平（浩春杏，2007b）。Arrondel 和 Lefebvre（2001）指出家庭住房消费水平的影响因素包括主体因素、客体因素和环境因素，主体因素是指消费者本身的因素，客体因素是指住房的特征，环境因素是指自然条件、经济发展以及制度政策等对家庭住房消费的影响。Tu 和 Goldfinch（1996）提出一个两阶段离散选择模型，认为居民对住房类别的消费主要受到住房价格、邻里关系的偏好以及相关配套设施等因素的影响。Ortalo-Magné 和 Rady（2002）把住房消费划分为消费和投资两种类型，住房消费更多地会受住房价格、住房特征以及家庭收入的影响，而住房投资主要是受投资回报率、利率、风险等因素的影响。Chung 和 Haurin（2002）认为，家庭在进行租买选择和住房消费决策时会受到很多随机事件的影响。况伟大（2011）实证发现，房价对家庭住房面积和非住房消费的影响为负，且家庭住房面积对非住房消费存在挤出效应。

在住房租售结构失调的情境下,出于地位寻求和炫耀攀比的心理,家庭可能会增加其住房消费的价值和面积。个体追求社会地位的主要原因有两个:一是社会地位的提高可以显示能力,强化自信和自尊,从而获取精神上更大的满足;二是跻身较高的社会阶层更容易取得他人的信任和尊重,从而能够在婚姻、就业、商业等诸多领域获得更多间接回报。据此,本章提出如下假说:

H1:家庭所在城市的住房租赁占比越高,可以增强租房可及性并弱化个体家庭出于地位寻求和攀比炫耀心理的住房消费行为,从而降低家庭住房消费的价值和面积。

家庭的住房消费行为作为一种个体消费决策,可能也会受到周围其他相似家庭决策的影响,出于群体认同的心理,将与自身相似的人群作为参照对象来调整自己的住房消费行为,有时候不是根据自身的条件和需求合理选择,而是受到所在群体的影响而非理性决策。由此可以推断,不同类型的家庭对住房消费的偏好可能会存在一定的异质性。据此,本章提出如下假说:

H2:家庭所在城市的住房租售结构与个体家庭的住房消费行为之间存在着不同群体的异质性。

消费者通常被与其群体相关联的商品或品牌所吸引,消费过程在某种程度上也是消费者建构群体认同的过程(Forehand等,2002;郭毅和杜娟,2009)。可以根据消费者对群体类别区分的心理认知来有效解释不同群体的消费者消费行为上呈现的差异(李颖灏和朱立,2013)。不同群体的消费者往往通过消费方式来表达自己与其他群体之间的同一性或者差异性,并将自己归属于特定的群体,从而对自身进行归类和定位(伍庆,2009)。因此,住房租售结构对城市家庭的住房消费水平的影响可能会存在"同群效应",即在不同类型的家庭组群中产生的影响存在差异。

第三节 模型设定与变量说明

一、模型设定

家庭应该首先进行住房租买选择决策,然后在此基础上,再进行住房消费价值和消费面积等质量的选择。Harold 和 Leonard (1991) 将住房产权和住房消费同时放进模型,结果发现购房家庭和租房家庭在各自的住房选择过程中存在着一定的不对称性。实际上,对于购房家庭来说,其住房选择的过程是有次序的,租买选择是独立于住房需求和区位决策而言的。但是对于租房家庭来说则不一样,这可能是由于租房家庭的住房产权类型和住房消费服务的选择范围本身就要比购房家庭要小很多。

参考 Zabel (2004) 的总结性研究,将家庭的总效用表示成由其所消费的住房服务 H_i、所消费的其他服务 G_i 以及家庭其他特征 Z_i 所决定的形式见式 (5-1):

$$U_i = U(C_i, H_i, Z_i) \tag{5-1}$$

同时受到家庭收入的总预算限制,可以用单位住房服务的价格 P_h 和其他商品的价格 P_x 表示见式 (5-2):

$$C_i \cdot P_x + H_i \cdot P_h = Y_i \tag{5-2}$$

在家庭收入预算约束下,求解家庭住房效用最大化,可以得到:

$$\max_{H_i} U\left(\frac{Y_i - H_i \cdot P_h}{P_x}, H_i, Z_i\right)$$

这时,家庭可以通过决定 H_i 来达到自身总效用的最大化。考虑在计算家庭住房消费水平时可能会存在自选择偏误问题,家庭在进行住房消费行为时,会同时考虑租买选择的结果。本书选择 Heckman 两阶段的方法,将家庭的租买选择和住房消费看作一个联合决策 (Heckman, 1979)。两阶段方法要求在回归模型中加入一项逆米尔斯比率（IMR），可以通过第四章的家庭租买选择模型计算得到（Lee & Trost，1978）。Ahmad（1994）建立了一个两阶段模型，先确定家庭租买选择与各变量的关系，然后分别在两种决策下估计其他因素与住房需求与关系。本书选择半对数线性模型，结合混合截面数据，进一步考察住房租售结构对家庭住房消费价值和住房消费面积的影响，具体的回归模型分别设定如式（5-3）、式（5-4）所示：

$$ln\_value_{ijt} = \alpha_0 + \alpha_1 rental\_ratio_{jt} + \gamma Z_{ijt} + \mu X_{jt} + \tau IMR + c_j + y_t + \varepsilon_{ijt} \tag{5-3}$$

$$ln\_area_{ijt} = \beta_0 + \beta_1 rental\_ratio_{jt} + \gamma Z_{ijt} + \mu X_{jt} + \tau IMR + c_j + y_t + \varepsilon_{ijt} \tag{5-4}$$

其中，$value_{ijt}$为t时期j城市中家庭i的现住房按现行市场价计算的房屋价值；$area_{itj}$为t时期j城市中家庭i的现住房的总建筑面积；$rental\_ratio_{jt}$为t时期j城市中的住房租售结构即租房家庭所占比重（%）；Z_{ijt}是一系列影响家庭住房消费水平的控制变量，包括家庭特征变量（如家庭收入、家庭持久收入和家庭人口规模等）以及户主特征变量（如户口、民族、性别、年龄、教育水平、婚姻状况和职业等）；X_{jt}代表反映城市社会经济特征的宏观变量（如人均GDP、人口规模、信贷规模、产业结构、商品房平均销售价格、每万人拥有在校大学生数和每万人拥有医院床位数等）；IMR为通过第四章的家庭租买选择模型计算得到的逆米尔斯比率；c_j和y_t分别表示城市固定效应和年份固定效应，ε_{ijt}为误差项。如果α_1为负，则可以说明，住房租售结构的改善即租赁市场比例的提高会降低城市家庭住房价值消费水平。如果β_1为负，则可以说明，住房租售结构的改善即租赁市场比例的提高会降低城市家庭住房面积消费水平。

二、数据来源

本书之所以选择城镇住户调查（UHS）数据作为主要数据来源，首先是由于其调查方案设计比较科学，样本量比较大，且覆盖了详细的个人和家庭人口统计信息（如性别、民族、户口、年龄、家庭人口规模和婚姻状况等）以及家庭经济社会特征（如家庭收入、教育水平、职业和住房信息等）。其次，从UHS数据中可以获取调查住户的住房情况细分类型，作为定义本书关键解释变量——住房租售结构的依据。另外，UHS数据中还包含了被调查住户的行政区划信息，可以将家庭微观层面数据与城市宏观层面数据进行匹配，从而进一步控制城市宏观经济因素对微观家庭住房选择行为的影响。因此，与其他大样本微观家庭调查数据相比，UHS数据是目前可以用于本书研究问题最合适的数据。

三、变量说明

（一）被解释变量

本章主要研究住房租售结构对家庭住房消费水平的影响，可以从住房价值和住房面积两个方面进行衡量。一般来说，住房消费是指家庭使用住房以满足其住房消费需求的活动，由于住房具有互异性和耐久性等特征，住房消费不能仅仅用数量或面积来衡量，而是一个多维的体系（郑思齐等，2009），包括家庭对住房面积、产权类型、建筑形式、区位环境等多方面的偏好和选择。受到数据可得性的限制，本书无法获得家庭住房具体的地理区位信息，只能采用家庭现有住房的市场价值来体现不同家庭对同一个城市内部不同区位特征的偏好（李涛等，2013；孙伟增和郑思齐，2013；陈永伟等，2014）。UHS数据中的家庭住房价值是指被调查家庭的现住房按现行市场价计算的房屋价值，如果被调查家庭不清楚，可由调查人员询问其住房所在地段的二手房、商品房的价格进行测算。而家庭住房面积是指被调查家庭现住房的总建筑面积，以房屋产权证或租赁证为准。

（二）关键解释变量

本章的关键解释变量为住房租售结构即城市住房租赁占比（rental ratio），也是通过UHS数据中的家庭住房产权形式指标计算得出。

（三）控制变量

本章选取的控制变量主要涉及家庭层面和户主层面两类，同时还控制了部分城市特征变量。表5-1对主要变量进行了描述性统计，调查统计结果显示，在全国范围内，家庭拥有住房的平均市场价值约为 16.35 万元，而家庭单套住房的平均建筑面积约为 82.4 平方米。同样根据调查结果的统计，城市家庭户均人口约为 2.92 人/户，由此可以推算，全国城市家庭人均住房建筑面积为 28.2 平方米/人左右。而根据国家统计局《中国统计年鉴 2014》的资料，2002—2009 年我国城镇居民人均住房建筑面积分别为 24.5 平方米/人、25.3 平方米/人、26.4 平方米/人、27.8 平方米/人、28.5 平方米/人、30.1 平方米/人、30.6 平方米/人和 31.3 平方米/人[1]，平均值约为 28.1 平方米/人，与根据表 5-1 推算出的结果几乎相同，说明本书的统计结果具有一定的可比性。

表 5-1　家庭住房消费水平主要变量描述性统计（$N = 218\,848$）

变量名	平均值	最小值	最大值	标准差
housing value（元）	163466.900	9430.817	928144.788	170480.388
housing area（平方米）	82.404	24.000	240.000	35.636
rental ratio（%）	9.044	0.995	35.600	6.696
hinc（元）	32336.670	4935.100	125806.636	22100.754
perhinc（元）	28990.260	6671.041	235032.890	14766.830
hukou（城市 = 1）	0.981	0.000	1.000	0.136
nation（汉族 = 1）	0.977	0.000	1.000	0.149
gender（女性 = 1）	0.289	0.000	1.000	0.453
age（岁）	49.545	18.000	106.000	12.063
highedu（是 = 1）	0.317	0.000	1.000	0.465
high school（是 = 1）	0.346	0.000	1.000	0.465
middle school（是 = 1）	0.336	0.000	1.000	0.476
married（是 = 1）	0.937	0.000	1.000	0.243
soe（是 = 1）	0.481	0.000	1.000	0.500
retired（是 = 1）	0.121	0.000	1.000	0.326
pension（是 = 1）	0.456	0.000	1.000	0.498
hfund（是 = 1）	0.389	0.000	1.000	0.488
family size（人）	2.917	1.000	15.000	0.849

[1] 见国家统计局编《中国统计年鉴 2014》，http://www.stats.gov.cn/tjsj/ndsj/2014/indexch.htm。

值得注意的是,城镇住户调查的对象是城市市区和县城关镇区居民委员会行政管理区域内的家庭,样本的覆盖面为所有在正式住房中居住的常住家庭,不包括临时建筑、地下室、城中村和建筑工地的工棚等非正式住房(郑思齐等,2009)。因此,也就没有完全覆盖可能居住在这些非正式住房中的流动人口和低收入家庭,这在一定程度上影响了对城市居民住房状况全貌的分析。

第四节 基本实证结果

一、家庭住房消费价值

住房市场价值综合反映了住房区位、档次、面积等多方面的质量,也是家庭在收入约束下的住房消费状况。住房作为一种资产,是家庭财富的象征,其财富效应可以提高家庭对未来生活的信心,有利于社会的稳定(郑思齐等,2009)。但同时,过高的住房价值也意味着城市过高的生活成本,这会对人们的生活产生负面影响。表5-2显示了家庭住房消费价值的基准回归估计结果。

表5-2 家庭住房消费价值的基准回归结果

ln_value	全样本	全样本	大中城市	中小城市	东部城市	中西部城市
	(1)	(2)	(3)	(4)	(5)	(6)
rental ratio	-0.171***	-0.175***	-0.075	-0.048	-0.525***	-0.397***
	(0.051)	(0.054)	(0.090)	(0.076)	(0.071)	(0.086)
ln_hinc	0.318***	0.318***	0.301***	0.324***	0.343***	0.283***
	(0.004)	(0.004)	(0.006)	(0.005)	(0.005)	(0.006)
ln_perhinc	0.403***	0.409***	0.382***	0.446***	0.360***	0.552***
	(0.016)	(0.016)	(0.021)	(0.026)	(0.018)	(0.032)

续表

ln_value	全样本 (1)	全样本 (2)	大中城市 (3)	中小城市 (4)	东部城市 (5)	中西部城市 (6)
hukou	-0.006 (0.012)	-0.003 (0.012)	-0.000 (0.019)	-0.034* (0.018)	0.047*** (0.016)	-0.079*** (0.020)
nation	-0.030*** (0.009)	-0.030*** (0.009)	-0.038*** (0.011)	-0.016 (0.013)	-0.071*** (0.010)	0.031** (0.015)
gender	-0.002 (0.003)	-0.002 (0.003)	0.002 (0.004)	-0.004 (0.005)	-0.000 (0.004)	-0.010** (0.005)
age2	0.002 (0.004)	0.002 (0.004)	0.004 (0.007)	0.000 (0.005)	0.025*** (0.006)	-0.023*** (0.006)
age3	-0.012*** (0.005)	-0.013*** (0.005)	-0.009 (0.007)	-0.018*** (0.006)	0.032*** (0.006)	0.074*** (0.007)
age4	-0.051*** (0.007)	-0.051*** (0.007)	-0.035*** (0.010)	-0.075*** (0.010)	0.006 (0.009)	-0.138*** (0.011)
highedu	0.062*** (0.007)	0.061*** (0.007)	0.066*** (0.009)	0.044*** (0.012)	0.083*** (0.009)	-0.003 (0.014)
high school	0.023*** (0.004)	0.023 (0.004)	0.012** (0.005)	0.026*** (0.006)	0.027*** (0.005)	0.003 (0.007)
married	-0.122*** (0.007)	-0.122*** (0.007)	-0.121*** (0.009)	-0.130*** (0.011)	-0.104*** (0.009)	-0.173*** (0.012)
soe	-0.018*** (0.003)	-0.018*** (0.003)	-0.026*** (0.005)	-0.015*** (0.005)	-0.021*** (0.005)	-0.025*** (0.005)
retired	-0.008* (0.005)	-0.007 (0.005)	0.006 (0.007)	-0.027*** (0.007)	0.015** (0.007)	-0.041*** (0.008)
pension	0.010*** (0.003)	0.010*** (0.003)	0.026*** (0.005)	-0.003 (0.005)	0.021*** (0.005)	0.006 (0.005)
hfund	-0.090*** (0.005)	-0.091*** (0.005)	-0.095*** (0.007)	-0.089*** (0.008)	-0.057*** (0.006)	-0.148*** (0.009)
family size	-0.030*** (0.003)	-0.031*** (0.003)	-0.029*** (0.004)	-0.036*** (0.004)	-0.023*** (0.003)	-0.052*** (0.005)
IMR	0.138*** (0.033)	0.157*** (0.035)	0.099* (0.057)	0.096* (0.057)	0.357*** (0.043)	-0.169*** (0.061)

续表

ln_value	全样本 (1)	全样本 (2)	大中城市 (3)	中小城市 (4)	东部城市 (5)	中西部城市 (6)
城市特征变量	No	Yes	Yes	Yes	Yes	Yes
城市虚拟变量	Yes	Yes	Yes	Yes	Yes	Yes
年份虚拟变量	Yes	Yes	Yes	Yes	Yes	Yes
伪 R^2	0.601	0.601	0.619	0.472	0.621	0.413
样本量	218 848	218 848	99 861	118 987	111 778	107 070

注：括号内为稳健标准误；***、**和*分别表示在1%、5%和10%的显著性水平上显著。

基于模型（1）和模型（2）的结果可以看出，全样本回归中，城市住房租赁占比对家庭住房消费价值的影响系数均显著为负。就全部城市平均而言，租赁市场比例每上升1个百分点，将导致家庭选择消费住房的价值减少约0.18%，研究假说H1得到验证。

考虑不同等级和不同区域的城市之间可能会存在一定的差异，表5-2同时列出了分大中城市和中小城市、东部城市和中西部城市的回归结果，作为对照。通过模型（3）和模型（4）的估计结果可以发现，城市住房租赁占比对家庭住房消费价值的影响在不同级别的城市之间并没有显著的差别。无论是在大中城市还是在中小城市，城市的住房租售结构对家庭的住房价值消费行为的影响作用均不显著。模型（5）和模型（6）的回归结果显示，城市住房租赁占比对家庭住房消费价值的影响在不同区域的城市之间存在一定的差异。

尽管无论是在东部城市还是在中西部城市，城市住房租赁占比对家庭住房消费价值的影响系数均显著为负。但是，租赁市场比例每变化1个百分点，对东部城市家庭住房价值消费行为的影响程度比中西部城市家庭更大，约高出0.13个百分点。这可能是由于东部城市的市场化水平较高，住房消费的市场化程度也更高，家庭住房消费行为更容易受到住房市场环境的影响（樊纲和王小鲁，2007；易成栋，2007）。其次，东部城市住房租赁市场相对比较成熟，市场反应灵敏，家庭的住房消费行为可能更有弹性（鞠方等，2017）。另外，由于居民收入水平、住房价格、住房消费和信贷政策的差异，东部城市与中西部城市的家庭住房需求特点有所不同，东部城市的家庭以刚性需求为主，中西部城市的家庭住房改善性需求较为强烈（黄雄等，2018）。

上述研究结论表明，家庭在作出住房消费决策的时候，确实会受到其他家庭行为的影响，住房租售结构的改善，可以增强租房可及性并弱化个体家庭出于地位寻求和攀比炫耀的心理，从而选择减少其住房消费的价值。更直观地来理解，以国家中心城市首都北京为例，根据 2018 年 8 月中国社会科学院财经战略研究院、中国社会科学院城市与竞争力研究中心、住房大数据联合实验室最新发布的全国 142 个城市大数据房价中位数，北京的房价中位数位居第一，高达 58 880 元/建筑平方米①。按照国家统计局 2016 年发布的城镇居民人均住房建筑面积 36.6 平方米来计算②，北京一个三口之家所要消费的住房价值约为 650（5.888×36.6×3）万元。那么，假设在其他条件不变的情况下，北京市的租赁市场比例上升 10 个百分点，将会导致一个三口家庭选择消费住房的价值降低约 34（650×5.25%）万元。这相当于以 2017 年北京市城镇居民人均可支配收入 62 406 元进行折算北京一个三口家庭近两年的家庭总收入之和，颇具一定的影响效应③。

二、家庭住房消费面积

住房面积的大小是影响家庭住房质量的一个重要因素，较大的住房面积通常可以给家庭带来较高的效用水平（郑思齐等，2009）。表 5-3 显示了家庭住房消费面积的基准回归估计结果，全样本回归中，城市住房租赁占比对家庭住房面积价值的影响系数均显著为负。就全部城市平均而言，租赁市场比例每上升 1 个百分点，将导致家庭选择消费住房的面积减少约 0.19%，研究假说 H1 得到验证。

---

① 见中国社会科学院财经战略研究院、中国社会科学院城市与竞争力研究中心、住房大数据联合实验室大数据房价指数（BHPI）系列研究报告，http://www.zfdsj.org。
② 见国家统计局专题报道《居民收入较快增长 生活质量不断提高——党的十八大以来经济社会发展成就系列之五》，http://www.stats.gov.cn/ztjc/ztfx/18fzcj/201802/t20180212_1583218.html。
③ 见北京统计局、国家统计局北京调查总队《2017 年北京市城乡居民收支情况分析》，http://www.bjstats.gov.cn/bwtt/201802/t20180209_392522.html。

表 5-3　　　　　　　　家庭住房消费面积的基准回归结果

ln_area	全样本 (1)	全样本 (2)	大中城市 (3)	中小城市 (4)	东部城市 (5)	中西部城市 (6)
rental ratio	-0.220*** (0.028)	-0.190*** (0.030)	-0.332*** (0.050)	-0.057 (0.043)	-0.340*** (0.040)	-0.123*** (0.047)
ln_hinc	0.160*** (0.002)	0.160*** (0.002)	0.169*** (0.003)	0.154*** (0.003)	0.173*** (0.003)	0.142*** (0.003)
ln_perhinc	0.322*** (0.010)	0.325*** (0.010)	0.333*** (0.013)	0.317*** (0.015)	0.312*** (0.011)	0.376*** (0.019)
hukou	-0.099*** (0.007)	-0.096*** (0.007)	-0.082*** (0.011)	-0.099*** (0.011)	-0.057*** (0.009)	-0.153*** (0.012)
nation	0.007 (0.005)	0.006 (0.005)	0.013** (0.006)	-0.003 (0.007)	-0.017*** (0.006)	0.040*** (0.008)
gender	-0.025*** (0.002)	-0.025*** (0.002)	-0.035*** (0.003)	-0.015*** (0.003)	-0.028*** (0.003)	-0.026*** (0.003)
age2	0.010*** (0.002)	0.010*** (0.002)	0.017*** (0.004)	0.007** (0.003)	0.019*** (0.003)	0.000 (0.004)
age3	-0.016*** (0.003)	-0.016*** (0.003)	-0.037*** (0.004)	0.004 (0.004)	0.000 (0.004)	-0.041*** (0.004)
age4	-0.045*** (0.004)	-0.045*** (0.004)	-0.051*** (0.006)	-0.038*** (0.005)	-0.021*** (0.005)	-0.085*** (0.006)
highedu	-0.015*** (0.004)	-0.016*** (0.004)	-0.020*** (0.006)	-0.011* (0.007)	-0.011** (0.005)	-0.039*** (0.008)
high school	-0.014*** (0.002)	-0.014*** (0.002)	0.023*** (0.003)	-0.005 (0.003)	-0.014*** (0.003)	-0.021*** (0.004)
married	-0.072*** (0.004)	-0.072*** (0.004)	-0.064*** (0.005)	-0.075*** (0.006)	-0.060*** (0.005)	-0.100*** (0.007)
soe	-0.006*** (0.002)	-0.006*** (0.002)	-0.012*** (0.003)	-0.001 (0.003)	-0.001 (0.003)	-0.018*** (0.003)
retired	-0.036*** (0.003)	-0.037*** (0.003)	0.031*** (0.004)	-0.041*** (0.004)	-0.023*** (0.004)	-0.056*** (0.004)
pension	-0.016*** (0.002)	-0.015*** (0.002)	-0.018*** (0.003)	-0.014*** (0.003)	-0.006** (0.003)	-0.022*** (0.003)

续表

ln_area	全样本	全样本	大中城市	中小城市	东部城市	中西部城市
	(1)	(2)	(3)	(4)	(5)	(6)
hfund	-0.095***	-0.095***	-0.091***	-0.097***	-0.092***	-0.110***
	(0.003)	(0.003)	(0.004)	(0.004)	(0.004)	(0.005)
family size	-0.005***	-0.005***	-0.015***	0.003	-0.002	-0.014***
	(0.002)	(0.002)	(0.002)	(0.002)	(0.002)	(0.003)
IMR	0.032*	0.042**	0.101***	-0.007	0.184***	-0.190***
	(0.019)	(0.020)	(0.032)	(0.032)	(0.025)	(0.034)
城市特征变量	No	Yes	Yes	Yes	Yes	Yes
城市虚拟变量	Yes	Yes	Yes	Yes	Yes	Yes
年份虚拟变量	Yes	Yes	Yes	Yes	Yes	Yes
伪 R^2	0.293	0.293	0.233	0.324	0.310	0.278
样本量	218 848	218 848	99 861	118 987	111 778	107 070

注：括号内为稳健标准误；***、**和*分别表示在1%、5%和10%的显著性水平上显著。

表5-3同时列出了分大中城市和中小城市、东部城市和中西部城市的回归结果，作为对照。通过模型（3）和模型（4）的估计结果可以发现，城市住房租赁占比对家庭住房消费面积的影响在不同级别的城市之间存在显著的差异。大中城市的住房租售结构对家庭的住房面积消费行为的影响作用显著为负，而中小城市的影响并不显著。另外，模型（5）和模型（6）的回归结果显示，城市住房租赁占比对家庭住房消费面积的影响在不同区域的城市之间存在一定的差别。租赁市场比例每变化1个百分点，对东部城市家庭住房面积消费行为的影响程度比中西部城市家庭更大，约高出0.22个百分点。这些异质性可能是由于大中城市和东部城市的市场化水平较高，住房消费的市场化程度也更高，家庭住房消费行为更容易受到住房市场环境的影响（樊纲和王小鲁，2007；易成栋，2007）。有研究表明，城镇居民住房面积的不平等在层级较高与层级较低的城市之间存在一定的差距（罗楚亮，2014）。

上述研究结论表明，家庭在作出住房消费决策的时候，确实会受到其他家庭行为的影响，住房租售结构的改善，可以增强租房可及性并弱化个体家庭出于地位寻求和攀比炫耀的心理，从而选择减少其住房消费的面积。更直观地来理解，以东部城市为例，按照国家统计局 2016 年发布的城镇居民人均住房建筑面积 36.6 平方米来计算①，假设在其他条件不变的情况下，东部城市租赁市场比例上升 10 个百分点，那么会导致一个三口家庭选择消费住房的面积降低 4 平方米（36.6×3×3.4%）左右。这大概相当于减少了一个普通卫生间的面积，或者相当于一个加大双人床的面积，影响作用比较明显。

第五节　进一步讨论

接下来对家庭特征异质性结果和户主特征异质性结果展开进一步分析，并进行稳健性检验。

一、家庭特征异质性分析

不同家庭群体的住房选择决策可能也会具有显著的差异化特征（党云晓等，2011）。那么，家庭所在城市的住房租售结构与个体家庭的住房消费行为之间是否也存在着不同群体的异质性呢？

表 5-4 给出了不同特征家庭住房消费价值的异质性回归结果，总体来看，在不同家庭特征组别里，城市住房租赁占比对家庭住房价值消费行为的影响效应存在一定的差别。通过模型（1）和模型（2）的估计结果可以发现，尽管无论是在市场化住房家庭还是在非市场化住房家庭，城市住房租赁占比对家庭住房价值消费行为的影响系数均显著为负。但是，租赁市场比例每变化 1 个百分点，对非市场化住房家庭住房价值消费行为的影响程度比市场化住房家庭更大，约高出 0.17 个百分点。这可能是因为在市场

---

① 见国家统计局专题报道《居民收入较快增长 生活质量不断提高——党的十八大以来经济社会发展成就系列之五》，http://www.stats.gov.cn/ztjc/ztfx/18fzcj/201802/t20180212_1583218.html。

化住房市场中，住房与家庭的匹配关系主要与偏好与支付能力有关（郑思齐，2007）。在非市场住房市场中，家庭与住房的匹配主要受住房政策的影响。

表 5-4　住房消费价值的家庭特征异质性回归结果

ln_value	市场化 (1)	非市场化 (2)	低收入 (3)	高收入 (4)	高财富 (5)	低财富 (6)
rental ratio	-0.194** (0.097)	-0.368*** (0.065)	-0.210** (0.085)	-0.014 (0.075)	-0.086 (0.208)	-0.146** (0.057)
ln_hinc	0.330*** (0.006)	0.285*** (0.004)	0.259*** (0.007)	0.343*** (0.006)	0.234*** (0.016)	0.316*** (0.004)
ln_perhinc	0.477*** (0.021)	0.256*** (0.022)	0.730*** (0.055)	0.350*** (0.017)	0.300*** (0.049)	0.162*** (0.012)
IMR	0.304*** (0.058)	0.129*** (0.043)	0.094* (0.055)	0.061 (0.055)	0.176 (0.162)	0.114*** (0.037)
其他控制变量	Yes	Yes	Yes	Yes	Yes	Yes
城市特征变量	Yes	Yes	Yes	Yes	Yes	Yes
城市虚拟变量	Yes	Yes	Yes	Yes	Yes	Yes
年份虚拟变量	Yes	Yes	Yes	Yes	Yes	Yes
调整 R^2	0.639	0.588	0.413	0.577	0.575	0.575
样本量	57 495	161 353	108 142	110 706	12 087	206 759

注：括号内为稳健标准误；***、**和*分别表示在1%、5%和10%的显著性水平上显著。

模型（3）和模型（4）、模型（5）和模型（6）的回归结果显示，城市住房租赁占比对家庭住房消费价值的影响在高收入家庭和低收入家庭、高财富家庭和低财富家庭之间存在显著的差异。住房租售结构对城市家庭住房价值消费行为的负向作用只在低收入家庭和低财富家庭中才显著存在，而对于高收入家庭和高财富家庭则没有显著影响。这些异质性可能是由于高收入家庭和高财富家庭本身选择购房的价值就比较高（Koizumia & McCannb，2006），且高财富家庭的非人力资本和财富更大，转化为社会资本和经济资本的能力更强，体现在家庭住房价值就更高（郭琳，2013），而低收入家庭和低财富家庭可能会由于未来的不确定性更加容易改变其住房

的消费价值 (Robst et al., 2004)。另外,也有可能是因为低收入家庭和高收入家庭的地位寻求动机不同,低收入家庭更关注地位的体现或提升,更容易受到周围家庭行动的影响,"同群效应"更明显 (刘雯和杨晓维, 2016)。

表 5-5 显示了不同特征家庭住房消费面积的异质性回归结果,总体来看,在不同家庭特征组别里,城市住房租赁占比对家庭住房面积消费行为的影响系数均为负。也就是说,住房租售结构与城市家庭住房面积消费行为之间确实存在分家庭特征的"同群效应"。另外,从回归系数来看,租赁市场比例对市场化住房家庭住房消费面积的影响程度与非市场化住房家庭没有较大的差异,对低收入家庭和高收入家庭的影响程度也基本相当。值得注意的是,模型 (5) 和模型 (6) 的回归结果显示,城市住房租赁占比对家庭住房消费面积的影响在高财富家庭和低财富家庭之间存在显著的差异。住房租售结构对城市家庭住房面积消费行为的负向作用只在低财富家庭中才显著存在,而对于高财富家庭则没有显著影响。这可能是由于随着城市内部家庭财富不平等的上升,会显著增加低财富家庭的住房成本负担,降低其住房面积和居住质量 (张川川, 2016)。而高财富家庭本身的非人力资本及财富更高,对其的冲击有限。因此,随着住房租售结构的改善,可以增强租房可及性并减少非人力资本及财富较低的家庭出于地位寻求和攀比炫耀的心理而选择增加其住房消费的价值,从而抑制其住房价值消费行为的"同群效应",促进城市住房梯度消费。

表 5-5 住房消费面积的家庭特征异质性回归结果

ln_area	低收入	高收入	市场化	非市场化	高财富	低财富
	(1)	(2)	(3)	(4)	(5)	(6)
rental ratio	-0.138 ***	-0.123 ***	-0.152 ***	-0.218 ***	-0.074	-0.177 ***
	(0.047)	(0.042)	(0.052)	(0.036)	(0.120)	(0.031)
ln_hinc	0.129 ***	0.187 ***	0.154 ***	0.148 ***	0.112 ***	0.160 ***
	(0.004)	(0.004)	(0.003)	(0.002)	(0.009)	(0.002)
ln_perhinc	0.508 ***	0.279 ***	0.327 ***	0.220 ***	0.348 ***	0.280 ***
	(0.032)	(0.010)	(0.012)	(0.013)	(0.030)	(0.007)
IMR	-0.014	-0.021	0.088 ***	0.060 **	0.044	0.034
	(0.031)	(0.031)	(0.032)	(0.024)	(0.102)	(0.021)

续表

ln_area	低收入	高收入	市场化	非市场化	高财富	低财富
	(1)	(2)	(3)	(4)	(5)	(6)
其他控制变量	Yes	Yes	Yes	Yes	Yes	Yes
城市特征变量	Yes	Yes	Yes	Yes	Yes	Yes
城市虚拟变量	Yes	Yes	Yes	Yes	Yes	Yes
年份虚拟变量	Yes	Yes	Yes	Yes	Yes	Yes
调整 R^2	0.266	0.261	0.309	0.307	0.275	0.282
样本量	108 142	110 706	57 495	161 353	12 087	206 759

注：括号内为稳健标准误；***、**和*分别表示在1%、5%和10%的显著性水平上显著。

二、户主特征异质性分析

同样地，对于不同户主特征的家庭来说，其对住房消费价值和住房消费面积的偏好可能也会存在一定的差异性。为了更好地识别住房租售结构对不同户主特征的家庭住房消费行为的异质性影响，本书将样本家庭划分为不同户主类型的家庭组群，依次进行分组回归。

家庭住房消费价值的户主异质性回归结果如表5-6所示，总体来看，在不同家庭特征组群里，城市住房租赁占比对家庭住房价值消费行为的影响系数均为负。也就是说，住房租售结构与城市家庭住房价值消费行为之间确实存在分户主特征的"同群效应"。但是从回归系数来看，租赁市场比例对不同户主特征家庭的影响程度存在一定的差异。其中，当其他条件不变的情况下，租赁市场比例每变化1个百分点，对未婚户主家庭和高学历户主家庭的住房消费价值影响程度较已婚户主家庭和低学历户主家庭要更大，分别高出约0.64个和0.25个百分点。这可能是由于未婚户主家庭和高学历户主家庭的消费行为更容易受到与其相类似的同群家庭行为的影响，攀比和趋同的心理更强，"同群效应"也更明显。还有可能是与我国特殊的社会环境有关，购房往往成为结婚的先决条件（桂华和余练，2010；方丽和田传浩，2016），先买房后结婚的现象屡见不鲜。面临婚姻市场上的竞争压力，未婚户主家庭往往更容易受到攀比和趋同的心理的作用，增加自身在住房上的投资，以获取在婚姻市场上的竞争优势。特别是对于高学历户主来说，其婚姻的观念和生活取向有别于其他群体（周晓燕，2002），通常具有更加稳定的住房价值消费偏好，以维持较高的社会地位（魏世勇，2015）。

表 5-6　住房消费价值的户主特征异质性回归结果

ln_value	女性户主 (1)	男性户主 (2)	已婚户主 (3)	未婚户主 (4)	大专以上 (5)	高中以下 (6)
rental ratio	-0.120 (0.104)	-0.142** (0.064)	-0.098* (0.057)	-0.741*** (0.253)	-0.386*** (0.091)	-0.137** (0.070)
ln_hinc	0.293*** (0.007)	0.324*** (0.004)	0.318*** (0.004)	0.296*** (0.015)	0.333*** (0.006)	0.312*** (0.005)
ln_perhinc	0.359*** (0.027)	0.429*** (0.019)	0.401*** (0.016)	0.462*** (0.082)	0.431*** (0.022)	0.488*** (0.016)
IMR	0.091 (0.061)	0.132*** (0.045)	0.111*** (0.039)	0.228* (0.126)	0.580*** (0.074)	0.082* (0.044)
其他控制变量	Yes	Yes	Yes	Yes	Yes	Yes
城市特征变量	Yes	Yes	Yes	Yes	Yes	Yes
城市虚拟变量	Yes	Yes	Yes	Yes	Yes	Yes
年份虚拟变量	Yes	Yes	Yes	Yes	Yes	Yes
调整 R^2	0.620	0.592	0.602	0.605	0.623	0.577
样本量	63 291	155 557	205 014	13 834	69 452	149 396

注：括号内为稳健标准误；***、**和*分别表示在1%、5%和10%的显著性水平上显著。

另外，本书还发现，城市住房租赁占比对家庭住房消费价值的影响在女性户主家庭和男性户主家庭之间存在显著的差别。住房租售结构对城市家庭住房消费价值行为的负向作用只在男性户主家庭中才显著存在，而对于女性户主家庭则没有显著影响。这可能是因为受到城市性别比失衡的冲击（Wei 和 Zhang，2011；Wei 等，2017），在婚姻缔结的过程中，社会对男方的物质条件要求相对较高，结婚费用也多由男方承担，增加住房投资逐渐成为谈婚论嫁时男方被要求的标配。男性户主家庭往往更容易受到地位寻求和攀比炫耀心理的作用，将与自身相似的家庭群体作为参照对象来调整自己的住房价值消费行为,增加对住房的投资,以获取在婚姻市场上的竞争优势。因此,随着住房租售结构的改善,可以增强租房可及性并减少男性户主家庭、未婚户主家庭和高学历户主家庭出于地位寻求和攀比炫耀的心理而选择增加其住房消费的价值,从而抑制其住房价值消费行为的"同群效应"。

家庭住房消费面积的户主异质性回归结果如表 5 – 7 所示,总体来看,在不同户主特征的家庭组群里,城市住房租赁占比对家庭住房面积消费行为的影响系数均显著为负。也就是说,住房租售结构与城市家庭住房面积消费行为之间确实存在分户主特征的"同群效应"。从回归系数来看,租赁市场比例对女性户主家庭住房面积消费决策的影响程度与男性户主家庭没有较大的差异,对高学历户主家庭和低学历户主家庭的影响程度也基本相当。值得注意的是,在其他条件不变的情况下,租赁市场比例每变化 1 个百分点,对未婚户主家庭住房面积消费决策的影响程度比已婚户主家庭更大,高出约 0.14 个百分点,这可能是由于已婚户主家庭因子女居住的考虑,对于住房面积的消费具有一定的刚性,子女需求可能还会导致已婚家庭与父母同住,尤其表现在住房上对父母的依赖(许琪,2013)。而未婚户主地位寻求和攀比炫耀的心理更强,其对住房面积的消费行为更容易受群体行动的影响,更倾向于与住房条件较好的同群家庭攀比,增加自身的住房消费面积。

表 5 – 7　　　　住房消费面积的户主特征异质性回归结果

ln_area	女性户主 (1)	男性户主 (2)	已婚户主 (3)	未婚户主 (4)	大专以上 (5)	高中以下 (6)
rental ratio	-0.179*** (0.058)	-0.181*** (0.036)	-0.175*** (0.032)	-0.319** (0.135)	-0.255*** (0.050)	-0.198*** (0.039)
ln_hinc	0.152*** (0.004)	0.164*** (0.002)	0.161*** (0.002)	0.157*** (0.009)	0.166*** (0.004)	0.159*** (0.003)
ln_perhinc	0.306*** (0.017)	0.330*** (0.012)	0.318*** (0.010)	0.409*** (0.049)	0.293*** (0.013)	0.296*** (0.009)
IMR	-0.010 (0.035)	0.058** (0.025)	0.026 (0.022)	0.143** (0.071)	0.175*** (0.041)	0.038 (0.025)
其他控制变量	Yes	Yes	Yes	Yes	Yes	Yes
城市特征变量	Yes	Yes	Yes	Yes	Yes	Yes

续表

ln_area	女性户主	男性户主	已婚户主	未婚户主	大专以上	高中以下
	(1)	(2)	(3)	(4)	(5)	(6)
城市虚拟变量	Yes	Yes	Yes	Yes	Yes	Yes
年份虚拟变量	Yes	Yes	Yes	Yes	Yes	Yes
伪 R^2	0.268	0.307	0.292	0.282	0.236	0.290
样本量	63 291	155 557	205 014	13 834	69 452	149 396

注：括号内为稳健标准误；***、**和*分别表示在1%、5%和10%的显著性水平上显著。

家庭住房消费价值的户主年龄异质性回归结果如表5-8所示，在45—60岁和60岁以上户主家庭的组别里，城市住房租赁占比对家庭住房价值消费行为的影响系数显著为负，而在年轻户主家庭中，这种负向作用并不显著。从回归系数来看，随着户主年龄的增加，租赁市场比例对家庭的住房价值消费行为影响程度逐渐增大。当其他条件不变的情况下，租赁市场比例每上升1个百分点，对最年长的户主家庭（60岁以上）住房消费价值的影响最大，将导致其选择消费住房的价值减少近0.67%。

表5-8　住房消费价值的户主年龄异质性回归结果

ln_value	18—35岁	35—45岁	45—60岁	大于60岁
	(1)	(2)	(3)	(4)
rental ratio	-0.157	-0.031	-0.264***	-0.670***
	(0.162)	(0.098)	(0.087)	(0.133)
ln_hinc	0.295***	0.323***	0.312***	0.353***
	(0.011)	(0.007)	(0.006)	(0.009)
ln_perhinc	0.392***	0.430***	0.415***	0.432***
	(0.039)	(0.026)	(0.026)	(0.055)
IMR	-0.087	0.201***	0.179***	0.503***
	(0.096)	(0.065)	(0.057)	(0.095)
其他控制变量	Yes	Yes	Yes	Yes
城市特征变量	Yes	Yes	Yes	Yes
城市虚拟变量	Yes	Yes	Yes	Yes
年份虚拟变量	Yes	Yes	Yes	Yes

续表

ln_value	18—35 岁	35—45 岁	45—60 岁	大于 60 岁
	(1)	(2)	(3)	(4)
调整 R^2	0.625	0.585	0.611	0.605
样本量	25 560	65 178	86 620	41 490

注：括号内为稳健标准误；***、**和*分别表示在1%、5%和10%的显著性水平上显著。

由于家庭会根据每个生命周期阶段来进行自身住房价值的消费，年轻人没有足够的时间来积累财富和资源，购房能力不足，特别是房价较高的时期，对于住房价值的消费偏向刚性，不容易会出于攀比炫耀的心理进行住房消费，住房价值消费行为的"同群效应"较弱。年老户主往往更需要在住房消费价值上进行社会地位的彰显，地位维持和攀比炫耀的目的更直接，是一种撑"面子"的地位性消费（杭斌，2015）。年老户主家庭对住房价值的消费行为更容易受群体行动的影响，更倾向于与住房条件较好的同群家庭攀比，增加自身的住房消费价值。另外，城市青年对于成家之后的居住方式选择越来越倾向于与父母分开居住，住房消费成为一种必要的需求（风笑天，2011）。一些原本来自农村的年老户主，往往为了子女在城市购置婚房，在城市掀起了一股购买房产的热潮，出现"婚房进城"的现象（白美妃，2018）。事实上，住房消费需求取决于家庭数量，而不是人口数量，在家庭小型化的趋势下，人口老龄化会使家庭数增加，进而带动住房消费需求（丁洋和郑江淮，2018）。因此，住房租售结构与年老户主家庭的住房价值消费行为之间更加容易出现"同群效应"，随着住房租售结构的改善，可以增强租房可及性并减少这种现象所带来的年老户主家庭攀比炫耀性住房价值消费。

家庭住房消费面积的户主年龄异质性回归结果如表5-9所示，总体来看，除了在18—35岁年龄段户主的家庭组群里，城市住房租赁占比对家庭住房面积消费行为的影响系数均显著为负。也就是说，住房租售结构与城市家庭住房面积消费行为之间确实存在分户主年龄特征的"同群效应"。从回归系数来看，随着户主年龄的增加，租赁市场比例对家庭的住房面积消费行为影响程度逐渐增大。在其他条件不变的情况下，租赁市场比例每上升1个百分点,对最年长的户主家庭(60岁以上)住房面积的影响最大,将导致其选择消费住房的面积减少近0.39%。

表 5-9　　住房消费面积的户主年龄异质性回归结果

ln_area	18—35 岁	35—45 岁	45—60 岁	大于 60 岁
	(1)	(2)	(3)	(4)
rental ratio	0.043	-0.100*	-0.248***	-0.388***
	(0.088)	(0.055)	(0.048)	(0.072)
ln_hinc	0.118***	0.158***	0.166***	0.179***
	(0.006)	(0.004)	(0.003)	(0.005)
ln_perhinc	0.268***	0.272***	0.376***	0.312***
	(0.023)	(0.015)	(0.016)	(0.032)
IMR	-0.148***	-0.087**	0.106***	0.288***
	(0.054)	(0.037)	(0.032)	(0.053)
其他控制变量	Yes	Yes	Yes	Yes
城市特征变量	Yes	Yes	Yes	Yes
城市虚拟变量	Yes	Yes	Yes	Yes
年份虚拟变量	Yes	Yes	Yes	Yes
调整 R^2	0.278	0.306	0.307	0.289
样本量	25 560	65 178	86 620	41 490

注:括号内为稳健标准误;***、**和*分别表示在1%、5%和10%的显著性水平上显著。

这可能是由于住房不仅兼有消费和投资功能,而且还是家庭社会地位的象征,城镇家庭居住面积的不断扩大也与地位攀比有关,拥有宽敞的住房不仅能够为房主带来更多的舒适感,而且通过与其他家庭的住房比较还会带来优越感(杭斌和修磊,2015)。住房面积攀比在很大程度上反映的是地位攀比,而年长户主家庭更有可能为了维持自身的地位而寻求更高的住房面积消费。因此,住房租售结构的改善,可以增强租房可及性并降低年老户主家庭出于地位维持和攀比的心理而选择增加其住房消费的面积,从而抑制其住房面积消费行为的"同群效应"。

三、稳健性检验

家庭住房消费价值的多层线性模型（HLM）回归结果如表 5 – 10 所示，全样本回归中，城市住房租赁占比对家庭住房消费价值的影响系数均显著为负。就全部城市平均而言，租赁市场比例每上升 1 个百分点，将导致家庭选择消费住房的价值减少约 0.39%。住房租售结构对城市家庭住房消费价值行为的负向作用只在东部城市家庭中才显著存在，而对于中西部城市家庭则没有显著影响。这可能是由于东部城市的住房价格相对较高，家庭的住房条件差距较大，容易出现攀比性的住房消费行为。另外，住房市场存在一定程度的区域性分割，东部城市的住房分化机制主要取决于个人所拥有的人力资本与政治资本，而中西部城市更多的还是制度体制结构起决定性作用（毛小平，2010）。因此，东部城市家庭的住房消费更不容易固化，住房价值消费行为可能更有弹性。由此可见，在考虑了多层数据结构的影响之后，HLM 回归结果与基准回归结果基本保持一致，说明本章关于家庭住房消费价值的研究结论具有一定的稳健性和可靠性。

表 5 – 10　家庭住房消费价值的多层线性模型（HLM）回归结果

ln_value	全样本(1)	全样本(2)	大中城市(3)	中小城市(4)	东部城市(5)	中西部城市(6)
rental ratio	-0.629*** (0.242)	-0.394** (0.191)	-0.172 (0.279)	-0.396 (0.278)	-0.542* (0.285)	-0.059 (0.292)
ln_hinc	0.326*** (0.012)	0.324*** (0.012)	0.307*** (0.020)	0.340*** (0.012)	0.333*** (0.021)	0.314*** (0.014)
ln_perhinc	1.085*** (0.070)	0.538*** (0.099)	0.456*** (0.136)	0.640*** (0.060)	0.405*** (0.098)	0.783*** (0.083)
其他控制变量	Yes	Yes	Yes	Yes	Yes	Yes
城市特征变量	Yes	Yes	Yes	Yes	Yes	Yes
城市样本量	152	152	40	112	60	92
家庭样本量	237 163	237 163	112 024	125 139	121 796	115 367

注：括号内为稳健标准误，***、** 和 * 分别表示在 1%、5% 和 10% 的显著性水平上显著。

家庭住房消费面积的多层线性模型（HLM）回归结果如表 5-11 所示，可以看出，无论是全样本还是城市分组回归，城市住房租赁占比对家庭住房面积消费行为的影响系数均显著为负。全部城市平均而言，租赁市场比例每上升 1 个百分点，将导致家庭选择消费住房的面积降低约 0.27%。也就是说，城市的住房租售结构对家庭的住房面积消费决策确实存在着重要影响，住房租售结构的改善，可以增强租房可及性并降低家庭选择消费住房的面积。通过模型（5）和模型（6）的估计结果可以发现，城市住房租赁占比对家庭住房消费面积的影响在不同级别的城市之间存在一定的差别。租赁市场比例每变化 1 个百分点，对大中城市家庭住房面积消费行为的影响程度比中小城市家庭更大，高出约 0.14 个百分点。

表 5-11　家庭住房消费面积的多层线性模型（HLM）回归结果

ln_area	全样本 (1)	全样本 (2)	大中城市 (3)	中小城市 (4)	东部城市 (5)	中西部城市 (6)
$rental\ ratio$	-0.235*** (0.063)	-0.272*** (0.063)	-0.352*** (0.098)	-0.208** (0.093)	-0.257*** (0.075)	-0.222** (0.107)
ln_hinc	0.173*** (0.008)	0.173*** (0.008)	0.177*** (0.014)	0.169*** (0.007)	0.175*** (0.012)	0.171*** (0.009)
$ln\_perhinc$	0.102*** (0.015)	0.238*** (0.025)	0.271*** (0.033)	0.196*** (0.040)	0.240*** (0.029)	0.245*** (0.034)
其他控制变量	Yes	Yes	Yes	Yes	Yes	Yes
城市特征变量	No	Yes	Yes	Yes	Yes	Yes
城市样本量	152	152	40	112	60	92
家庭样本量	237 163	237 163	112 024	125 139	121 796	115 367

注：括号内为稳健标准误，***、** 和 * 分别表示在 1%、5% 和 10% 的显著性水平上显著。

这可能是由于大中城市的市场化水平较高，地区市场化程度能有效提高整体住房资源的供给水平，对于城市家庭现住房的价值和住房面积都具有显著的影响作用（胡蓉，2014），家庭住房消费行为更容易受到市场环境的影响。另外，大中城市的住房市场还在很大程度上会受到其他城市住房市场状况变动的影响，且对其他城市存在一定的溢出性，更容易形成住房消费行为的互动反馈机制（余华义和黄燕芬，2015）。

第六节　本章小结

　　本章实证考察了住房租售结构对家庭住房消费价值行为和住房消费面积行为的影响效应。首先，采用 Heckman 两阶段方法，将家庭的租买选择和住房消费看作一个联合决策，并计算逆米尔斯比率（IMR）加入回归模型。接下来的基本实证结果显示，无论是全样本还是城市分组回归，城市住房租赁占比对家庭租买选择行为的影响系数均显著为负。就全部城市平均而言，租赁市场比例每上升 1 个百分点，将导致家庭选择消费住房的价值减少约 0.18%，面积减少约 0.19%。

　　家庭的住房消费行为作为一种个体消费决策，可能也会受到周围其他相似家庭决策的影响，出于群体认同的心理，将与自身相似的人群作为参照对象来调整自己的住房消费行为，产生"同群效应"。有时候不是根据自身的条件和需求合理选择，而是受到所在群体的影响而非理性决策。因此，住房租售结构对城市家庭住房消费行为的影响在不同类型的家庭组群中产生的影响可能会存在差异。家庭特征异质性分析发现，租赁市场比例变化对非市场化住房家庭住房价值消费行为的影响程度比市场化住房家庭更大，且住房租售结构对城市家庭住房价值消费行为的负向作用只在低收入家庭和低财富家庭中才显著存在，而对于高收入家庭和高财富家庭则没有显著影响。同时，租赁市场比例变化对市场化住房家庭住房消费面积的影响程度与非市场化住房家庭没有较大的差异，对低收入家庭和高收入家庭的影响程度也基本相当，但是住房租售结构对城市家庭住房面积消费行为的负向作用只在低财富家庭中才显著存在，而对于高财富家庭则没有显著影响。户主特征异质性研究发现，租赁市场比例变化对未婚户主家庭和高学历户主家庭的住房消费价值影响程度较已婚户主家庭和低学历户主家庭要更大，且住房租售结构对城市家庭住房消费价值行为的负向作用只在男性户主家庭中才显著存在，而对于女性户主家庭则没有显著影响。同时，租赁市场比例变化对女性户主家庭住房面积消费决策的影响程度与男性户主家庭没有较大的差异，对高学历户主家庭和低学历户主家庭的影响程度也基本相当，但对未婚户主家庭住房面积消费决策的影响程度比已婚户主家庭更大。另外，随着户主年龄的增加，租赁市场比例变化对家庭的住房价值消费行为和住房面积消费行为的影响程度逐渐增大。最后，多层线性模型（HLM）回归结果与基准回归结果基本保持一致，说明本章的研究结论具有一定的稳健性和可靠性。

本章研究了住房租售结构对家庭住房消费行为的影响，并进一步区分这种影响在不同家庭群体之间的异质性，为接下来研究家庭的住房投资需求行为创造了条件。

第六章

住房租售结构与家庭住房投资需求

本书住房作为一种特殊的商品，既具有居住属性，又具有投资属性。这种双重属性揭示了住房市场的租买分化特征，也确立了住房消费的最终归宿和落脚点。住房的居住和投资双重属性通常同时存在、难以分离，并相互影响，两者共同作用于家庭的住房决策（杨赞等，2014）。因此，如果仅就家庭住房消费水平来研究，不能完全意义上揭示出所有的微观机制。有必要结合住房的消费和投资双重属性来分析家庭进行住房选择时的决策行为，更加全面准确地刻画出住房租售结构对城市房地产市场影响的微观机制。

第一节　问题提出

由于住房具有居住和投资的双重属性，两者既相互独立又相互联系，分别对应不同的住房需求类型（张园和武永祥，2016）。住房的消费属性为家庭提供生活、休息、学习等功能的住房服务，其需求来源为使用住房的家庭或者个人。住房的投资属性是指住房可以作为一种投资品，为投资者带来投资收益，需求来源为愿意投资住房的家庭或个人。因此，家庭对于住房的需求其实是对住房不同属性所提供的综合服务，并且通常同住房的租买选择联合进行决策。Ioannides 和 Rosenthal（1994）根据住房消费需求和住房投资需求的差异将所有家庭分为四类，认为家庭的基本住房主要是由家庭的消费需求所决定的，而与住房的投资需求无关，且住房消费需求与住房投资需求之间的差异才是决定家庭住房消费决策的关键因素。然而，Arrondel 和 Lefebvre（2001）却发现，住房消费需求与住房投资需求之间的差异并不能完全解释家庭的住房消费决策，对于仅有一套房的家庭而言，住房是家庭消费需求和投资需求共同作用的结果。刘婷婷和张典（2015）认为，住房投资需求和住房消费需求之间的差异是影响家庭住房消费决策的主要因素，对于仅拥有一套住房的家庭而言，家庭住房消费决策是消费需求和投资需求共同作用的结果。何兴强和费怀玉（2018）也指出，住房投资需求和住房消费需求的差异对家庭住房模式选择具有较好的解释能力，家庭可支配收入、家庭人口规模以及家庭净资产价值显著推动了家庭选择较高住房模式，另外，高城镇化地区、东部地区的外地家庭比中低城镇化地区、中西部地区的外地家庭更倾向于选择较低住房模式。以上研究均表明，住房消费需求和住房投资需求的差异是决定家庭住房消费决策的关键因素，需要基于家庭住房消费和投资决策两个维度进一步展开分离。

本章在第四章和第五章的基础上，尝试分离家庭住房决策中的消费动机和投资动机，进而讨论住房租售结构对于家庭住房投资需求决策的影响。这对更好地掌握我国住房消费的内在影响机制以及转变家庭住房消费行为，推动房地产业的健康稳定发展，具有重要的理论和现实意义。本章的主要任务包括：（1）进行理论分析并提出研究假说；（2）实证检验住房租售结构对家庭住房投资需求的影响效应；（3）讨论不同家庭特征情形下，住房租售结构对家庭住房投资需求的异质性影响；（4）进行稳健性检验。

第二节 理论分析与研究假说

已有文献对家庭住房需求展开了诸多研究，Fallis（1983）总结了已有研究中提及的家庭住房需求体系，一是使用静态成本分析方法，计算家庭租房与购房的成本，以此来解释家庭的租买选择行为。二是利用家庭人口特征对家庭租购选择行为进行解释，但模型设计不够严谨，变量选择比较随意。三是选择新古典经济学中的跨期效用最大化模型，结合消费行为理论，将消费属性与投资属性结合起来，该模型设定比较严谨，却增加了研究的难度与复杂程度。可以在更一般的效用理论框架下对上述模型进行细化和丰富，如在模型中加入抵押贷款的可获得性、替代投资的回报率以及所得税变化的影响等。Henderson 和 Ioannides（1983）通过建立两阶段跨期效用最大化模型，首次基于家庭住房消费和投资决策两个维度对家庭的住房消费决策进行分析，住房作为消费品可以提供居住服务，而住房资产作为投资品可以带来收益，当不存在信贷约束、税收变化和交易成本等情况下，家庭的住房消费决策是由住房的消费需求和投资需求的差异决定的。Henderson 和 Ioannides（1987）又引入按揭贷款以及税收政策等制度性因素分析影响家庭购买住房的因素及资本市场不完美的作用，结果表明财富越高的家庭购买住房的可能性越高。Fu（1991）认为住房消费和投资需求都可能随着财富的增加而增加，因此，购房选择不必依赖制度性和外部性因素产生积极的财富效应，人们是否购房取决于住房消费需求相对于住房投资需求的收入弹性，这又取决于风险厌恶程度，如果投资需求的收入弹性超过消费需求，那么富裕的人更有可能购房。Fu（1995）在该模型的框架下，进一步说明了流动性约束以及风险规避等因素对家庭住房消费决策的影响。由此可见，除了家庭住房租买选择行为之外，有必要结合住房的消费和投资双重属性来考察家庭的住房消费决策和住房投资决策行为。人们作出的决策往往总是同他们周围的人群相似，比如穿潮流的衣服，购买别人也有的商品，家庭的住房决策也是如此。据此，本章提出如下假说：

H1：家庭所在城市的住房租赁占比越高，可以增强租房可及性并弱化个体家庭通过观察学习和信息预测识别住房投资价值的行为，从而降低家庭选择拥有多套房和空置房的概率。

这种现象可以看作是理性投资者的一种社会学习和信息预测能力，表明个体不仅对其他个体的行为进行学习，还对未来的信息展开预测，从而能够更全面深入地制定投资决策，获得投资利益（冯娇和姚忠，2016）。因此，在住房市场上，城市家庭也会通过观察学习其他家庭的住房选择行为，预测住房的投资价值和升值潜力，从而增大对住房的投资需求。家庭的住房投资决策作为一种个体投资决策，可能也会受到周围其他相似家庭决策的影响，将与自身相似的家庭作为参照对象来调整自己的住房投资行为。由此可以推断，不同类型的家庭对住房投资需求的偏好可能会存在一定的差异。因此，住房租售结构对城市家庭的住房投资需求的影响可能会

存在"同群效应",即在不同类型的家庭组群中所产生的影响存在异质性。据此,本章提出如下假说:

H2:家庭所在城市的住房租售结构与个体家庭的住房投资需求之间存在着不同群体的异质性。

一方面,同一个群体内部的家庭更容易相互观察对方的投资决策行为,并从中学习所蕴含的与投资决策相关的重要信息(Bikhchandani 和 Huang,1993)。另一方面,相同群体的家庭可以通过社会关系网络更加方便、快捷地交流信息,从而形成一种交流式的社会学习,获得一些不能直接观察的隐蔽信息,并综合各类信息最终作出投资决策(Acemoglu 等,2011)。另外,同一个群体的家庭会表现出对相同身份群体行为的遵循,通过群体身份认同而强化"同群效应"(Akerlof 和 Kranton,2000)。

第三节 模型设定与变量说明

一、模型设定

考虑家庭的多套房和空置房决策是一个二值选择变量,本书选用 Probit 模型进行估计,具体的回归模型设定如式(6-1)、式(6-2)所示:

$$Pr(multisuite_{ijt} = 1) = G(\beta_0 + \alpha_1 rental\_ratio_{jt} + \gamma Z_{ijt} + \mu X_{jt} + c_j + y_t + \varepsilon_{ijt}) \quad (6-1)$$

$$Pr(vacancy_{ijt} = 1) = G(\beta_0 + \beta_1 rental\_ratio_{jt} + \gamma Z_{ijt} + \mu X_{jt} + c_j + y_t + \varepsilon_{ijt}) \quad (6-2)$$

其中,$multi-suite_{ijt}$ 为 t 时期 j 城市中家庭 i 是否拥有多套住房(是 = 1;否则 = 0);$vacancy_{ijt}$ 为 t 时期 j 城市中家庭 i 是否拥有空置住房(是 = 1;否则 = 0);$rental\_ratio_{jt}$ 为 t 时期 j 城市中的住房租售结构即租房家庭所占比重(%);Z_{ijt} 是一系列影响家庭租买选择的控制变量,包括家庭特征变量（如家庭收入、家庭持久收入和家庭人口规模等）以及户主特征变量（如户口、民族、性别、年龄、教育水平、婚姻状况和职业等）；X_{jt}代表反映城市社会经济特征的宏观变量（如人均GDP、人口规模、信贷规模、产业结构、商品房平均销售价格、每万人拥有在校大学生数和每万人拥有医院床位数等）；c_j和y_t分别表示城市固定效应和年份固定效应，ε_{ijt}为误差项。如果α_1为负，那么可以说明，住房租售结构的改善即租赁市场比例的提高会降低城市家庭选择拥有多套住房的概率。如果β_1为负，那么可以说明，住房租售结构的改善即租赁市场比例的提高会降低城市家庭选择拥有空置住房的概率。

二、数据来源

需要说明的是，UHS数据从2002年开始借鉴国外微观调查的经验，每年对调查住户样本进行部分轮换，但受到数据可得性的限制，本书无法采集更新的官方调查数据，实证研究主要基于国家统计局城镇住户调查（UHS）2002—2009年的大样本微观数据展开。尽管该数据的时效性略显不足，但经过与国家统计局2010年第六次全国人口普查、2015年全国1%人口抽样调查资料以及西南财经大学中国家庭金融调查（CHFS）的最新数据相比对，UHS数据基本符合近年来我国住房租售结构的变化趋势，具有一定的代表性。

三、变量说明

（一）被解释变量

本章主要研究住房租售结构对家庭住房投资需求的影响，因此首先需要确定家庭是否具有住房投资需求。需要说明的是，本书定义的家庭住房投资需求是指家庭选择拥有一套住房还是拥有多套住房以及是否选择拥有空置房的决策。虽然从理论上容易区分家庭的消费性需求和投资投机性需求，但是在实际过程中往往很容易被混淆（钟庭军，2009）。例如，家庭购买的首套房，既有可能是出于自住考虑的消费性需求，也有可能是出于获利追求的投资需求。一方面，住房作为消费品给家庭提供基本的生活要素，满足消费需求；另一方面，住房也作为投资品，为家庭带来增值与收益（杨赞等，2014）。李永强（2008）认为，就国内目前可行的办法而言，判断住房是消费还是投资需求主要是根据居民是否购买"第二套房"，从使用角度出发，居民的第一套房主要是用于自住，也就是消费，而购买超过一套的住房就可以被认为是用于投资。事实上，在已有关于家庭住房决策行为的研究中，往往仅仅考虑住房消费属性和投资属性的某个单一属性，如仅基于住房的消费属性构建家庭消费需求模型，或仅基于住房的投资属性探讨住房在资产组合中的分配（Yao 和 Zhang，2005；Chetty 等，2017）。综上所述，尽管拥有一套住房的家庭和没有空置房的家庭也有可能是出于住房投资需求的目的，但从使用角度而言，这样来判断住房的需求类型是一种权宜和可行的办法。根据 UHS 数据，参考蔡禾和黄建宏（2013）、李雪松和黄彦彦（2015），如果被调查家庭除了现住房，还拥有其他住房，则将其定义为多套房家庭（*multi - suite*）。参考张川川等（2016），如果被调查家庭拥有的其他住房，并没有全部用来作为出租房的，而是作为偶尔居住房或其他用途房的，则将其定义为空置房家庭（*vacancy*）。

（二）关键解释变量

本章的关键解释变量为住房租售结构即城市住房租赁占比（*rental ratio*），也是通过 UHS 数据中的家庭住房产权形式指标计算得出。

（三）控制变量

在计划经济时代，单位行政级别越高、职工职位越高、拥有本地户籍的家庭，更易获得住房（Li，2000）。进入转轨经济时代后，商品化住房市场逐渐形成和发展，基于家庭经济实力和偏好的市场力量与体制性规则并存，共同影响家庭的住房投资决策（Huang 和 Clark，2002）。Isaac 等（1991）概括性指出，除了家庭收入和财富等经济因素外，住房需求也受户主年龄、婚姻状况、家庭构成等人口统计学特征的影响。表 6-1 对主要变量进行了描述性统计。

表6-1　家庭住房投资需求主要变量描述性统计（N=218 848）

变量名	平均值	最小值	最大值	标准差
multi-suite（是=1）	0.094	0.000	1.000	0.292
vacancy（是=1）	0.048	0.000	1.000	0.213
rental ratio（%）	9.044	0.995	35.600	6.696
hinc（元）	32336.670	4935.100	125806.636	22100.754
perhinc（元）	28990.260	6671.041	235032.890	14766.830
hukou（城市=1）	0.981	0.000	1.000	0.136
nation（汉族=1）	0.977	0.000	1.000	0.149
gender（女性=1）	0.289	0.000	1.000	0.453
age（岁）	49.545	18.000	106.000	12.063
highedu（是=1）	0.317	0.000	1.000	0.465
high school（是=1）	0.346	0.000	1.000	0.465
middle school（是=1）	0.336	0.000	1.000	0.476
married（是=1）	0.937	0.000	1.000	0.243
soe（是=1）	0.481	0.000	1.000	0.500
retired（是=1）	0.121	0.000	1.000	0.326
pension（是=1）	0.456	0.000	1.000	0.498
hfund（是=1）	0.389	0.000	1.000	0.488
family size（人）	2.917	1.000	15.000	0.849

第四节　基本实证结果

一、家庭多套房决策

表6-2汇总了家庭多套房决策的基准回归估计结果，全部城市平均而言，租赁市场比例每上升1个百分点，将导致家庭选择拥有多套住房的概率降低约0.08个百分点，研究假说H1得到验证。

表6-2　　　　　　　　　家庭多套房决策的基准回归结果

multi-suite	全样本 (1)	全样本 (2)	大中城市 (3)	中小城市 (4)	东部城市 (5)	中西部城市 (6)
rental ratio	-0.081***	-0.084***	-0.178***	-0.030	-0.164***	0.041
	(0.025)	(0.026)	(0.046)	(0.034)	(0.036)	(0.036)
ln_hinc	0.081***	0.081***	0.093***	0.075***	0.088***	0.076***
	(0.002)	(0.002)	(0.003)	(0.002)	(0.002)	(0.003)
ln_perhinc	0.173***	0.171***	0.170***	0.171***	0.155***	0.196***
	(0.010)	(0.011)	(0.014)	(0.017)	(0.013)	(0.019)
hukou	-0.006	-0.005	0.018*	-0.014	-0.007	-0.002
	(0.006)	(0.006)	(0.010)	(0.009)	(0.008)	(0.010)
nation	0.009**	0.010**	0.013**	0.004	0.011**	0.005
	(0.004)	(0.004)	(0.005)	(0.005)	(0.005)	(0.006)
gender	-0.009***	-0.009***	-0.012***	-0.006**	-0.012***	-0.006**
	(0.002)	(0.002)	(0.002)	(0.002)	(0.002)	(0.003)
age2	0.026***	0.026***	0.021***	0.031***	0.030***	0.023***
	(0.002)	(0.002)	(0.004)	(0.003)	(0.003)	(0.003)
age3	0.014***	0.014***	0.003	0.025***	0.022***	0.007**
	(0.002)	(0.002)	(0.004)	(0.003)	(0.003)	(0.004)
age4	-0.030***	-0.029***	-0.036***	-0.020***	-0.021***	-0.036***
	(0.003)	(0.003)	(0.005)	(0.005)	(0.005)	(0.006)
highedu	-0.079***	-0.079***	-0.089***	-0.067***	-0.075***	-0.086***
	(0.005)	(0.005)	(0.006)	(0.007)	(0.006)	(0.008)
high school	-0.038***	-0.037***	-0.041***	-0.032***	-0.032***	-0.043***
	(0.002)	(0.002)	(0.003)	(0.003)	(0.003)	(0.004)
married	-0.055***	-0.054***	-0.053***	-0.051***	-0.053***	-0.057***
	(0.004)	(0.004)	(0.005)	(0.006)	(0.005)	(0.006)
soe	0.020***	0.020***	-0.017***	-0.021***	-0.024***	-0.017***
	(0.002)	(0.002)	(0.003)	(0.002)	(0.003)	(0.002)
retired	-0.034***	-0.033***	-0.040***	-0.024***	0.027***	-0.041***
	(0.002)	(0.002)	(0.004)	(0.003)	(0.004)	(0.003)

续表

multi-suite	全样本 (1)	全样本 (2)	大中城市 (3)	中小城市 (4)	东部城市 (5)	中西部城市 (6)
pension	0.009*** (0.002)	0.009*** (0.002)	0.003 (0.003)	0.015*** (0.002)	0.011*** (0.003)	0.008*** (0.002)
hfund	−0.050*** (0.003)	−0.049*** (0.003)	−0.053*** (0.004)	−0.044*** (0.004)	−0.041*** (0.004)	−0.059*** (0.005)
family size	−0.008*** (0.002)	−0.008*** (0.002)	−0.005** (0.002)	−0.010*** (0.002)	−0.005** (0.002)	−0.012*** (0.003)
IMR	0.036** (0.015)	−0.037** (0.015)	0.059** (0.024)	0.105*** (0.023)	0.007 (0.019)	0.093*** (0.024)
城市特征变量	No	Yes	Yes	Yes	Yes	Yes
城市虚拟变量	Yes	Yes	Yes	Yes	Yes	Yes
年份虚拟变量	Yes	Yes	Yes	Yes	Yes	Yes
调整 R^2	0.057	0.058	0.054	0.062	0.060	0.051
样本量	218 848	218 848	99 861	118 987	111 778	107 070

注：括号内为稳健标准误；***、**和*分别表示在1%、5%和10%的显著性水平上显著。

表6-2同时列出了分大中城市和中小城市、东部城市和中西部城市的回归结果，作为对照。其余模型的估计结果显示，城市住房租赁占比对家庭住房投资需求的影响在不同级别和不同区域的城市之间存在显著的差异。大中城市和东部城市的住房租售结构对家庭住房投资需求的影响作用显著为负，而中小城市和中西部城市的影响并不显著。事实上，市场化程度越高，家庭更容易相互观察对方的投资决策行为，更有利于信息交流与社会学习，家庭的住房投资决策也就越会受到周围其他家庭行为的影响。

二、家庭空置房决策

表6-3报告了家庭空置房决策的基准回归估计结果，全部城市平均而言，租赁市场比例每上升1个百分点，将导致家庭选择拥有空置住房的概率降低约0.05个百分点，研究假说H1得到验证。

表 6-3　　　　　　　家庭空置房决策的基准回归结果

vacancy	全样本 (1)	全样本 (2)	大中城市 (3)	中小城市 (4)	东部城市 (5)	中西部城市 (6)
rental ratio	-0.049*** (0.019)	-0.051*** (0.019)	-0.181*** (0.035)	-0.013 (0.025)	-0.089*** (0.028)	-0.002 (0.026)
ln_hinc	0.048*** (0.001)	0.047*** (0.001)	0.054*** (0.002)	0.047*** (0.002)	0.053*** (0.002)	0.042*** (0.002)
ln_perhinc	0.115*** (0.008)	0.116*** (0.008)	0.131*** (0.011)	0.100*** (0.013)	0.102*** (0.010)	0.137*** (0.015)
hukou	-0.003 (0.005)	-0.003 (0.005)	0.011 (0.007)	-0.002 (0.007)	0.000 (0.006)	-0.009 (0.007)
nation	0.002 (0.003)	0.002 (0.003)	-0.004 (0.004)	0.006 (0.004)	0.005 (0.004)	-0.003 (0.004)
gender	-0.006*** (0.001)	-0.006*** (0.001)	-0.006*** (0.002)	-0.005*** (0.002)	-0.006*** (0.002)	-0.006*** (0.002)
age2	0.009*** (0.002)	0.009*** (0.002)	0.005* (0.003)	0.012*** (0.002)	0.007*** (0.002)	0.011*** (0.002)
age3	0.006*** (0.002)	0.006*** (0.002)	0.002 (0.003)	0.012*** (0.002)	0.006** (0.003)	0.006** (0.003)
age4	-0.009*** (0.003)	-0.009*** (0.003)	-0.007 (0.004)	-0.006 (0.004)	-0.008** (0.004)	-0.010** (0.004)
highedu	-0.038*** (0.004)	-0.038*** (0.004)	-0.042*** (0.005)	-0.030*** (0.006)	-0.031*** (0.005)	-0.047*** (0.006)
high school	-0.017*** (0.002)	-0.017*** (0.002)	-0.017*** (0.002)	-0.015*** (0.002)	-0.013*** (0.002)	-0.023*** (0.003)
married	-0.033*** (0.003)	-0.033*** (0.003)	-0.034*** (0.004)	-0.028*** (0.004)	-0.026*** (0.004)	-0.041*** (0.005)
soe	0.012*** (0.001)	0.012*** (0.001)	-0.009*** (0.002)	-0.013*** (0.002)	-0.015*** (0.002)	-0.008*** (0.002)
retired	-0.014*** (0.002)	-0.014*** (0.002)	-0.017*** (0.003)	-0.008*** (0.002)	-0.011*** (0.003)	-0.017*** (0.002)

续表

vacancy	全样本 (1)	全样本 (2)	大中城市 (3)	中小城市 (4)	东部城市 (5)	中西部城市 (6)
pension	0.006***	0.006***	0.002	0.010***	0.005**	0.008***
	(0.001)	(0.001)	(0.002)	(0.002)	(0.002)	(0.002)
hfund	-0.021***	-0.021***	-0.023***	-0.017***	0.018***	-0.026***
	(0.002)	(0.002)	(0.003)	(0.003)	(0.003)	(0.004)
family size	-0.007***	-0.007***	-0.008***	-0.005***	-0.003**	-0.012**
	(0.001)	(0.001)	(0.002)	(0.002)	(0.002)	(0.002)
IMR	0.049***	0.049***	0.092***	0.091***	0.024	0.089***
	(0.011)	(0.011)	(0.018)	(0.017)	(0.015)	(0.017)
城市特征变量	No	Yes	Yes	Yes	Yes	Yes
城市虚拟变量	Yes	Yes	Yes	Yes	Yes	Yes
年份虚拟变量	Yes	Yes	Yes	Yes	Yes	Yes
调整 R^2	0.036	0.036	0.033	0.039	0.038	0.026
样本量	218 848	218 848	99 861	118 987	111 778	107 070

注：括号内为稳健标准误；***、**和*分别表示在1%、5%和10%的显著性水平上显著。

表6-3同时列出了分大中城市和中小城市、东部城市和中西部城市的回归结果作为对照。余下模型的回归结果表明，城市住房租赁占比对家庭住房投资需求的影响在不同级别和不同区域的城市之间存在显著的差别。由于不同城市的经济发展特征、金融流动性以及公共服务供给等方面存在异质性，住房的财富效应呈现较大差异，家庭对住房投资选择的偏好也有所不同（安勇和王拉娣，2016）。

第五节 进一步讨论

接下来对家庭特征异质性结果和户主特征异质性结果展开进一步分析，并进行稳健性检验。

一、家庭特征异质性分析

一般而言，对于不同特征的家庭群体来说，其住房投资决策可能也会具有显著的差异化特征。表 6-4 和表 6-5 分别给出了不同特征家庭多套房投资决策和空置房决策的异质性回归结果。

表 6-4　　　　多套房决策的家庭特征异质性回归结果

ln_value	市场化	非市场化	低收入	高收入	高财富	低财富
	(1)	(2)	(3)	(4)	(5)	(6)
rental ratio	-0.090	-0.059**	0.039	-0.081*	-0.183	-0.069***
	(0.058)	(0.029)	(0.029)	(0.042)	(0.149)	(0.026)
ln_hinc	0.114***	0.068***	0.027***	0.148***	0.149***	0.077***
	(0.004)	(0.002)	(0.002)	(0.004)	(0.010)	(0.002)
ln_perhinc	0.155***	0.154***	0.104***	0.111***	0.195***	0.104***
	(0.017)	(0.013)	(0.026)	(0.012)	(0.036)	(0.007)
IMR	0.123***	0.030*	-0.019	-0.014	0.268***	0.018
	(0.030)	(0.017)	(0.017)	(0.028)	(0.100)	(0.015)
其他控制变量	Yes	Yes	Yes	Yes	Yes	Yes
城市特征变量	Yes	Yes	Yes	Yes	Yes	Yes
城市虚拟变量	Yes	Yes	Yes	Yes	Yes	Yes
年份虚拟变量	Yes	Yes	Yes	Yes	Yes	Yes
调整 R^2	0.070	0.056	0.024	0.063	0.091	0.046
样本量	57 495	161 353	108 142	110 706	12 087	206 759

注：括号内为稳健标准误；***、**和*分别表示在1%、5%和10%的显著性水平上显著。

总体来看，在不同家庭特征组别里，城市住房租赁占比对家庭住房投资行为的影响效应存在显著的差异。从模型（1）和模型（2）可以看出，住房租售结构对城市家庭住房投资需求的负向作用只在非市场化住房家庭中才显著存在，而对于市场化住房家庭则没有显著影响。这可能是由于在非市场住房市场中，家庭与住房的匹配主要受住房政策的影响，权力机制是影响非市场住房家庭住房获得的关键因素，政治资本的高低决定了家庭的购房选择

(毛小平，2014）。在住房制度渐进式改革的过程中，原有的权力机制模式继续被传递下来，而同时市场机制也并行增长（边燕杰和刘勇利，2005）。有研究表明权力精英和单位后房改福利与二套住房分配呈显著正相关，说明国家中心论能更好地解释城市二套住房分化（蔡禾和黄建宏，2013）。

表 6-5　　　　　　　　空置房决策的家庭特征异质性回归结果

ln_area	低收入	高收入	市场化	非市场化	高财富	低财富
	(1)	(2)	(3)	(4)	(5)	(6)
rental ratio	0.037*	-0.059*	-0.033	-0.036*	-0.153	-0.039**
	(0.020)	(0.032)	(0.043)	(0.021)	(0.114)	(0.019)
ln_hinc	0.011***	0.089***	0.059***	0.042***	0.093***	0.044***
	(0.002)	(0.003)	(0.003)	(0.001)	(0.008)	(0.001)
ln_perhinc	0.063*	0.085***	0.108***	0.111***	0.120***	0.059***
	(0.018)	(0.009)	(0.013)	(0.011)	(0.030)	(0.005)
IMR	-0.008	0.023	0.115***	0.027**	0.252***	0.033***
	(0.012)	(0.022)	(0.023)	(0.013)	(0.079)	(0.011)
其他控制变量	Yes	Yes	Yes	Yes	Yes	Yes
城市特征变量	Yes	Yes	Yes	Yes	Yes	Yes
城市虚拟变量	Yes	Yes	Yes	Yes	Yes	Yes
年份虚拟变量	Yes	Yes	Yes	Yes	Yes	Yes
调整 R^2	0.017	0.038	0.042	0.035	0.050	0.030
样本量	108 142	110 706	57 495	161 353	12 087	206 759

注：括号内为稳健标准误；***、**和*分别表示在1%、5%和10%的显著性水平上显著。

同时，模型（3）和模型（4）的结果显示，住房租售结构对城市家庭住房投资需求的负向作用在高收入家庭中显著存在，而对于低收入家庭则没有显著影响。这可能是因为高收入家庭的住房投资需求比较高，而低收入家庭的住房支付能力有限。另外，根据模型（5）和模型（6），住房租售结构对城市家庭住房投资需求的负向作用只在低财富家庭中显著存在，而对于高财富家庭则没有显著影响。这可能是由于高财富家庭的非人力资本和财富更大，投资渠道和方式更加多元，不仅仅依赖住房投资。非人力资本和财富较小的家庭寻求社会地位的动力更强，更注重通过住房投资来实现家庭财富保值增值，完成社会地位的跨越。事实上，住房投资是我国社会财富重新积累和再分配的重要途径，也是家庭财富分化和分布不平等的主要推动因素（何晓斌和夏凡，2012；原鹏飞和王磊，2013；张传勇，2014）。因此，住房租售结构与城市家庭的住房投资需求之间的"同群效应"存在家庭特征的异质性，住房租售结构的改善能够增强租房可及性并缓解部分类型家庭的住房投资需求，有助于抑制住房市场资产价格泡沫。

二、户主特征异质性分析

对于不同户主特征的家庭来说，其对住房投资选择的偏好可能也会存在一定的差异性。家庭多套房决策的户主异质性回归结果如表6-6所示，总体来看，在不同户主特征的家庭组别里，城市住房租赁占比对家庭多套房决策的影响效应存在显著的差异。

表6-6　　　　　多套房决策的户主特征异质性回归结果

multi-suite	女性户主 (1)	男性户主 (2)	已婚户主 (3)	未婚户主 (4)	高中以上 (5)	初中以下 (6)
rental ratio	-0.082*** (0.050)	-0.081*** (0.030)	-0.082*** (0.027)	-0.091 (0.104)	-0.062* (0.032)	-0.038 (0.045)
ln_hinc	0.079*** (0.003)	0.083*** (0.002)	0.084*** (0.002)	0.054*** (0.007)	0.085*** (0.002)	0.070*** (0.003)
ln_perhinc	0.186*** (0.019)	0.163*** (0.013)	0.165*** (0.011)	0.233*** (0.051)	0.063*** (0.006)	0.153*** (0.025)
IMR	0.018 (0.027)	0.047** (0.018)	0.036** (0.017)	-0.039 (0.049)	0.029 (0.020)	-0.033 (0.025)
其他控制变量	Yes	Yes	Yes	Yes	Yes	Yes
城市特征变量	Yes	Yes	Yes	Yes	Yes	Yes
城市虚拟变量	Yes	Yes	Yes	Yes	Yes	Yes
年份虚拟变量	Yes	Yes	Yes	Yes	Yes	Yes
调整 R^2	0.060	0.059	0.059	0.052	0.056	0.067
样本量	63 291	155 557	205 014	13 834	145 252	73 596

注：括号内为稳健标准误；***、**和*分别表示在1%、5%和10%的显著性水平上显著。

从模型（1）和模型（2）可以看出，住房租售结构对城市家庭多套房决策的负向作用只在男性户主家庭中才显著存在，而对于女性户主家庭则没有显著影响。这可能是由于男性户主更善于通过观察学习预测识别住房资产的投资价值，从而增加其拥有多套住房的概率以进行投资。模型（3）和模型（4）的结果显示，住房租售结构对城市家庭多套房决策的负向作用只在已婚户主家庭中才显著存在，而对于未婚户主家庭则没有显著影响。这可能是因为已婚户主之间心理情绪更容易相互扩散，社会关系网络更加复杂，信息交流更加方便快捷，从而形成一种交流式的社会学习，产生"同群效应"。另外，根据模型（5）和模型（6）可以发现，住房租售结构对城市家庭多套房决策的负向作用只在高学历户主家庭中才显著存在，而对于低学历户主家庭则没有显著影响。这可能是由于高学历户主观察学习和信息预测的能力更强，具备的投资知识和市场信息更全面，善于识别住房资产的投资价值，从而增加其拥有多套住房的概率以进行投资。因此，随着住房租售结构的改善，可以增强租房可及性并减少男性户主家庭、已婚户主家庭和高学历户主家庭通过观察学习和信息预测识别住房的投资价值而选择增加其拥有多套住房的概率，从而缓解家庭投资多套住房的"同群效应"，抑制住房市场资产价格泡沫。

表6-7汇总了不同户主特征家庭空置房决策的异质性回归结果，总体来看，在不同户主特征的家庭组群中，城市住房租赁占比对家庭空置房决策的影响系数均为负。也就是说，住房租售结构与城市家庭的空置房决策行为之间确实存在分家庭户主特征的"同群效应"。但模型（5）和模型（6）的结果表明，住房租售结构对城市家庭空置房决策的负向作用只在高学历家庭中才显著存在，而对于低学历家庭则没有显著影响。

表6-7 空置房决策的户主特征异质性回归结果

vacancy	女性户主	男性户主	已婚户主	未婚户主	高中以上	初中以下
	(1)	(2)	(3)	(4)	(5)	(6)
rental ratio	-0.073**	-0.042*	-0.045**	-0.226***	-0.057**	-0.031
	(0.036)	(0.023)	(0.020)	(0.073)	(0.025)	(0.031)
ln_hinc	0.044***	0.049***	0.048***	0.040***	0.051***	0.040***
	(0.003)	(0.002)	(0.001)	(0.005)	(0.002)	(0.002)

续表

vacancy	女性户主 (1)	男性户主 (2)	已婚户主 (3)	未婚户主 (4)	高中以上 (5)	初中以下 (6)
$ln\_perhinc$	0.145*** (0.015)	0.102*** (0.010)	0.113*** (0.008)	0.149*** (0.040)	0.063*** (0.005)	0.080*** (0.018)
IMR	0.033 (0.020)	0.054*** (0.014)	0.050*** (0.013)	0.036 (0.035)	0.057*** (0.016)	0.024 (0.018)
其他控制变量	Yes	Yes	Yes	Yes	Yes	Yes
城市特征变量	Yes	Yes	Yes	Yes	Yes	Yes
城市虚拟变量	Yes	Yes	Yes	Yes	Yes	Yes
年份虚拟变量	Yes	Yes	Yes	Yes	Yes	Yes
调整 R^2	0.045	0.034	0.036	0.041	0.038	0.030
样本量	63 291	155 557	205 014	13 834	145 252	73 596

注：括号内为稳健标准误；***、**和*分别表示在1%、5%和10%的显著性水平上显著。

家庭多套房决策的户主年龄异质性回归结果如表6-8所示，住房租售结构对城市家庭多套房决策的负向作用只在35—45岁和45—60岁年龄段的户主家庭中才显著存在，而对于其他年龄段的户主家庭则没有显著影响。从回归系数来看，当其他条件不变的情况下，租赁市场比例每上升1个百分点，对45—60岁年龄段的户主家庭多套房决策的影响最大，将导致其选择拥有多套住房的概率降低约0.15个百分点。这可能是由于家庭会根据每个生命周期阶段来进行自身住房的投资需求，年轻人没有足够的时间来积累财富和资源，住房投资能力不足，特别是房价较高的时期。而老年人对于住房投资的观察学习和信息预测能力较弱，风险偏好不足，不太愿意去从事风险性较高的投资活动，从而减少了住房投资的动力。因此，对于45—60岁年龄段的户主家庭来说，更加善于通过观察学习和信息预测识别住房的投资价值，从而会有更高的概率选择拥有多套住房，同时具有较为稳定的社会关系网络，有利于投资信息的交流和传递。在现实的条件下，尽管人均寿命正在不断增加，但个体的生命长度却依然有限，可能会在生命的中后期对风险产生厌恶，从而形成了驼峰状的倒"U"形曲线（McCarthy，2004）。

表6-8　　　　　　多套房决策的户主年龄异质性回归结果

multi-suite	18—35 岁	35—45 岁	45—60 岁	大于 60 岁
	(1)	(2)	(3)	(4)
rental ratio	-0.062	-0.110**	-0.154***	-0.033
	(0.069)	(0.047)	(0.043)	(0.058)
ln_hinc	0.061***	0.092***	0.093***	0.058***
	(0.005)	(0.003)	(0.003)	(0.004)
ln_perhinc	0.114***	0.152***	0.182***	0.311***
	(0.024)	(0.017)	(0.018)	(0.037)
IMR	-0.020	0.035	0.089***	0.040
	(0.038)	(0.027)	(0.026)	(0.037)
其他控制变量	Yes	Yes	Yes	Yes
城市特征变量	Yes	Yes	Yes	Yes
城市虚拟变量	Yes	Yes	Yes	Yes
年份虚拟变量	Yes	Yes	Yes	Yes
调整 R^2	0.071	0.066	0.061	0.052
样本量	25 560	65 178	86 620	41 490

注：括号内为稳健标准误；***、**和*分别表示在1%、5%和10%的显著性水平上显著。

表6-9汇总了家庭空置房决策的户主年龄异质性回归结果，可以看出，住房租售结构对城市家庭空置房决策的负向作用只在45—60岁年龄段的户主家庭中才显著存在，而对于其他年龄段的户主家庭则没有显著影响。当其他条件不变的情况下，租赁市场比例每上升1个百分点，将导致45—60岁年龄段的户主家庭选择拥有空置住房的概率降低约0.11个百分点。事实上，年龄效应会使家庭对住房资产的投资需求在人生命周期的一定阶段达到最大，随后降低，呈现驼峰形曲线（肖作平等，2011）。

表6-9　　　　　　空置房决策的户主年龄异质性回归结果

vacancy	18—35 岁	35—45 岁	45—60 岁	大于 60 岁
	(1)	(2)	(3)	(4)
rental ratio	-0.008	-0.034	-0.113***	0.018
	(0.054)	(0.034)	(0.032)	(0.046)

续表

vacancy	18—35 岁	35—45 岁	45—60 岁	大于 60 岁
	(1)	(2)	(3)	(4)
ln_hinc	0.028***	0.047***	0.056***	0.040***
	(0.004)	(0.002)	(0.002)	(0.003)
ln_perhinc	0.091***	0.111***	0.124***	0.177***
	(0.019)	(0.013)	(0.014)	(0.031)
IMR	−0.032	0.057***	0.093***	0.011
	(0.031)	(0.020)	(0.019)	(0.029)
其他控制变量	Yes	Yes	Yes	Yes
城市特征变量	Yes	Yes	Yes	Yes
城市虚拟变量	Yes	Yes	Yes	Yes
年份虚拟变量	Yes	Yes	Yes	Yes
调整 R^2	0.046	0.040	0.036	0.039
样本量	25 560	65 178	86 620	41 490

注：括号内为稳健标准误；***、**和*分别表示在1%、5%和10%的显著性水平上显著。

三、稳健性检验

虽然从理论上容易区分家庭的消费需求和投资需求，但是在实际过程中往往很容易被混淆。从现实角度出发，尽管家庭的第一套住房主要是用于自住，也就是消费，但仍然不能排除是家庭出于获利追求的投资需求才购买的。如果家庭购买住房时确实是作为自住需求，其需求是真实的消费需求，但当这种消费需求不是缺房家庭的需求即刚性消费需求，而是改善型住房需求时，这种消费需求在一定条件下可以转化成投资需求，而且这种转化而成的投资需求在一定条件下又可以重新转化成消费需求（吕江林，2010）。为了避免家庭首套住房中的住房投资需求的干扰，更加全面地界定住房投资需求的涵义，借鉴吕江林（2010）将房价收入比作为判断我国城市住房市场泡沫水平的直接、准确指标，采用家庭房价—持久收入比作为家庭首套住房中住房投资需求的替代指标。范超和王雪琪（2016）定义单套住房平均总价格为单位面积住房平均销售价格和单套住房平均销售面积的乘积，定义户均可支配收入为城镇居民家庭人均可支配收入与城镇家庭户均人口数的乘积，通过测算后认为我国房价—持久收入比的合理上限为7.6。本书直接选择家庭的现住房总价值与家庭持久性收入的比值作为家庭房价—持久收入比指标。

表6-10汇总了家庭房价—持久收入比的稳健性回归结果，全样本回归中，城市住房租赁占比对家庭房价—持久收入比的影响系数均显著为负。全部城市平均而言，租赁市场比例每上升1个百分点，将导致家庭房价—持久收入比降低约5.3%。

表6-10　　　　　　家庭房价—持久收入比的回归结果

perhpir	全样本	全样本	大中城市	中小城市	东部城市	中西部城市
	(1)	(2)	(3)	(4)	(5)	(6)
rental ratio	-5.470***	-5.325***	-7.603***	-2.395***	-8.059***	-0.137
	(0.290)	(0.304)	(0.565)	(0.354)	(0.445)	(0.397)
ln_hinc	1.721***	1.776***	2.256***	1.384***	2.134***	1.327***
	(0.021)	(0.021)	(0.040)	(0.024)	(0.030)	(0.029)
IMR	3.396***	4.167***	6.584***	1.636***	6.062***	1.182***
	(0.206)	(0.219)	(0.370)	(0.271)	(0.294)	(0.307)
其他控制变量	Yes	Yes	Yes	Yes	Yes	Yes
城市特征变量	No	Yes	Yes	Yes	Yes	Yes
城市虚拟变量	Yes	Yes	Yes	Yes	Yes	Yes
年份虚拟变量	Yes	Yes	Yes	Yes	Yes	Yes
调整 R^2	0.344	0.345	0.346	0.228	0.352	0.233
样本量	218 848	218 848	99 861	118 987	111 778	107 070

注：括号内为稳健标准误，***、**和*分别表示在1%、5%和10%的显著性水平上显著。

表6-10同时列出了分大中城市和中小城市、东部城市和中西部城市的回归结果，作为对照。其余模型的估计结果显示，城市住房租赁占比对家庭房价—持久收入比的影响在不同级别和不同区域的城市之间存在显著的差异。尽管城市住房租赁占比对大中城市和中小城市家庭住房投资需求的影响系数均显著为负，但是，对大中城市家庭的影响程度要比中小城市家庭更大。同时，东部城市的住房租售结构对家庭首套住房中投资需求的

影响作用显著为负，而中西部城市的影响并不显著。这可能是由于大中城市和东部城市的住房市场泡沫比较严重，住房投资需求更容易扩散（高波等，2014），且大中城市和东部城市的住房市场化水平也较高，家庭住房投资需求更容易受到住房市场环境的影响。因此，在考虑了家庭首套住房中投资需求的影响之后，回归结果与基准回归结果基本保持一致，说明本章关于家庭住房投资需求的研究结论具有一定的稳健性和可靠性。

第六节 本章小结

住房作为一种特殊的商品，既具有居住属性，又具有投资属性。这种双重属性通常同时存在、难以分离，并相互影响，两者共同作用于家庭的住房决策。对于家庭住房投资需求的考察，有助于引导家庭进行合理住房的投资，有助于防范家庭金融风险，抑制住房资产价格泡沫，确保房地产市场持续健康稳定发展。本章在第四章和第五章的基础上，从家庭多套房决策和空置房决策两个方面着手，尝试分离家庭住房决策中的消费动机和投资动机，进而讨论住房租售结构对于家庭住房投资需求决策的影响。

本章实证考察了住房租售结构对家庭住房投资需求的影响效应。基本实证结果显示，就全部城市平均而言，租赁市场比例每上升1个百分点，将导致家庭选择拥有多套住房的概率降低约0.08个百分点，选择拥有空置住房的概率降低约0.05个百分点。另外，城市住房租赁占比对家庭住房投资需求的影响在不同级别和不同区域的城市之间存在显著的差异。同一个群体内部的家庭更容易相互观察对方的投资决策行为，并从中学习到所蕴含的与投资决策相关的重要信息，还可以通过社会关系网络更加方便、快捷地交流。因此，住房租售结构对城市家庭住房投资需求的影响在不同类型的家庭组群中所产生的影响可能会存在差异。家庭特征异质性分析发现，住房租售结构对城市家庭住房投资需求的负向作用只在非市场化住房家庭、高收入家庭和低财富家庭中才显著存在，而对于市场化住房家庭、低收入家庭和高财富家庭则没有显著影响。户主特征异质性研究发现，住房租售结构对城市家庭多套房决策的负向作用只在男性户主家庭、已婚户主家庭和高学历户主家庭中才显著存在，而对于女性户主家庭、未婚户主家庭和低学历户主家庭则没有显著影响。同时，随着住房租售结构的改善，可以增强租房可及性并减少高学历户主家庭通过观察学习和信息预测识别住房的投资价值而选择增加其拥有空置住房的概率，从而缓解家庭投资空置住房的"同群效应"。另外，住房租售结构对城市家庭多套房和空置房决策的负向作用只在45—60岁年龄段的户主家庭中才显著存在，而对于其他年龄段的户主家庭则没有显著影响。最后，在考虑了家庭首套住房中投资需求的影响之后，回归结果与基准回归结果基本保持一致，说明本章的研究结论具有一定的稳健性和可靠性。

本章研究了住房租售结构对家庭住房投资需求的影响，并进一步区分这种影响在不同家庭群体之间的异质性，为接下来研究城市的住房投资需求创造了条件。

第七章

住房租售结构与城市住房投资需求

本章为住房租售结构对城市住房投资需求的影响研究。由于各类家庭的住房投资需求会在城市层面汇总成为城市住房投资需求，甚至促使产生资产价格泡沫。事实上，住房租赁市场的培育与发展对于落实"房住不炒"和抑制资产价格泡沫具有重要的意义。

第一节 问题提出

近年来我国城市住房价格的快速持续上涨很大程度上是受到大量住房投资需求推动的影响，资产泡沫问题引起了公众、政策制定者和金融监管部门的高度关注。一方面，房价收入比严重失衡，中低收入群体住有所居愈加困难，影响了社会稳定；另一方面，房价上涨将大量社会资源引入房地产行业，对实体经济产生了明显的挤出效应（孟庆斌和荣晨，2017）。政府部门出台了各种调控住房市场、抑制资产价格泡沫的政策，严格限制信贷流向投资投机性购房，抑制房地产泡沫。大力推进和倡导"房住不炒"的定位，完善建立符合我国国情、适应市场规律、促进房地产市场平稳健康发展的基础性制度和长效机制。事实上，城市住房投资需求大量积累，相对于住房供给水平而言住房需求释放过于集中，正是中国城市住房市场的核心问题（张雪涛，2010）。在城市住房投资需求旺盛的市场环境下，供求机制在调节住房总量平衡和结构平衡方面的作用被扭曲，住房价格呈现虚高态势，住房资产泡沫开始显现，而住房价格机制的弱化又反过来影响供求机制调节作用的有效发挥（杨继瑞和丁如曦，2014）。因此，住房租售结构对我国城市住房投资需求会产生怎样的影响？这种影响是否会随着区域城市发展特征、租赁市场化程度的差别而存在着一定的异质性？从经验研究的角度来看，这些问题都非常重要且值得深入探讨。

遗憾的是，已有的实证文献大多忽略了住房租售结构对城市住房投资需求所产生的重要影响，特别是在我国住房租赁市场发展并不成熟的情况下，更需要对此引起重视。需要说明的是，本章研究的城市住房投资需求主要是对应本书第六章的家庭住房投资需求,参考易成栋和黄友琴(2010)、张川川等(2016),采用城市多套房家庭比重和城市家庭住房空置率两个指标来衡量城市住房投资需求。家庭在购买多套住房时往往会受到差别化住房信贷和税收政策的限制,持有目的主要包括转卖投资、出租投资、休闲度假和工作便利等,城市多套住房的投资对我国城市住房市场和经济社会稳定具有深刻的影响(易成栋和黄友琴,2011)。在一些热点城市,拥有多套房家庭比重较高,在住房总体供应紧张的情况下,多套住房出现空置和闲置(易成栋和王前进,2012),加剧了住房价格飞涨和中低收入家庭的住房支付困难。同样地,城市住房空置率也是分析住房投资需求的重要角度,住房的空置率水平不仅直接影响房地产业的健康发展,而且对整个国民经济也会产生较大影响(孟斌等,2009),既是反映房地产市场供求格局的直观指标之一,也是预测房地产市场走势和传达房地产市场健康状况的重要依据。事实上,学术界和政府部门通常也采用这些指标来度量住房市场的泡沫水平,包括房价收入比、租售比、空置率、投资需求与自住需求之比、房地产贷款占比以及房地产业利润率等(吕江林,2010)。需要引起注意的是,无论是增量住房,还是存量住房,只要房屋整体或部分目前未得到使用,处于等待出租或出售的状态,就都属于空置的范畴。但是在我国,空置房仅限于增量住房中的新建商品房,不包括存量住房,也不包括增量住房中非房地产开发企业建设的住房,并以面积而非套数作为统计单位(孙峤等,2005)。因此,在空置率的计算方法上,目前存在很大争议,官方尚无统一规定,无法掌握我国住房空置率的真实状况(魏杰和朱雄兵,2010)。另外,市场上存在一个正常的空置率,也就是维持市场正常运转所必需的空置率水平,通常称其为"自然空置率"(孙峤等,2005),"自然空置率"的实质是住房市场实现长期均衡条件下的空置率。由于各国在统计住房空置率时所采用的定义、口径和方法各不相同,确定一个"合理"的住房空置率有一定的困难,目前尚难以形成一个适用于世界各国的住房空置率警戒线(文兼武等,2010)。

国内关于住房空置率的学术研究相对较少,林毅夫(2006)解释了为什么在供给快速增加、空置面积很大的情况下,房地产价格仍会不断上涨，原因在于一些有钱人，把购房作为投资，买来的房子空着没人住，属于投机性需求。对于房地产的投机需求如不加以抑制，不仅大部分居民和企业正常的使用需求因为价格过高无法得到满足，还可能出现房地产泡沫和金融危机。董磊磊等（2017）基于夜间灯光数据发现，中国地级及以上城市住房空置的空间分布差异巨大，东部沿海经济发达地区住房空置程度较低，而中西部地区住房空置程度相对较高。随着城市等级的降低，住房空置程度呈现逐渐上升的态势，且分布区间由离散态向集中态逼近。事实上，我国目前出现的城市住房需求与住房空置并存的现象，其本质并不是真正意义上的住房过剩，而是住房市场运行不畅所致，是住房制度、价格政策、税费负担、金融体系、市场建设、配套改革、信息不对称等多方面因素综合作用的结果（王家庭，2002）。

本章在微观机制的基础上，从城市层面对住房租售结构与城市住房投资需求的关系进行了探讨，这对更好地认识住房租售结构对城市住房市场影响的宏观效应、抑制住房资产价格泡沫、建立房地产平稳健康发展长效机制的制度设计具有重要的理论和现实意义。本章的主要任务具体包括：（1）进行理论分析并提出研究假说；（2）实证检验住房租售结构对城市住房投资需求的影响效应；（3）进行稳健性检验；（4）讨论在不同租赁市场化程度的情形下，住房租售结构对城市住房投资需求的异质性影响。

第二节 理论分析与研究假说

住房作为一种特殊的商品，本身具有消费和投资的双重功能。一般消费品其使用价值会不断损耗，一经使用，价格便会下降（韩纪江，2010）。而住房占据着稀缺性日益凸显的土地资源，其使用年限越长，价格增值的可能性就越大。基于这一特性，住房可以通过按揭贷款来购买，也可以充当抵押品申请信贷资金从事其他投资活动。杨华磊等（2014）从户籍家庭增量的角度，把住房市场的需求与名义量货币分开，仅从实际量考察住的居住性需求,进而反推住房市场的投资性需求。因此,如果仅就城市住房价格水平来研究,不能在完全意义上揭示出所有的宏观效应。对于城市住房投资需求的考察,也是理解和透视中国城市住房市场的一个重要视角。研究结论有助于合理引导城市住房需求,抑制住房资产价格泡沫,防范房地产市场风险,确保房地产市场持续健康稳定发展。

基于国家统计局城镇住户调查(UHS)数据的计算结果,2002—2009年间,全国平均城市住房租赁占比有明显的下滑,降低了大约35.3%。但是,城市拥有多套房家庭的比重和家庭住房空置率却呈持续上升的趋势,分别上涨了68.1%和35.1%左右。图7-1描绘了城市家庭住房空置率与家庭住房面积空置率的全国平均值在2002—2009年间的动态变化趋势,从时间维度上看,城市住房租赁占比与城市住房投资需求有着紧密的负向关联性。

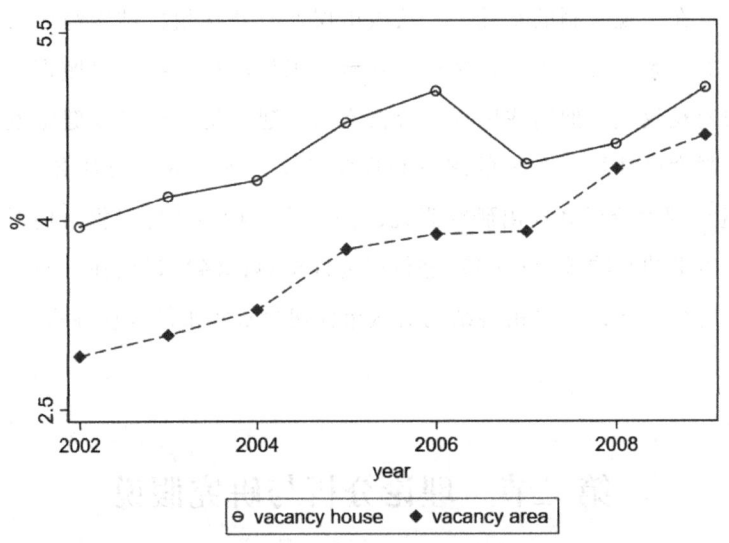

图7-1 城市家庭住房空置率与家庭住房面积空置率的时间变化趋势:2002—2009年

数据来源:作者根据国家统计局城镇住户调查(UHS)数据汇总计算。

由于我国目前的住房租赁市场比重普遍偏低,扭曲了居民的租买选择行为,导致房价与租金严重背离(董藩和刘建霞,2010),房价脱离了住房的居住价值而上涨,租金回报率极低(高波等,2013)。仅从住房的居住属性看,购买住房和租赁住房均可以满足居民的居住需求,在住房市场的长期均衡状态下，房价与租金水平的变化是相对一致的。因此，当住房租赁市场发育成熟，通过租买选择机制，可能会使城市住房需求回归正常的轨道，抑制家庭拥有多套住房和空置住房的投资需求，反映住房市场的真实居住需求。住房租赁市场的发展可以解决一部分中低收入者的居住需求，转变部分居民的置业观念，降低年轻人争抢购房的热潮，从而减少市场上的住房购买消费，降低房价，进而抑制城市住房投资需求。同时，住房租赁市场的规范发展会鼓励越来越多的家庭或机构愿意提供空置住房进行出租，减少了城市家庭住房空置率和家庭住房面积空置率，增加市场上的住房供给，有利于抑制住房市场泡沫。

另外，根据本书第六章的研究结论，住房租售结构的改善，可以增强租房可及性并弱化家庭通过观察学习和信息交流识别住房的投资价值的心理，从而降低家庭选择拥有多套住房和空置住房的概率。通过这种微观机制，使住房租售结构会对城市住房市场产生一定的宏观效应，即影响城市住房投资需求。从图 7-2 和图 7-3 的散点图中也可以发现，混合截面样本的城市住房租赁占比与城市多套房家庭比重和城市家庭住房空置率均呈负相关关系。基于以上的理论分析，城市住房租赁占比的提高更有可能会抑制城市住房投资需求，即有负向的影响效应。据此，本章提出如下假说：

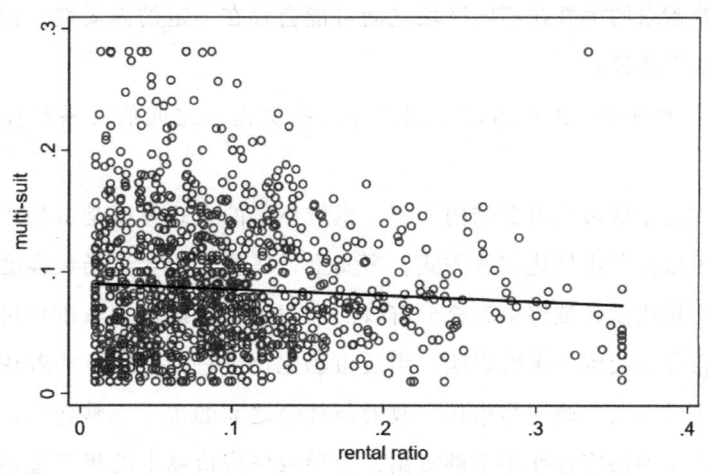

图 7-2 城市住房租赁占比（%）与城市多套房家庭比重散点图

数据来源：作者根据国家统计局城镇住户调查（UHS）数据绘制。

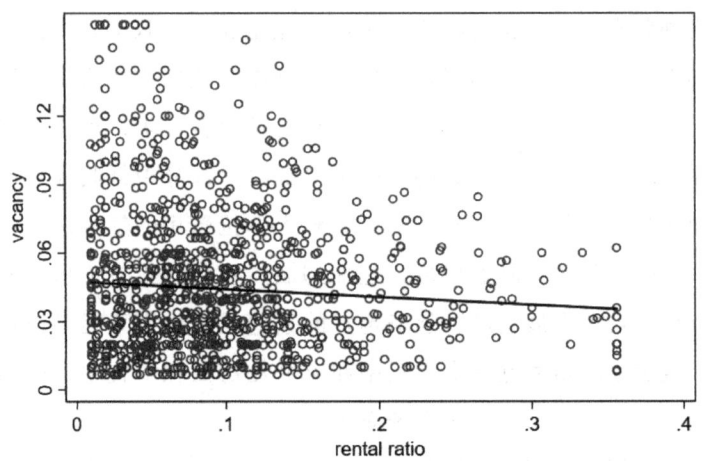

图 7-3 城市住房租赁占比（%）与城市家庭住房空置率散点图

数据来源：作者根据国家统计局城镇住户调查（UHS）数据绘制。

H1：城市住房租赁占比与城市住房投资需求之间存在负向关联。

由于城市住房投资需求的增加会直接增强家庭购房的可能性，因此，住房租售结构与城市住房投资需求之间存在着一定的反向因果问题，需要更加谨慎地去识别两者之间的关联机制，工具变量法不失为一种可行的解决方案。考虑我国住房市场区域发展不平衡的现状，住房租售结构与城市住房投资需求的关系在不同区域之间可能会存在一定的异质性。据此，本章提出如下假说：

H2：城市住房租赁占比与城市住房投资需求之间的关系存在区域异质性。

就住房租赁市场内部结构而言，租赁住房的方式可以是市场化租赁方式，也可以是非市场化租赁方式。事实上，在住房租赁市场化程度越高的城市，市场机制越能够得到充分有效的发挥，就越能放大城市住房租赁占比对城市住房投资需求的影响。租赁市场化比重过低，则意味着住房市场化改革不够深入，政府与市场、政府与社会之间的边界不够合理，市场在资源配置中的决定性作用不够突出，会导致住房市场上的租买选择机制运作不畅，租房可及性降低，居民在租购之间的自由选择难以有效替代。据此，本章提出如下假说：

H3：城市的住房租赁市场化比重越高，城市住房租赁占比与城市住房投资需求的负向关联越强。

第三节　模型设定与变量说明

一、模型设定

结合我国住房市场的实际情况，本书采用面板固定效应（FE）模型来考察城市住房租赁占比与城市多套房家庭比重以及城市家庭住房空置率之间的关系。具体的回归模型设定如式（7-1）、式（7-2）所示：

$$multi\_suite_{jt} = \alpha_0 + \alpha_1 rental\_ratio_{jt} + \mu X_{jt} + c_j + y_t + \varepsilon_{jt} \quad (7-1)$$

$$vacancy_{jt} = \alpha_0 + \beta_1 rental\_ratio_{jt} + \mu X_{jt} + c_j + y_t + \varepsilon_{jt} \quad (7-2)$$

其中，$multi-suite_{jt}$为t时期j城市中拥有多套房家庭的比重（%）；$vacancy_{jt}$为t时期j城市中家庭住房的空置率（%）；$rental\_ratio_{jt}$为t时期j城市中的住房租售结构即租房家庭所占比重（%）；X_{jt}代表反映城市社会经济特征的宏观变量（如人均GDP、人口规模、信贷规模、产业结构、每万人拥有在校大学生数和每万人拥有医院床位数等）；c_j和y_t分别表示城市固定效应和年份固定效应，ε_{jt}为误差项。如果α_1为负，那么可以说明，住房租售结构的改善即租赁市场比例的提高，可以降低城市拥有多套房家庭的比重。如果β_1为负，那么可以说明，住房租售结构的改善即租赁市场比例的提高，可以降低城市家庭住房的空置率。如本书第七章所述，虽然面板双向固定效应模型可以通过控制城市和年份虚拟变量，在一定程度上克服遗漏变量偏误的内生性，但仍然无法完全解决内生偏误的问题，我们将采用工具变量法进行估计，以增加研究结论的可信度。

二、数据来源

本书所选取的城市层面社会经济宏观变量均来源于国家统计局编纂的历年《中国区域经济统计年鉴》，包括人均 GDP、人口规模、信贷规模、产业结构、商品房平均销售价格、每万人拥有在校大学生数和每万人拥有医院床位数等。

三、变量说明

（一）被解释变量

本章主要研究住房租售结构对城市住房投资需求的影响，因此首先需要定义城市住房投资需求。参考易成栋和黄友琴（2010）、张川川等（2016），本书选择城市多套房家庭比重（$multi\text{-}suite$）以及城市家庭住房空置率（$vancancy$）两个指标来衡量城市住房投资需求，均通过 UHS 数据计算得出。首先，对原始数据进行了预处理，剔除了关键变量缺失或明显异常的样本。其次，如果被调查家庭除了现住房，还拥有其他住房，则将其定义为多套房家庭；如果被调查家庭拥有的其他住房，并没有全部用来作为出租房的，而是作为偶尔居住房或其他用途房的，则将其定义为空置房家庭。最后，分别计算每个城市多套房家庭数与被调查家庭总数的比值以及空置房家庭数与被调查家庭总数的比值得到城市多套房家庭比重（$multi\text{-}suite$）和城市家庭住房空置率（$vancancy$），作为被解释变量。

（二）关键解释变量

本章的关键解释变量为住房租售结构即城市住房租赁占比（$rental\ ratio$），也是通过 UHS 数据中的家庭住房产权形式指标计算得出。交互变量住房租赁市场化比重（$marketization$）也来源于 UHS 数据，将住房产权形式为租赁私房的家庭定义为租赁市场化家庭，并计算每个城市租赁市场化家庭数与租赁住房家庭总数的比值作为住房租赁市场化比重指标（陈卓和陈杰，2018b）。

(三) 控制变量

本章选取的控制变量主要涉及城市层面的经济社会特征宏观变量，包括人均 GDP（$pgdp$）、人口规模（pop）、信贷规模（$loan$）、产业结构（$structure$）、商品房平均销售价格（$sales\ price$）、每万人拥有在校大学生数（$student$）和每万人拥有医院床位数（$hospital$）等。表 7-1 对主要变量进行了描述性统计。

表 7-1　城市住房投资需求主要变量描述性统计（$N=1\,216$）

变量名	平均值	最小值	最大值	标准差
$multi-suite$（%）	8.627	1.000	28.092	5.451
$vancancy$（%）	4.447	0.667	16.000	3.116
$rental\ ratio$（%）	9.044	0.995	35.600	6.696
$marketization$（%）	31.932	0.000	100.000	29.183
$pgdp$（元）	17575.681	2231.000	86801.139	13986.927
pop（千人）	4645.104	168.000	32756.100	3442.444
$sales\ price$（元）	1841.215	597.610	7121.672	1092.232

第四节　基本实证结果

一、多套房家庭比重

由于可能存在城市层面的某些不可观测因素会同时影响住房租售结构和城市住房投资需求，导致遗漏这些因素而产生的回归残差项与自变量不满足相互独立的条件，加上反向因果的干扰，内生性问题不可回避，需要对此展开进一步说明。本书构造了一个省级层面的指标，采用该城市所在的省份其他城市住房租赁占比的均值作为该城市住房租赁占比的工具变量。由于省份内部各城市之间的政治、经济、文化以及社会等方面特征比较类似,因此省级层面的平均城市住房租赁占比与省内城市的住房租赁占比之间具有潜在的相关性。另外,我们所采用的是剔除该城市自身的其他城市住房租赁占比的均值,因此对于该城市的住房价格来说,本书构造的工具变量也在一定程度上满足外生性假设。已有不少文献使用这种方法来构造工具变量,并很好地解决了由于测量误差以及因为遗漏变量所导致的解释变量与被解释变量之间受某一因素共同决定而产生的同步性内生性问题(Fisman 和 Svensson,2007;李春涛和宋敏,2010)。

克服内生性问题的城市多套房家庭比重基准回归结果如表 7-2 所示,其中模型(1)只控制了城市虚拟变量,其余模型均同时控制了城市虚拟变量和年份虚拟变量。从表中可以看出,全样本下,城市住房租赁占比对城市多套房家庭比重的影响系数均为负值,且比较显著。也就是说,住房租赁市场的发展的确会抑制城市住房投资需求,研究假说 H1 得到了验证。同时控制了城市虚拟变量和年份虚拟变量后发现,全部城市平均而言,城市住房租赁占比每上升 1 个百分点,该城市的多套房家庭比重降低约 0.36 个百分点。表 7-2 进一步给出了不同等级和不同区域类型的分城市样本回归结果,分组回归结果显示,城市住房租赁占比与城市多套房家庭比重的负向关联在不同等级和不同区域类型的城市样本中均不显著。一方面,大中城市和东部城市住房市场发育成熟,住房价格较高,城市住房投资需求强烈,家庭拥有多套住房的投资动机显著。另一方面,中小城市和中西部城市的住房价格较低,家庭比较容易获得低价住房资源,还可以通过在郊区自建住房等方式获得多套住房(易成栋和黄友琴,2010)。因此,仅以城市多套房家庭比重来衡量城市住房投资需求还不全面,有必要结合城市家庭住房空置率进一步展开讨论。

表 7-2 城市多套房家庭比重基准回归结果(工具变量法)

multi-suite	全样本	全样本	大中城市	中小城市	东部城市	中西部城市
	(1)	(2)	(3)	(4)	(5)	(6)
rental ratio	-0.308***	-0.358*	-0.057	-1.198	-0.164	1.536
	(0.117)	(0.210)	(0.154)	(0.823)	(0.170)	(2.280)

续表

multi-suite	全样本 (1)	全样本 (2)	大中城市 (3)	中小城市 (4)	东部城市 (5)	中西部城市 (6)
ln_pgdp	0.030*** (0.008)	0.024** (0.011)	-0.044** (0.022)	0.039** (0.018)	0.065*** (0.016)	-0.064 (0.075)
ln_pop	0.060*** (0.014)	0.058*** (0.022)	0.022 (0.034)	0.095*** (0.036)	0.054** (0.027)	0.233 (0.152)
loan rate	0.032*** (0.007)	0.025*** (0.008)	0.022** (0.009)	0.044** (0.018)	0.014 (0.012)	0.033 (0.021)
structure	-0.012 (0.010)	-0.018* (0.010)	-0.012 (0.014)	-0.044 (0.027)	0.021 (0.019)	0.011 (0.055)
ln_hp2	-0.007 (0.007)	-0.010 (0.007)	0.003 (0.009)	-0.026 (0.016)	0.004 (0.013)	0.003 (0.024)
ln_student	-0.008* (0.005)	-0.009* (0.005)	-0.010 (0.012)	-0.014* (0.008)	-0.004 (0.007)	-0.006 (0.015)
ln_hospital	0.029** (0.013)	0.027* (0.016)	0.025 (0.025)	0.054 (0.036)	0.013 (0.023)	-0.006 (0.052)
城市虚拟变量	Yes	Yes	Yes	Yes	Yes	Yes
年份虚拟变量	No	Yes	Yes	Yes	Yes	Yes
第一阶段F值	46.82	27.90	20.96	13.11	14.17	16.84
城市数	152	60	40	112	60	92
样本量	1 216	480	320	896	480	736

注：括号内为标准误；***、**和*分别表示在1%、5%和10%的显著性水平上显著。

二、家庭住房空置率

克服内生性问题的城市家庭住房空置率基准回归结果如表7-3所示，其中模型（1）只控制了城市虚拟变量，其余模型均同时控制了城市虚拟变量和年份虚拟变量。从表中可以看出，全样本下，城市住房租赁占比对城市家庭住房空置率的影响系数均为负值，且比较显著。同时控制了城市虚拟变量和年份虚拟变量后发现，就全部城市平均而言，城市住房租赁占比每上升1个百分点，该城市的家庭住房空置率降低约0.37个百分点。

表 7-3　　　城市家庭住房空置率基准回归结果（工具变量法）

vancancy	全样本 (1)	全样本 (2)	大中城市 (3)	中小城市 (4)	东部城市 (5)	中西部城市 (6)
rental ratio	-0.192**	-0.368**	-0.235**	-0.679	-0.231*	1.229
	(0.077)	(0.149)	(0.109)	(0.497)	(0.123)	(1.758)
ln_pgdp	0.009*	0.018**	0.002	0.019*	0.053***	-0.057
	(0.005)	(0.008)	(0.016)	(0.011)	(0.011)	(0.058)
ln_pop	0.013	0.030*	0.026	0.030	0.036*	0.126
	(0.009)	(0.015)	(0.024)	(0.022)	(0.019)	(0.117)
loan rate	0.010**	0.006	0.000	0.024**	0.005	0.010
	(0.005)	(0.006)	(0.006)	(0.011)	(0.008)	(0.016)
structure	-0.014**	-0.018**	-0.006	-0.030*	0.009	0.009
	(0.006)	(0.007)	(0.010)	(0.016)	(0.013)	(0.042)
ln_hp2	-0.009**	-0.010*	-0.010	-0.015	-0.012	0.008
	(0.004)	(0.005)	(0.007)	(0.010)	(0.009)	(0.018)
$ln\_student$	0.002	0.005	-0.001	0.002	0.008	0.011
	(0.003)	(0.003)	(0.009)	(0.005)	(0.005)	(0.012)
$ln\_hospital$	-0.002	0.004	0.004	0.010	-0.002	-0.025
	(0.009)	(0.011)	(0.018)	(0.022)	(0.016)	(0.040)
城市虚拟变量	Yes	Yes	Yes	Yes	Yes	Yes
年份虚拟变量	No	Yes	Yes	Yes	Yes	Yes
第一阶段 F 值	46.82	27.90	20.96	13.11	14.17	16.84
城市数	152	60	40	112	60	92
样本量	1 216	480	320	896	480	736

注：括号内为标准误；***、** 和 * 分别表示在1%、5%和10%的显著性水平上显著。

由此可见，随着住房租售结构的改善，可以增强租房可及性，在租买选择机制的作用下，使城市住房需求回归正常的轨道，降低城市的家庭住房空置率，进而抑制城市住房投资需求。然而，由于我国经济发展的不均衡性，这种影响效应在不同等级和不同区域类型的城市之间可能会存在一定的异质性，需要进一步讨论，以加深对该问题的理解。表7-3进一步给出了不同等级和不同区域类型的分城市样本回归结果，模型（3）、模型（4）、模型（5）和模型（6）的回归结果表明，只有在大中城市和东部城市，城市住房租赁占比与城市家庭住房空置率的负向关联才显著，而在中小城市和中西部城市，则没有显著的影响，研究假说H2得到了验证。

现阶段，我国东部发达地区的经济发展水平较高，而中西部地区的经济发展相对落后，区域分化的格局已经呈现，东部与中西部之间经济"冷热不均"的现象持续凸显。另外，随着新型城镇化的不断推进，农业转移人口流动带来的城市之间异质性将进一步加强，大中城市和东部城市作为主要人口净流入地，城市住房供求矛盾突出，住房价格居高不下，资产泡沫显现。而中小城市和中西部城市住房市场发展相对不足，住房结构性过剩，去库存压力大。在这种背景下，我国住房市场的整体性被大幅度削弱，异质性分析就显得尤为重要。因此，随着住房租赁市场的发展，租买选择机制趋于完善，也能够在一定程度上缓解大中城市和东部城市住房市场的投资热潮，进而抑制城市住房投资需求。同时，住房租赁市场的规范发展会鼓励越来越多的家庭或机构愿意提供空置住房进行出租，降低了城市的家庭住房空置率，增加市场上的住房供给，有利于抑制住房市场泡沫。

第五节 进一步讨论

接下来采用城市家庭住房面积空置率作为替换变量进行稳健性检验，并进一步考察不同的住房租赁市场化程度下，城市住房租赁占比对城市住房投资需求的异质性影响。

一、稳健性检验

为了避免微观调查有可能出现的偏差，同时加强结论的可靠性，更加准确地描述城市住房投资需求，采用城市家庭住房面积空置率（*vancancy area*）作为城市住房投资需求的替换变量进行稳健性检验。该指标通过

UHS 数据计算每个城市所有被调查家庭空置住房面积与所有被调查家庭住房总面积的比值得到，更加符合住房存量空置率的概念（贾海，2003）。

表 7-4 报告了使用城市家庭住房面积空置率作为被解释变量的模型回归结果，同样证实了本章的研究假说。在全国层面，城市住房租赁占比每上升 1 个百分点，该城市的家庭住房面积空置率降低约 0.37 个百分点。另外，只有在大中城市和东部城市，城市住房租赁占比与城市家庭住房面积

表 7-4   城市住房投资需求稳健性检验结果

vancancy area	全样本 (1)	全样本 (2)	大中城市 (3)	中小城市 (4)	东部城市 (5)	中西部城市 (6)
rental ratio	-0.134** (0.064)	-0.370*** (0.134)	-0.249** (0.099)	-0.678 (0.463)	-0.289*** (0.106)	0.056 (0.767)
ln_pgdp	0.016*** (0.004)	0.024*** (0.007)	0.010 (0.014)	0.022** (0.010)	0.047*** (0.010)	-0.006 (0.025)
ln_pop	0.011 (0.008)	0.028** (0.014)	0.038* (0.022)	0.021 (0.020)	0.035** (0.017)	0.117** (0.051)
loan rate	0.010*** (0.004)	0.005 (0.005)	0.001 (0.006)	0.019* (0.010)	0.005 (0.007)	-0.001 (0.007)
structure	-0.006 (0.005)	-0.011 (0.007)	0.003 (0.009)	-0.024 (0.015)	0.014 (0.012)	-0.010 (0.019)
ln_hp2	-0.007* (0.004)	-0.011** (0.005)	-0.012* (0.006)	-0.014 (0.009)	-0.014* (0.008)	-0.003 (0.008)
ln_student	0.003 (0.003)	0.006* (0.003)	0.009 (0.008)	0.003 (0.004)	0.010** (0.005)	0.005 (0.005)
ln_hospital	0.004 (0.007)	0.008 (0.010)	0.009 (0.016)	0.015 (0.020)	0.009 (0.014)	-0.005 (0.017)
城市虚拟变量	Yes	Yes	Yes	Yes	Yes	Yes
年份虚拟变量	No	Yes	Yes	Yes	Yes	Yes
第一阶段 F 值	46.82	27.90	20.96	13.11	14.17	16.84
城市数	152	60	40	112	60	92
样本量	1 216	480	320	896	480	736

注：括号内为标准误；***、**和*分别表示在1%、5%和10%的显著性水平上显著。

空置率的负向关联才显著,而在中小城市和中西部城市,则没有显著的影响。由此可见,本章主要研究结论基本保持稳健。

二、市场化机制

我国城市住房租赁的方式主要可以分为市场化住房租赁和非市场化住房租赁两类,其中,市场化住房租赁包括个人出租和住房租赁企业等类型,非市场化住房租赁包括公共租赁住房、廉租房、单位租赁住房、租赁公房等类型。那么,住房租售结构对城市住房投资需求的影响是否会随着市场化租赁程度的差异而有所不同?还需要结合城市住房租赁中市场化租赁与非市场化租赁的内部结构展开进一步论证。

表7-5报告了引入住房租赁市场化比重的机制检验回归结果,其他控制变量保持不变。交互变量侧重于考察住房租赁市场化方式发展的变化,根据样本中位数将住房租赁市场化比重定义为虚拟变量(i.marketization),

表7-5 城市住房投资需求与租赁市场化比重的机制检验

变量名	多套房 (1)	空置家庭 (2)	空置面积 (3)	多套房 (4)	空置家庭 (5)	空置面积 (6)
i. interaction	-0.480** (0.227)	-0.511*** (0.157)	-0.450*** (0.133)	-0.668* (0.376)	-0.834*** (0.319)	-0.833*** (0.304)
rental ratio	-0.213* (0.111)	-0.094 (0.077)	-0.049 (0.065)	-0.319 (0.238)	-0.335* (0.203)	-0.339* (0.193)
i. marketization	0.031* (0.017)	0.036*** (0.012)	0.032*** (0.010)	0.044 (0.029)	0.060** (0.024)	0.061*** (0.023)
其他控制变量	Yes	Yes	Yes	Yes	Yes	Yes
城市虚拟变量	Yes	Yes	Yes	Yes	Yes	Yes
年份虚拟变量	No	No	No	Yes	Yes	Yes
第一阶段F值	172.36	172.36	172.36	102.59	102.59	102.59
城市数	152	152	152	152	152	152
样本量	1 216	1 216	1 216	1 216	1 216	1 216

注:括号内为标准误;***、**和*分别表示在1%、5%和10%的显著性水平上显著。

即将住房租赁市场化比重高于中位数的城市定义为高市场化城市，否则定义为低市场化城市。在基准模型的基础上，加入了城市住房租赁占比与租赁市场化比重虚拟变量的交互项（i. interaction），模型其他的控制变量与基准模型一致。模型（1）、模型（2）和模型（3）只控制了城市虚拟变量，其余模型均同时控制了城市虚拟变量和年份虚拟变量。

  交互项模型的回归结果显示，租赁市场化虚拟变量与城市住房租赁占比的交互项系数均显著为负。租赁市场化比重越高的城市，市场机制越能够得到充分、有效的发挥，从而会放大住房租售结构对城市住房投资需求的负向作用，有效抑制城市住房市场泡沫风险。因此，发展城市住房租赁市场的同时，还应主要依靠市场化租赁方式来实现，充分发挥市场机制的作用，坚持因地制宜、因城施策。特别是应积极培育机构性住房出租人，既可以有效提高住房租赁市场供给主动适应需求的能力，也有助于提高住房租赁合同备案率（崔裴和王梦雯，2017），有助于政府对住房租赁市场进行监管，从而解决住房租赁市场长期存在的一系列问题。

第六节 本章小结

  本章结合国家统计局大样本城镇住户调查（UHS）微观数据和城市层面的宏观统计数据，构建城市住房租赁占比、租赁市场化比重等关键指标，实证考察了住房租售结构对城市住房投资需求的影响效应以及在不同的住房租赁市场化程度下的异质性效果。克服内生性问题的实证结果显示，住房租赁市场的发展的确会抑制城市住房投资需求，就全部城市平均而言，城市住房租赁占比每上升1个百分点，该城市的多套房家庭比重和家庭住房空置率分别降低约 0.36 个和 0.37 个百分点。另外，只有在大中城市和东部城市，城市住房租赁占比与家庭住房空置率的负向关联才显著，而在中小城市和中西部城市，则没有显著的影响。使用城市家庭住房面积空置率作为被解释变量的模型回归结果，同样证实了本章的研究假说，说明本章的研究结论具有一定的稳健性和可靠性。

　　从住房租赁市场的内部供应结构来看，在不同的住房租赁市场化程度下，住房租售结构都对城市住房投资需求存在差异性的影响。研究发现，城市的住房租赁市场化比重越高，城市住房租赁占比与城市住房投资需求的负向关联越强，也即该城市住房租赁市场的发展对城市住房投资需求的抑制作用就越强。

第八章

住房租售结构与城市住房价格水平[①]

[①] 本章部分研究成果已发表于《统计研究》2018年第7期和《华东师范大学学报》(哲学社会科学版) 2018年第1期。

本章为住房租售结构对城市住房价格水平的影响研究。由于不同家庭的住房选择行为也会在城市层面汇总成不同的市场表现，进而形成住房租售结构对城市住房市场影响的宏观效应。对于城市宏观住房市场来说，重点需要考虑的就是城市住房价格水平的变化。从供需理论来看，城市住房价格的变动是受供给和需求因素的驱动，而住房租售结构导致家庭住房选择行为的变化恰恰改变了市场需求，从而映射进城市住房价格之中。

第一节 问题提出

城市的房价迅猛增长，一些大城市的房价增长速度已经远超过居民收入增长速度，住房难已经成为备受社会各界关注的一个焦点问题。一方面，高房价使普通家庭买房愈发困难。另一方面，房价快速上涨所产生的泡沫化问题，增加了经济运行的系统性风险，威胁着宏观经济的健康稳定发展。因此，如何遏制城市房价快速上涨的势头、降低房价泡沫和实现全民"住有所居"的目标，已经成为全社会关注的最大焦点和政府的最重要工作之一。随着房价持续高速上涨，城市居民越来越难以承受高额的购房成本，人民群众的基本住房需求无法得到充分满足。

与此同时，我国住房租售结构严重失调，住房市场长期处于结构性失衡的状态。一方面，伴随着我国高速发展的城镇化和劳动力市场的自由化进程，城市流动人口总量不断增加，对住房租赁的需求不断增长。但另一方面，由于长期以来受到房地产业发展中重售轻租、城市人口管理制度和税收金融等多方面因素的制约，我国城市住房租赁市场发展一直比较缓慢，机构化和企业化出租人很少，产业化程度很低，租客权益保护差，在子女入学等公共服务方面也受到诸多制度性歧视，租房是一种尽量避免"迫不得已"的住房选择。

本章在微观机制的基础上，从城市层面对住房租售结构与城市住房价格水平的关系进行了探讨。本章的主要任务包括：（1）进行理论分析并提出研究假说；（2）实证检验住房租售结构对城市住房价格水平的影响效应以及内生性处理；（3）进行稳健性检验；（4）讨论不同租赁市场化程度的情形下，住房租售结构对城市住房价格水平的异质性影响。

第二节　理论分析与研究假说

从需求角度来说，收入水平和人口结构是影响城市住房价格的最基本因素，已有文献基本都证实了这个结论（Fortura 和 Kushner，1986；郑思齐和刘洪玉，2005；Mankiw 和 Weil，1989；陈斌开等，2012）。住房的投资属性决定了其价格上涨与金融市场也有着紧密的联系，一个流行的观点认为，我国城市近年来的房价上涨实质上是货币现象，货币超发是助推房价的加速器（李健和邓瑛，2011）。另外，通货膨胀、利率、杠杆率、税收以及预期等因素同样会对房价产生直接影响，在投资性住房市场中扮演重要角色（梁云芳和高铁梅，2007；张涛等，2006；魏玮和陈杰，2017；况伟大，2009；孙伟增和郑思，2016）。在供给方面，大多数学者认为住房供给是相对迟缓的，取决于制度设计，政策难以在中短期改变，因此供给端的研究比较少（徐建炜等，2012）。已有研究主要讨论了土地供应量、土地出让价格、建筑成本以及公共服务供给等因素对房价变化的影响，但结论尚有争议（陈斌开和杨汝岱，2013；王弟海等，2015；王岳龙，2011；邹至庄和牛霖琳，2010；梁若冰和汤韵，2008）。然而，上述驱动因素中有些在时间上是平稳变化的，有些在空间上是差异很小的，也就无法合理解释我国城市住房价格增长的动态演变和区域差异特征（陈斌开和张川川，2016）。

也有一些学者认为，中国房价在很大程度上受到了政策影响（余华义，2010），政府管制和垄断加剧了住房市场的扭曲（邹琳华，2009）。分税制改革后确立的财政分权体制，使地方政府面临财政收支不平衡的局面，在政治晋升压力下，地方政府偏向依赖于土地财政模式，致使房价居高不下（周彬和杜两省，2010；宫汝凯，2012；朱英姿和许丹，2015；宫汝凯，2015）。另有一种观点基于国际资本流动的视角认为，人民币汇率升值，吸引大量境外"热钱"流入，推动了国内住房价格特别是豪宅价格的上升（刘莉亚，2008；朱孟楠等，2011）。陆铭等（2014）基于中国地级市数据的经验研究发现，城市化以及对未来城市化进程的预期是推高城市住房价格的重要原因。陈斌开和张川川（2016）进一步指出，以"扩招"为主要内容的高等教育改革，推动了人力资本的规模扩张和空间集聚，加快了城市化进程，是中国住房价格快速上涨的重要支撑力量。还有一些学者从传统文化观念与婚姻市场竞争的视角着眼，揭示了中国高房价背后特有的社会文化底蕴（Wei 和 Zhang，2011；Fang 和 Tian，2018）。

重售轻租的制度设计将住房的多重属性混淆在一起，扭曲了公共资源配置与居民住房选择行为，转变了我国住房市场的预期走向。这极大程度地影响了部分群体的租买选择行为，让原本摇摆在"租"与"购"之间的家庭被迫纷纷倒向了买房这条独木桥上，房价压力居高不下。统计数据显示，2000 年我国住宅商品房平均销售价格仅为 1948 元/平方米，到了 2016 年已升至 7203 元/平方米。这只是全国的平均水平，在一些大城市，房价更是上涨得厉害。以北京为例，2000 年的住房价格为 4557 元/平方米，而到了 2016 年，房价则升至了 28489 元/平方米[①]。面对城市房价持续上涨的势头，政府也出台了一系列的相关调控措施，虽然短时间内都有一定的成效，但是长期看城市房价依然持续攀高。

基于国家统计局城镇住户调查（UHS）数据的计算结果，2002—2009 年，全国平均城市住房租赁占比有明显的下滑，降低了大约 35.3%，但是，城市住房价格却呈持续上升的趋势，上涨了 142.5% 左右。图 8-1 描绘了城市住房租赁占比与城市住房价格水平的全国平均值（标准化值 Z-value）在 2002—2009 年间的动态变化趋势，从时间维度上看，城市住房租赁占比与城市住房价格有着紧密的负向关联性。

事实上，根据本书第五章的研究结论，住房租售结构的改善，可以增

---

① 见国家统计局编《中国统计年鉴》，http://data.stats.gov.cn。

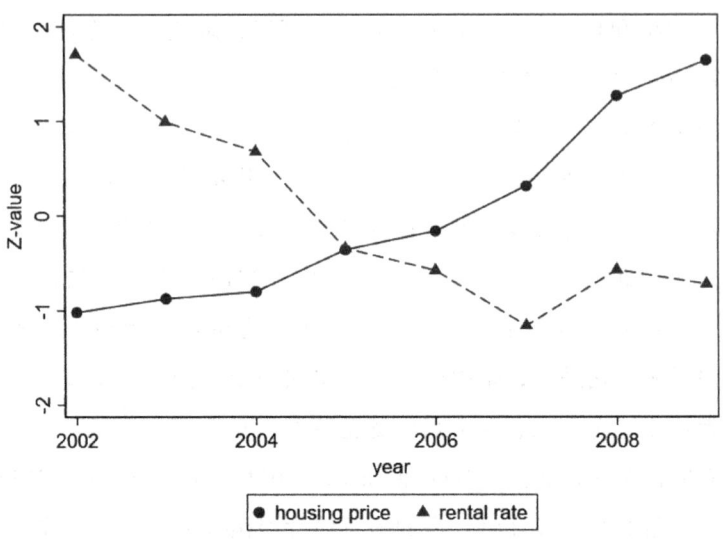

图 8-1 城市住房租赁占比（%）与城市住房价格的时间变化趋势：2002—2009 年

数据来源：作者根据国家统计局城镇住户调查（UHS）数据汇总计算。

强租房可及性并弱化个体家庭出于地位寻求和攀比炫耀的心理，从而选择减少其住房消费的价值。因此，基于以上的理论分析，城市住房租赁占比的提高更有可能会抑制城市住房价格的上涨，即有负向的影响效应。据此，本章提出如下假说：

H1：城市住房租赁占比与城市住房价格水平之间存在负向关联。

由于住房价格快速上涨会直接增强购房的吸引力，因此住房租售结构与住房价格之间存在着一定的反向因果问题，需要更加谨慎地去识别两者之间的关联机制，工具变量法不失为一种可行的解决方案。另外，我国城市住房价格在区域之间存在着较大的差异，东部地区的住房价格上涨幅度较中西部地区要大，住房价格上涨存在着明显的区域分化（高波等，2012），这也提醒我们需要在实证研究中进一步检验区域和城市差异可能带来的异质性。同时，从图 8-2 中可以看出，东部城市和中西部城市的住房租赁占比也呈逐年下降的趋势，而且东部城市的住房租赁占比与中西部城市相比普遍要高一些。据此，本章提出如下假说：

H2：城市住房租赁占比与城市住房价格水平之间的关系存在区域异质性。

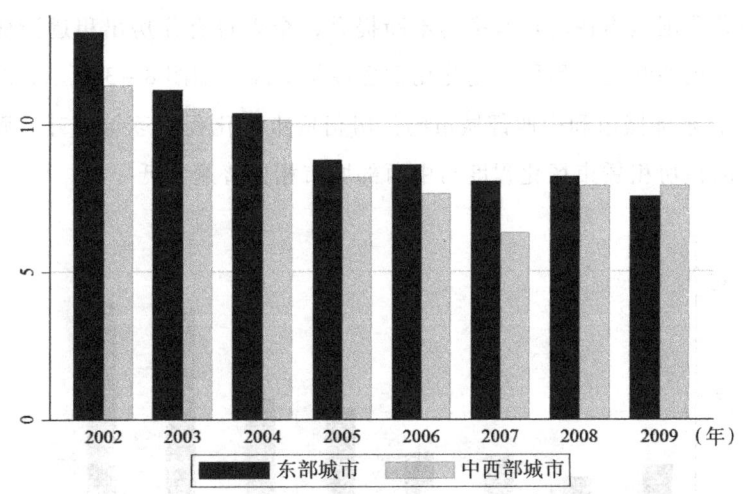

图 8-2 东部城市和中西部城市住房租赁占比（%）时间变化趋势对比图
数据来源：作者根据国家统计局城镇住户调查（UHS）数据汇总计算。

就住房租赁市场内部结构而言，租赁住房的提供者既可以是政府和企事业单位，也可以是个人以及住房租赁企业等。前者属于非市场化租赁方式，而后者属于市场化租赁方式。我国的住房租赁市场应该由哪种方式占主导，目前仍有争议。不少学者提出"二次房改"，建议加大政府"有形之手"介入住房市场的力度，由政府主导提供住房尤其租赁型住房。马先标（2013）指出"住房是商品"的理念是导致已往房改目标存在偏差、相关改革原则模糊，进而使住房体制"商保失调"的深层要因。程恩富和钟卫华（2011）认为应建立以"市场为基础、国家为主导"的调节机制，以"公租房为主、商品房和私租房为辅"的未来城市居民住房目标模式。但也有不少学者坚持应深化住房制度的改革，而非"二次改革"（倪鹏飞，2017）。还有很多学者提出，在租赁住房资源的筹集上应坚持市场为主、存量为主，不宜过多通过新建形式来实现（陈杰，2012），即使公共租赁住房也应该多利用市场化手段筹措，积极拓展公租房市场化运作（姚玲珍，2016）。尽管学术界对于住房租赁市场应该由哪种方式占主导尚未形成统一意见，但在住房租赁的多元主体供应上已基本达成一致，尤其在党的十九大报告提出"加快建立多主体供给、多渠道保障、租购并举的住房制度"之后，这点更加成为学术界共识。

随着我国城市住房自有率的不断提升，个人自有住房出租逐渐成为住房租赁市场的常态，租赁市场化比重也逐年提高。如图 8-3 所示，2002—2009 年，东部城市和中西部城市的住房租赁市场化程度逐年上升，而且东部城市的住房租赁市场化程度与中西部城市相比普遍要低一些。

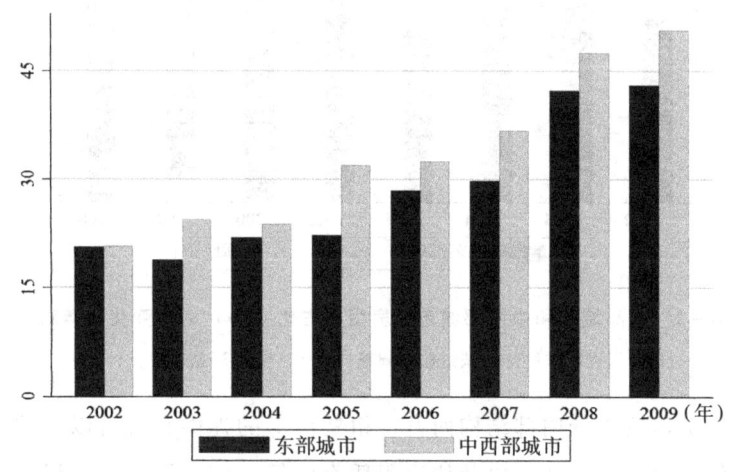

图 8-3　东部城市和中西部城市租赁市场化比重（%）时间变化趋势对比图
数据来源：作者根据国家统计局城镇住户调查（UHS）数据汇总计算。

虽然住房租赁市场化程度总体上呈现上升的趋势，但是值得注意的是，市场化租赁中有 90% 以上是个人出租住房，而专业租赁企业提供房源的比重仍然较低。上海公寓企业联盟研究数据也显示，目前我国市场化租赁住房约有 1 亿套，其中超过 90% 为个人出租，品牌公寓企业总占有率低于 2%，而开发商自己持有经营的居住用房不足 1%。由于个人出租住房往往存在着房源质量差、政府监管难、稳定性低、租客保护弱、安全隐患大等多重问题，因此，发展专业性住房租赁企业无疑将有助于提升租赁住房品质、增强住房租赁市场的规范性和透明度，从而增加租赁住房对城市居民的吸引力。鉴于国务院办公厅《关于加快培育和发展住房租赁市场的若干意见》（国办发〔2016〕39 号）、党的十九大报告以及 2017 年中央经济工作会议公报都强调了住房供应尤其是租赁住房供应主体多元的重要性，有必要进一步考察不同的住房租赁市场化程度下，城市住房租赁占比对城市住房价格水平的差异性影响。据此，本章提出如下假说：

H3：城市的住房租赁市场化比重越高，城市住房租赁占比与城市住房价格的负向关联越强。

第三节 模型设定与变量说明

以下内容对本章计量模型的设定、经验数据的来源以及相关变量的说明进行了详细的介绍和解释。

一、模型设定

本章采用面板固定效应（FE）模型来考察城市住房租赁占比与城市住房价格之间的关系。

具体的计量回归模型设定如式（8-1）所示：

$$ln\_hp_{jt} = \alpha_0 + \alpha_1 rental\_ratio_{jt} + \mu X_{jt} + c_j + y_t + \varepsilon_{jt} \qquad (8-1)$$

其中，hp_{jt} 为 t 时期 j 城市的单位面积住房价格；$rental\_ratio_{jt}$ 为 t 时期 j 城市中的住房租售结构即租房家庭所占比重（%）；X_{jt} 代表反映城市社会经济特征的宏观变量（如人均 GDP、人口规模、信贷规模、产业结构、每万人拥有在校大学生数和每万人拥有医院床位数等）；c_j 和 y_t 分别表示城市固定效应和年份固定效应，ε_{jt} 为误差项。如果 α_1 为负，那么可以说明，租赁市场比例的降低会增加城市家庭选择拥有多套住房的概率。如果 β_1 为负，那么可以说明，住房租售结构的改善即租赁市场比例的提高会降低城市住房价格水平。虽然面板双向固定效应模型可以通过控制城市和年份虚拟变量，在一定程度上克服遗漏变量偏误的内生性，但仍然无法完全解决内生偏误的问题，我们将进一步采用工具变量法进行再估计，以增加研究结论的可信度。

二、数据来源

本书采用 2002—2009 年国家统计局微观城镇住户调查（UHS）数据构造关键变量，该调查始于 1986 年，基于分层随机抽样的方法，以城市市区和县城关镇区内的住户为调查对象。样本包括了 16 个省级行政区的 152 个地级市，主要分布于中国华北、东北、华东、华南、西南、西北地区，在地理位置以及经济条件等方面均具有一定的代表性。调查包括了城市家庭的收入、消费、人口特征、就业情况、住房等家庭生活各方面的数据，是国家统计局发布城镇家庭收入与消费等官方统计数据的基础数据源，具有一定的权威性。近年来，很多研究基于 UHS 数据，对中国问题展开了深入探讨，并发表在国际一流学术期刊（Anderson 等，2016；Li 等，2016；Zhang 等，2016；Chen 和 Hu，2019）。

三、变量说明

（一）被解释变量

本章主要研究住房租售结构对城市住房价格水平的影响，因此首先需要计算每个城市每年单位面积住房的平均价格（housing price）。该变量通过 UHS 数据计算得出，首先对原始数据进行了预处理，剔除了家庭总人口和家庭总收入缺失或明显异常的样本，同时只保留家庭住房面积和家庭住房价值为正的样本；其次计算每个家庭住房价值与住房面积的比值作为该家庭单位面积住房的价格的指标；最后对不同年度每个城市所有家庭单位面积住房的价格取中位数得到该城市年度单位面积住房的平均价格，作为住房价格被解释变量。由于 UHS 数据并没有记录家庭住房的详细地理区位特征，实际上可以将一个城市的住房看成是同质的（Zabel，2004）。经过比较，本书通过 UHS 数据计算得出的城市单位面积住房的平均价格与《中国区域经济统计年鉴》中的商品房平均销售价格指标基本一致，两个指标可以互为印证稳健性。

（二）关键解释变量

本章的关键解释变量为住房租售结构即城市住房租赁占比（rental ratio），也是通过 UHS 数据中的家庭住房产权形式指标计算得出。

（三）控制变量

本章选取的控制变量主要涉及城市层面的经济社会特征宏观变量，包括人均 GDP（pgdp）、人口规模（pop）、信贷规模（loan）、产业结构（structure）、每万人拥有在校大学生数（student）和每万人拥有医院床位数（hospital）等。部分缺失样本采用平均值法进行插值，同时，为了避免异常值对回归结果的干扰，本书对由微观数据计算得到的连续变量城市住房平均价格（housing price）、城市住房租赁占比（rental ratio）以及住房租赁市场化比重（marketization）进行了上下 1% 的缩尾处理。需要说明的是，所有的名义值都以 2002 年为基期进行了平减处理，转换成实际值，以剔除通货膨胀的影响。另外，在实际进行回归时，为了缓解异方差问题，我们还对城市住房平均价格（housing price）、人均 GDP（pgdp）、人口规模（pop）、每万人拥有在校大学生数（student）和每万人拥有医院床位数（hospital）变量进行了对数化处理。表 8-1 对主要变量进行了描述性统计。

表 8-1　城市住房价格水平主要变量描述性统计（$N=1\ 216$）

变量名	平均值	最小值	最大值	标准差
housing price（元）	1320.802	432.508	5921.258	917.201
rental ratio（%）	9.044	0.995	35.600	6.696
marketization（%）	31.932	0.000	100.000	29.183
pgdp（元）	17575.681	2231.000	86801.139	13986.927
pop（千人）	4645.104	168.000	32756.100	3442.444
loan rate（%）	76.117	10.661	327.581	40.836
structure（%）	77.524	12.591	321.446	34.064
student（人）	130.416	5.126	941.759	177.825
hospital（个）	29.581	11.308	67.759	12.228

第四节 基本实证结果

接下来报告住房租售结构对城市住房价格水平影响的基准回归结果，同时进行稳健性检验。

一、基准回归结果

在开始回归之前，我们首先对数据进行单位根检验，发现变量均为平稳序列。另外，豪斯曼检验结果强烈拒绝原假设，说明选择面板固定效应模型进行回归是合理的。表8-2汇总了基准回归的估计结果，其中模型（1）、模型（2）和模型（3）只控制了城市固定效应，其余模型均同时控制了城市固定效应和时间固定效应，即面板双向固定效应模型。从表中可以看出，全样本下，城市住房租赁占比对房价的影响系数均为负值，且比较显著。也就是说，住房租赁市场的发展的确会抑制住房价格的上涨，研究假说H1得到了验证。同时控制了城市固定效应和年份固定效应后发现，全部城市就平均而言，城市住房租赁占比每上升1个百分点，该城市的住房价格降低约0.26%。由此可见，随着住房租售结构的改善，可以增强租房可及性，在租买选择机制的作用下，家庭的购房行为变得理性，住房梯度消费逐渐形成，住房价格也趋于稳定。另外，模型中大部分控制变量对城市住房价格的影响都比较符合预期，说明本章的模型设定具有一定的合理性。具体来看，城市住房价格水平与该城市的人均GDP、人口规模以及信贷规模均呈显著的正相关关系，与已有的文献基本一致（李永友，2014；郭克莎，2017）。

表8-2进一步给出了不同区域类型的城市分组回归结果，模型（2）和模型（5）为东部城市样本，模型（3）和模型（6）为中西部城市样本。实证结果显示，只有在东部城市，城市住房租赁占比与城市住房价格的负向关联才显著，而在中西部城市，则没有显著的影响，研究假说H2

表 8-2　　　城市住房价格面板固定效应模型回归结果

ln_hp	全样本 (1)	东部城市 (2)	中西部城市 (3)	全样本 (4)	东部城市 (5)	中西部城市 (6)
rental ratio	-0.394***	-0.703***	-0.157	-0.262**	-0.633***	-0.020
	(0.147)	(0.196)	(0.211)	(0.128)	(0.177)	(0.183)
ln_pgdp	0.553***	0.470***	0.587***	0.150***	0.176***	0.120**
	(0.028)	(0.039)	(0.045)	(0.039)	(0.058)	(0.056)
ln_pop	0.659***	0.637***	1.416***	0.111*	0.260***	0.070
	(0.056)	(0.065)	(0.344)	(0.057)	(0.074)	(0.296)
loan rate	0.142***	0.079*	0.172***	0.144***	0.175***	0.104**
	(0.032)	(0.043)	(0.050)	(0.029)	(0.041)	(0.044)
structure	0.015	0.187***	-0.035	-0.136***	-0.076	-0.151***
	(0.040)	(0.070)	(0.050)	(0.035)	(0.066)	(0.044)
$ln\_student$	0.045**	0.073***	0.015	0.010	0.041	-0.003
	(0.020)	(0.026)	(0.028)	(0.018)	(0.026)	(0.025)
$ln\_hospital$	0.049***	0.499***	0.425***	0.079	0.205***	-0.057
	(0.053)	(0.077)	(0.073)	(0.050)	(0.072)	(0.070)
常数项	-5.555***	-4.814***	-11.649***	4.224***	2.408**	5.161**
	(0.497)	(0.618)	(2.574)	(0.751)	(1.101)	(2.411)
城市虚拟变量	Yes	Yes	Yes	Yes	Yes	Yes
年份虚拟变量	No	No	No	Yes	Yes	Yes
组内 R^2	0.714	0.737	0.715	0.802	0.804	0.811
城市数	152	60	92	152	60	92
样本量	1 216	480	736	1 216	480	736

注：括号内为标准误；***、**和*分别表示在1%、5%和10%的显著性水平上显著。

得到了验证。具体来讲，东部城市的租赁市场比例每上升1个百分点，住房价格降低约0.63%，这个系数比全国层面的估计结果要高，说明的确是东部城市在起决定性的作用。

二、稳健性检验

采用城市商品房平均销售价格作为城市住房价格的替换变量，进行稳健性检验,以避免微观调查有可能出现的偏差,同时加强结论的可靠性。表8-3报告了使用城市商品房平均销售价格作为被解释变量的模型回归结果,同样证实了本章的研究假说。在全国层面,城市住房租赁占比每上升1个百分点,该城市的住房价格降低约0.36%。在东部城市,城市住房租赁占比每上升1个百分点,住房价格下降0.55%左右,在中西部城市则并不显著。由此可见,与基准模型的回归结果相比,系数略有变动,但主要研究结论依然保持稳健。

表8-3　　　　　　城市住房价格稳健性检验结果

ln_hp2	全样本	东部城市	中西部城市	全样本	东部城市	中西部城市
	(1)	(2)	(3)	(4)	(5)	(6)
rental ratio	-0.627***	-0.720***	-0.617***	-0.364**	-0.546***	-0.272
	(0.159)	(0.209)	(0.233)	(0.153)	(0.207)	(0.222)
其他控制变量	Yes	Yes	Yes	Yes	Yes	Yes
城市虚拟变量	Yes	Yes	Yes	Yes	Yes	Yes
年份虚拟变量	No	No	No	Yes	Yes	Yes
组内 R^2	0.574	0.645	0.538	0.641	0.685	0.631
城市数	152	60	92	152	60	92
样本量	1 216	480	736	1 216	480	736

注:括号内为标准误;***、**和*分别表示在1%、5%和10%的显著性水平上显著。

第五节　进一步讨论

接下来对内生性问题展开讨论,采用工具变量估计进行处理,并进一步考察不同的住房租赁市场化程度下,城市住房租赁占比对城市住房价格水平的差异性影响。

一、内生性处理

由于反向因果问题可能会导致面板固定效应模型估计结果的偏误，需要对此展开进一步说明。一般来说，城市住房价格水平越高，居民越难以买得起住房，只能选择租房居住，从而使城市住房租赁占比升高。因此，按照常规的逻辑判断，城市住房租赁占比与城市住房价格应该存在一种正相关的关系。但是，我们通过实证研究发现，城市住房租赁占比对城市住房价格的影响显著为负，与正常的直觉相反。也就是说，反向因果问题对我们得出的结论影响并不是很大，我们可能还低估这种影响效应。尽管如此，仍然可能存在城市层面的某些不可观测因素会同时影响住房租售结构和城市住房价格，导致遗漏这些因素而产生的回归残差项与自变量不满足相互独立的条件，造成遗漏偏误的内生性问题。为了缓解以上内生性问题，我们构造了一个省级层面的指标，采用该城市所在的省份其他城市住房租赁占比的均值，作为该城市住房租赁占比的工具变量。

克服内生性问题的工具变量估计结果如表8-4所示，研究结论没有发生大的变化，就全国平均而言，城市的住房租赁占比每上升1个百分点，该城市的住房价格降低约3.61%，在东部城市降低3.36%左右，而在中西部城市影响并不显著，说明OLS估计结果的确是被低估了。东部城市作为主要人口净流入地，城市住房供求矛盾突出，住房价格居高不下，泡沫显现。随着住房租赁市场的发展，租买选择机制趋于完善，一方面可以缓和东部城市的住房供求矛盾，满足一部分中低收入者的居住需求，从而减少市场上的购房消费，降低住房价格。另一方面，也能够在一定程度上降低东部城市房地产市场的热潮，抑制投资投机性购房需求，使住房价格回归正常的轨道，反映住房市场的真实需求。因此，内生性问题并没有给本章基准模型的估计结果带来严重的影响，克服内生性问题后的实证结果与基准回归结果基本保持一致，说明本章的经验结论是比较可靠的。

表8-4　　　　城市住房价格克服内生性问题后的估计结果

ln_hp	全样本	东部城市	中西部城市	全样本	东部城市	中西部城市
	(1)	(2)	(3)	(4)	(5)	(6)
rental ratio	-1.154**	-1.704***	-0.689	-3.608***	-3.356***	16.240
	(0.524)	(0.567)	(0.966)	(0.994)	(0.771)	(29.647)
其他控制变量	Yes	Yes	Yes	Yes	Yes	Yes
城市虚拟变量	Yes	Yes	Yes	Yes	Yes	Yes
年份虚拟变量	No	No	No	Yes	Yes	Yes
第一阶段F值	51.71	26.38	27.70	29.56	14.47	17.89
城市数	152	60	92	152	60	92
样本量	1 216	480	736	1 216	480	736

注：括号内为标准误；***、**和*分别表示在1%、5%和10%的显著性水平上显著。

二、市场化机制

表8-5报告了引入住房租赁市场化比重的机制检验回归结果，其他控制变量保持不变。交互变量侧重于考察住房租赁市场化方式发展的变化，并将住房租赁市场化比重分为连续变量（c. marketization）和虚拟变量（i. marketization）同时进行考察。其中，在基准模型的基础上，模型（1）、模型（2）和模型（3）加入了城市住房租赁占比与租赁市场化比重连续变量的交互项（c. interaction），模型（4）、模型（5）和模型（6）加入了城市住房租赁占比与租赁市场化比重虚拟变量的交互项（i. interaction）。模型其他的控制变量与基准模型一致，同时也对城市固定效应和年份固定效应进行了控制，并按照东部城市与中西部城市进行分城市样本回归。

表8-5　　　　城市住房价格与租赁市场化比重的机制检验

ln_hp	全样本	东部城市	中西部城市	全样本	东部城市	中西部城市
	(1)	(2)	(3)	(4)	(5)	(6)
rental ratio	-3.159**	-2.330**	5.196	-3.237**	-2.703***	2.282
	(1.248)	(1.005)	(5.123)	(1.264)	(0.866)	(2.455)

续表

ln_hp	全样本	东部城市	中西部城市	全样本	东部城市	中西部城市
	(1)	(2)	(3)	(4)	(5)	(6)
c. marketization	0.432**	0.423***	-0.620			
	(0.167)	(0.146)	(0.697)			
c. interaction	-8.428**	-7.582**	11.476			
	(3.356)	(3.344)	(13.414)			
i. marketization				0.393**	0.275***	-0.613
				(0.156)	(0.097)	(0.562)
i. interaction				-5.328***	-4.042***	7.396
				(2.036)	(1.396)	(6.986)
其他控制变量	Yes	Yes	Yes	Yes	Yes	Yes
城市虚拟变量	Yes	Yes	Yes	Yes	Yes	Yes
年份虚拟变量	Yes	Yes	Yes	Yes	Yes	Yes
第一阶段 F 值	45.36	13.97	40.72	107.90	30.48	88.14
城市数	152	60	92	152	60	92
样本量	1 216	480	736	1 216	480	736

注：括号内为标准误；***、**和*分别表示在1%、5%和10%的显著性水平上显著。

引入住房租赁市场化比重的交互项模型回归结果显示，在全国城市和东部城市样本中，无论是住房租赁市场化比重连续变量，还是住房租赁市场化比重虚拟变量，与城市住房租赁占比的交互项均显著为负。也就是说，城市的住房租赁市场化比重越高，城市住房租赁占比与城市住房价格的负向关联越强，也即该城市住房租赁市场的发展对住房价格上涨的抑制作用就越强，研究假说 H3 得到了验证。

研究结论表明，市场化的住房租赁方式对住房市场的健康发展可以起到良好的促进作用，是进一步深化住房制度改革和推动住房市场向纵深层面拓展的主要抓手（杨继瑞，2002）。事实上，我国城镇住房制度改革收获巨大成功的关键就在于坚持了市场化的改革方向（徐诺金，

2014)。当前,我国住房市场出现不少新情况和新问题,其根源并不在于市场化过度,而恰恰是在于市场化不足,住房市场的根本出路在深化市场化改革。

第六节 本章小结

本章结合国家统计局大样本城镇住户调查(UHS)微观数据和城市层面的宏观统计数据,构建城市住房租赁占比、租赁市场化比重等关键指标,实证考察了住房租售结构对城市住房价格水平的影响效应以及在不同的住房租赁市场化程度下的异质性效果。基本实证结果显示,住房租赁市场的发展的确会抑制住房价格的上涨,就全部城市平均而言,城市住房租赁占比每上升1个百分点,该城市的住房价格降低约0.26%。分区域城市样本的回归结果表明,住房租售结构与城市住房价格水平之间的关系存在区域异质性,只有在东部城市,城市住房租赁占比与城市住房价格的负向关联才显著,而在中西部城市,则没有显著的影响。采用城市商品房平均销售价格作为被解释变量的模型回归结果同样证实了本章的研究假说,说明本章的研究结论具有一定的稳健性和可靠性。

克服内生性问题的工具变量估计结果表明,内生性问题并没有给本章基准模型的估计结果带来严重的影响,研究假说依然成立,经验结论基本保持一致。就全国平均而言,城市的住房租赁占比每上升1个百分点,该城市的住房价格降低约3.61%,在东部城市降低3.36%左右,而在中西部城市影响并不显著。另外,从住房租赁市场的内部供应结构来看,在不同的住房租赁市场化程度下,住房租售结构对城市住房价格水平存在差异性的影响。研究发现,城市的住房租赁市场化比重越高,城市住房租赁占比与城市住房价格的负向关联越强,也即该城市住房租赁市场的发展对住房价格的抑制作用就越强。分区域城市样本的估计结果表明,住房租赁市场化程度的影响机制在东部城市和中西部城市之间依然存在着异质性,这种作用机制只在东部城市的样本中才显著存在,而在中西部城市的样本中则没有显著影响。

本章的研究结论表明,市场化的住房租赁方式对住房市场的健康发展可以起到良好的促进作用,应坚持市场化运作,进一步深化住房市场化改革特别是住房租赁的市场化。

第九章

结论及政策含义

本章为结论及政策含义。本书相关研究发现对于进一步理解家庭住房选择行为和城市住房市场具有一定的启示意义，研究结论也具有丰富的政策含义。

第一节 主要研究结论

在住房领域供给侧结构性改革的大背景下，加快培育和完善住房租赁市场，改善城市住房市场结构，全面推进"租购并举"，建立住房租赁市场的创新机制，是住房宏观调控的重要组成部分，也是保障住房市场健康稳定发展的必由之路，是一项长期的制度安排。但对于城市住房租赁市场发展即住房租售结构调整可能产生的影响效应，特别是对城市住房市场的影响，需要进行全面细致和科学定量的评估，以支持和完善相关的制度设计。

本书围绕住房租售结构对城市住房市场的影响，从微观机制、宏观效应两个方面展开系统性研究。紧密结合微观家庭和宏观市场两个维度，依序形成五大研究主题：微观家庭租买选择行为、微观家庭住房消费水平、微观家庭住房投资需求、宏观城市住房投资需求和宏观城市住房价格水平，将微观机制和宏观效应纳入一个统一的分析框架内。遵循"闭环"逻辑，本书将已有的研究范围扩展至宏微观结合的层面，并探索住房租售结构在不同情境下的影响效应，通过严谨的实证分析揭示宏观制度变量与微观行为变量之间的作用机理以及在整体层面所汇总产生的宏观效应，深化对住房市场结构以及城市住房市场的研究，弥补相关研究的不足。本书结合国家统计局大样本城镇住户调查（UHS）微观数据和城市层面的宏观统计数据，构建城市住房租赁占比等关键指标，实证考察了住房租售结构对城市住房市场的影响机制和影响效应。研究认为，城市住房租售结构的变化会通过影响城市家庭一系列的住房选择行为，进而影响城市住房市场的表现。具体的研究结论和观点如下：

微观机制研究发现，首先，家庭所在城市的住房租售结构对个体家庭的租买选择决策存在显著的负向影响，家庭所在城市的住房租赁占比越高，可以增强租房可及性并弱化个体家庭出于从众和模仿心理的购房行为，从而降低家庭选择购买住房的概率。就全部城市平均而言，租赁市场比例每上升1个百分点，将导致家庭选择购买住房的概率降低约0.53个百分点。家庭的住房租买选择行为也会受到周围其他相似家庭决策的影响，使家庭所在城市的住房租售结构与个体家庭的租买选择行为之间存在不同群体的异质性。其次，家庭所在城市的住房租售结构对个体家庭的住房消费决策存在显著的负向影响，家庭所在城市的住房租赁占比越高，可以增强租房可及性并弱化个体家庭出于地位寻求和攀比炫耀的心理，从而选择减少其住房消费的价值和面积。全部城市平均而言，租赁市场比例每上升1个百分点，将导致家庭选择消费住房的价值减少约0.18%，面积减少约0.19%。家庭的住房消费选择行为也会受到周围其他相似家庭决策的影响，使家庭所在城市的住房租售结构与个体家庭的住房消费行为之间存在不同群体的异质性。最后，家庭所在城市的住房租售结构对个体家庭的住房投资决策存在显著的负向影响，家庭所在城市的住房租赁占比越高，可以增强租房可及性并弱化家庭通过观察学习和信息交流识别住房的投资价值的心理，从而降低家庭选择拥有多套住房和空置住房的概率。全部城市平均而言，租赁市场比例每上升1个百分点，将导致家庭选择拥有多套住房的概率降低约0.08个百分点，选择拥有空置住房的概率降低约0.05个百分点。家庭的住房投资选择行为也会受到周围其他相似家庭决策的影响，使家庭所在城市的住房租售结构与个体家庭的住房投资行为之间存在不同群体的异质性。以上研究发现共同构成了住房租售结构对城市住房市场影响的微观机制，住房租售结构的改善，可以增强租房可及性，弱化城市个体家庭的非理性住房选择行为，促进城市住房梯度消费，抑制家庭住房投资需求。

宏观效应研究发现，一方面，在家庭微观机制的作用下，住房租赁市场的发展会抑制城市住房投资需求，且只有在大中城市和东部城市，城市住房租赁占比与家庭住房空置率的负向关联才显著，而在中小城市和中西部城市，则没有显著的影响。全部城市平均而言，租赁市场比例每上升1

个百分点,将导致城市多套房家庭比重和家庭住房空置率分别降低 0.36 个和 0.37 个百分点左右。同样,无论是对城市多套房家庭比重、城市家庭住房空置率还是城市家庭住房面积空置率,城市的住房租赁市场化比重越高,越会放大该城市住房租赁市场的发展对城市住房投资需求的抑制作用。另一方面,在家庭微观机制的作用下,住房租赁市场的发展会抑制城市住房价格的上涨,且只有在东部城市,城市住房租赁占比与城市住房价格的负向关联才显著,而在中西部城市,则没有显著的影响。全部城市平均而言,租赁市场比例每上升 1 个百分点,将导致城市住房价格降低 0.26% 左右。同时,城市的住房租赁市场化比重越高,越会放大该城市住房租赁市场的发展对城市住房价格的负向影响。以上研究发现共同构成了住房租售结构对家庭住房选择行为影响的宏观效应,随着住房租赁市场的发育成熟,租房可及性的增强,在"租买选择"机制的作用下,可以遏制城市住房价格上涨的势头,加速城市住房过滤,促进住房梯度消费,抑制住房资产泡沫风险。这样,微观和宏观就形成了一个体系完整、内容丰富、逻辑紧扣的整体系统。

  本书的相关研究发现具有一定的启示意义。首先,加快培育和完善住房租赁市场,不仅有助于提高城市租房的可及性,还可以弱化城市个体家庭的非理性住房选择行为,扭转家庭不合理的住房决策,包括租买选择决策、住房消费决策和住房投资决策。其次,提倡为不同家庭群体分层提供异质性住房服务,实现住房结构化供应,增强住房的流动性,加快住房过滤,促进住房梯度消费,解决"夹心层"的住房问题。同时,坚持市场化的改革方向不动摇,用市场的手段解决住房市场中的问题,划清政府和市场边界。最后,应积极遏制房价过快上涨,把防范和应对房地产泡沫风险作为重中之重,抓住"牛鼻子",打出"组合拳"。

第二节 政策含义讨论

  本书的研究结论具有丰富的政策含义。首先,全面推进"租购并举"。

本书第八章的研究结论表明，加快培育和完善住房租赁市场，不仅有助于解决低收入者的居住问题，而且有利于形成住房市场内在的自我调节机制，使住房租赁市场和住房买卖市场通过"租买选择"机制而相互制衡、相互促进，对于促进实现全民"住有所居"的目标意义重大。因此，城市住房租赁市场的规范和发展可以抑制住房价格的快速上涨，挤出泡沫，使住房逐渐回归居住的属性。

其次，坚持市场化的改革方向。基于本书第七章和第八章的市场化机制研究结论，市场化的住房租赁方式对于住房市场的健康稳定发展可以起到良好的促进作用。因此，发展城市住房租赁市场的同时，应主要依靠市场化租赁方式来实现，进一步深化住房市场化改革特别是住房租赁的市场化，充分发挥市场机制的作用。还应注重鼓励个人自有住房的出租，积极培育住房租赁企业，长期持有住房运营，发展住房租赁业务。一方面，市场化住房租赁市场潜在的房源相当丰富，供给规模有望进一步扩大。另一方面，城市住房存量资源没有得到充分、有效的利用，"空城""睡城""死城"等现象频现。如果能够将城市闲置的住房资源有效利用，加速住房租赁市场的一体化和市场化，这不仅可以有效降低城市住房的空置率，而且还可以充分弥补公共租赁住房的供给缺口。

然后，完善住房租赁制度建设。本书第四章的研究结论表明，一个规范、完善的住房租赁市场，不仅可以为一部分中低收入群体创造福祉，而且还能促进住房市场自我调节机制的形成并使之充分发挥作用，改变家庭的租买选择决策行为。因此，应加快住房租赁市场立法，整顿租房市场乱象，建立稳定的租期、租金制度，从根本上提高租赁住房对投资的吸引力。同时，建立行业运营规范，强化行业自律，规范租赁行为，明确租赁双方权利义务，提升行业服务质量。需要注意的是，发展住房租赁部门并不意味着由政府大包大揽，过度提供公共租赁住房和廉租房而增加财政负担，完全可以通过政府与社会资本合作（PPP）、税收抵免优惠、REITs等房地产融资创新、政策性住房金融等方式。可以充分发挥国有企业在培育和发展住房租赁市场进程中起到的规范性、引导性作用，作为租赁房源供给的"压舱石"，租赁价格调节的"稳定器"。支持房地产相关国有企业和民营企业拓展住房租赁业务，不断提升住房租赁企业规模化、集约化、专业化水平，培育一批专业的机构出租人。扶持正规代理中介机构扩大业务规模，培育一批龙头企业，有针对性地提供不同于个人租赁房源的新型租赁产品，满足消费者多样性和复杂性的租赁需求。

另外，坚持和强化舆论宣传，合理引导住房需求。本书第五章和第六章的研究结论表明，城市住房租赁市场的发展有助于加快城市住房过滤，促进住房梯度消费，抑制家庭不合理的住房消费需求和投资需求。因此，政府应注重在意识层面加以宣传引导，鼓励年轻人逐步形成先租后买的梯度消费观念（张园和武永祥，2016）。事实上，不少年轻人普遍在没有足够积蓄的状态下急于购房，住房支出完全超出了其支付能力，严重侵蚀了父辈的经济基础，导致社会财富大量集中于住房部门。在房贷的压力下，年轻人的消费能力也逐步被削弱，这不利于内需的有效释放。无房的年轻人都在为一套住房而努力奋斗，所有的目标都集中到了购买住房上，使年轻人对于购房的焦虑也越来越深。这样长期发展下去，将会对中国经济的健康稳定发展产生不利的影响。

最后，进一步夯实城市政府主体责任。基于本书第七章和第八章的城市和区域异质性研究结论，住房租售结构变化的影响效应存在不同等级和不同区域的城市异质性。因此，政府部门应正确处理好住房市场整体性、结构性和差异性的辩证关系，基于不同区域市场的异质性变化特征，改革创新调控思路，强化有针对性和差别化的住房政策设计，坚持因城施策、分类指导。有条件的地区可以对住房租赁企业、机构和个人，给予差异性的税收优惠，进一步拓宽住房租赁企业的直接融资渠道。东部人口净流入城市应特别关注"新市民"在城市就业时的居住问题，逐步满足租房居民基本公共服务的均等化待遇。可以采取新建租赁住房、收储社会闲置存量住房、改建闲置商办用房、运营开发企业配建的租赁住房等多种途径，积极盘活存量房屋用于租赁，增加市场供给，稳定住房租金。只有这样，才能加快建成供应主体多元、经营服务规范、租赁关系稳定的住房租赁市场体系。

第三节 未来研究展望

尽管本书整体上遵循了一个比较完整的研究逻辑，但是其中还有一些不足之处有待进一步深化。其一，本书囿于数据可得性的限制，无法采集更新的官方统计数据来进行后续的实证研究。本书实证部分使用的数据主要来源于国家统计局城镇住户调查（UHS）2002—2009年的微观数据，虽然该数据具有较强的权威性和代表性，但无法获得最新的统计调查资料，样本数据还不够新。为了应对这个问题，本书综合使用了国家统计局2010年第六次全国人口普查、2015年全国1%人口抽样调查资料以及西南财经大学中国家庭金融调查（CHFS）的最新数据，对近年来我国住房租售结构的变化特征进行了补充描述和对比分析。当然，未来如果可以获得时效性更强或者连续性更长的微观调查数据，则可以进一步将本书的研究推向深入。

其二，由于住房租售结构对城市住房市场影响的宏观效应面临着较强的内生性问题，这会使实证研究中的估计结果存在一定的偏误。一般而言，可以通过寻找一个合适的住房租售结构工具变量，采用IV估计的方法得到一致估计的结果。但是，在现实中找到一个完全外生的工具变量却非常困难，而外生性或排他性是确保工具变量有效的关键前提条件之一。因此，为了缓解内生性问题，本书构造了一个省级层面的指标，采用该城市所在的省份其他城市住房租售结构的均值，作为该城市住房租售结构的工具变量。当然，这依然无法保证该工具变量完全满足外生性的条件，这是一种退而求其次、相对可行的权宜之计。未来如果能够找到一个更好的工具变量，则可以更为准确地估计出住房租售结构对城市住房市场影响的宏观效应。

参考文献

[1] 艾春荣,汪伟. 非农就业与持久收入假说:理论和实证 [J]. 管理世界, 2010, (1): 8-22.

[2] 安勇,王拉娣. 房地产财富效应的城市差异——以中国 35 个大中城市为例 [J]. 城市问题, 2016, (2): 65-71.

[3] 巴曙松. 房地产政策:一场艰难的平衡 [N]. 上海证券报, 2013-11-28 (A01).

[4] 白美妃. 从婚房进城看中国城市化的逻辑 [J]. 文化纵横, 2018, (1): 60-67.

[5] 包宗华. 关于租房率和自有住房率的研讨 [J]. 住宅产业, 2011, (11): 44.

[6] 边燕杰,刘勇利. 社会分层、住房产权与居住质量——对中国"五普"数据的分析 [J]. 社会学研究, 2005, (3): 82-98.

[7] 边燕杰,约翰·罗根,卢汉龙,潘允康,关颖. "单位制"与住房商品化 [J]. 社会学研究, 1996, (1): 83-95.

[8] 蔡禾,黄建宏. 谁拥有第二套房?——市场转型与城市住房分化 [J]. 吉林大学社会科学学报, 2013, (4): 102-114.

[9] 曹清峰,王家庭. 住房自有率与城市蔓延:理论与实证 [J]. 中国房地产, 2014, (20): 22-27.

[10] 陈斌开,徐帆,谭力. 人口结构转变与中国住房需求:1999—2025——基于人口普查数据的微观实证研究 [J]. 金融研究, 2012, (1): 129-140.

[11] 陈斌开,杨汝岱. 土地供给、住房价格与中国城镇居民储蓄 [J]. 经济研究, 2013, (1): 110-122.

[12] 陈斌开,张川川. 人力资本和中国城市住房价格 [J]. 中国社会科学, 2016, (5): 43-64.

[13] 陈创练,戴明晓. 货币政策、杠杆周期与房地产市场价格波动 [J]. 经济研究, 2018, 53 (9): 52-67.

[14] 陈多长,余巧奇,虞晓芬. 城市居民租购住房偏好差异及其影响因素——以杭州市为例的实证研究 [J]. 浙江工业大学学报(社会科学版), 2011, (1): 1-6.

[15] 陈峰,张妍. 住房公积金到底支持谁购了房?——住房公积金制度存续的微观证据 [J]. 财政研究, 2018, (9): 93-105.

[16] 陈昊. 收入波动、风险规避与学历误配——来自中国行业面板的证据 [J]. 南开经济研究, 2011, (6): 109-127.

[17] 陈杰. 住房私有率≠住房自有率 [J]. 中国房地产, 2006, (10): 17-18.

[18] 陈杰. 城市居民住房解决方案: 理论与国际经验 [M]. 上海财经大学出版社, 2009.

[19] 陈杰. 中国住房模式选择向何处去 [J]. 探索与争鸣, 2012, (1): 61-64.

[20] 陈杰,金珉州. 上海居民住房需求的收入弹性分析——基于家庭层面的微观分析 [J]. 上海经济研究, 2012, (3): 3-14.

[21] 陈杰,吴义东. 租购同权过程中住房权与公共服务获取权的可能冲突——为"住"租房还是为"权"租房 [J]. 学术月刊, 2019, 51 (2): 44-56.

[22] 陈金松. 青年学生消费现状及对策分析 [J]. 中国青年研究, 2009, (5): 62-63.

[23] 陈筱,汤玉刚. 住房过滤模型的发展与政策启示 [J]. 经济体制改革, 2009, (5): 137-142.

[24] 陈彦斌,陈小亮. 人口老龄化对中国城镇住房需求的影响 [J].

经济理论与经济管理，2013，33（5）：45-58.

[25] 陈映芳，孙哲，方圆圆."拆违"与权力—市场关系的变动——控制观视角下的非正规租房市场研究［J］.江海学刊，2018，（2）：114-121.

[26] 陈永伟，顾佳峰，史宇鹏.住房财富、信贷约束与城镇家庭教育开支——来自CFPS2010数据的证据［J］.经济研究，2014，（S1）：89-101.

[27] 陈友华，施旖旎.租购同权：何以可能？［J］.吉林大学社会科学学报，2018，58（2）：123-129.

[28] 陈钊，陈杰，刘晓峰.安得广厦千万间：中国城镇住房体制市场化改革的回顾与展望［J］.世界经济文汇，2008，（1）：43-54.

[29] 陈卓.长三角地区城市的房价偏离及其溢出效应［J］.南京财经大学学报，2018a，（3）：32-40.

[30] 陈卓.经济基本面、房价偏离与房价泡沫——基于长三角城市的实证分析［J］.金融发展评论，2018b，（8）：68-84.

[31] 陈卓，陈杰.住房市场结构对房价的影响研究——基于租赁市场比例的视角［J］.华东师范大学学报（哲学社会科学版），2018a，50（1）：36-148.

[32] 陈卓，陈杰.租住家庭占比、租房供应主体与房价［J］.统计研究，2018b，35（7）：28-37.

[33] 程诚.大学生消费的同群效应［J］.青年研究，2015，（2）：1-9.

[34] 程恩富，钟卫华.城市以公租房为主的"新住房策论"［J］.财贸经济，2011，（12）：107-113.

[35] 成思危.中国城镇住房制度改革：目标模式与实施难点［M］.民主与建设出版社，1999.

[36] 褚超孚.城镇住房保障模式研究［M］.经济科学出版社，2005.

[37] 褚超孚，贾生华.试论"过滤"模型对于城镇住房市场分层供应体系的理论启示［J］.商业经济与管理，2005，（5）：18-21.

[38] 崔裴，胡金星，周申龙.房地产租赁市场与房地产租买选择机制——基于发达国家住房市场的实证分析［J］.华东师范大学学报（哲学

社会科学版),2014,46(1):121-127.

[39] 崔裴,王梦雯.培育机构出租人是租赁市场发展关键[J].城市开发,2017,(18):36-37.

[40] 崔裴,严乐乐.住房租买选择机制缺失对中国房地产市场运行的影响[J].华东师范大学学报(哲学社会科学版),2010,42(1):108-113.

[41] 党云晓,张文忠,武文杰.北京城市居民住房消费行为的空间差异及其影响因素[J].地理科学进展,2011,30,(10):1203-1209.

[42] 邓宏乾,陈峰.中国住宅市场结构与房价的关系[J].开放时代,2007,(4):62-71.

[43] 邓慧慧,赵家羚.地方政府经济决策中的"同群效应"[J].中国工业经济,2018,(4):59-78.

[44] 丁如曦,倪鹏飞.房地产市场调控优化及深化改革:目标原则与路径找寻[J].改革,2018,(10):28-38.

[45] 丁洋,郑江淮.中国人口老龄化会减少住房需求吗?[J].中国软科学,2018,(2):68-77.

[46] 丁祖昱.中国城市化进程中住房市场发展研究[M].企业管理出版社,2014.

[47] 董磊磊,潘竟虎,冯娅娅,王卫国.基于夜间灯光的中国房屋空置的空间分异格局[J].经济地理,2017,37(9):62-69.

[48] 董藩,刘建霞.我国住房价格与租金背离的行为解释[J].改革,2010,(2):23-28.

[49] 杜敏杰,刘霞辉.人民币升值预期与房地产价格变动[J].世界经济,2007,30(1):81-88.

[50] 杜育红,袁玉芝.教育中的同伴效应研究述评:概念、模型与方法[J].教育经济评论,2016,(3):77-91.

[51] 范超,王雪琪.我国35个大中城市房价——持久收入比研究[J].统计研究,2016,33(8):95-100.

[52] 樊纲,王小鲁.中国市场化指数:各地区市场化相对进程2006

年度报告 [M]. 经济科学出版社, 2007.

[53] 范红忠, 黄永明, 连玉君. 就业生命时间、劳动者收入的持久性与我国居民消费率——基于省际职工收入占比和非职工收入占比的面板数据分析 [J]. 经济学（季刊）, 2013, 12 (4)：1209-1230.

[54] 范子英, 张航, 陈杰. 公共交通对住房市场的溢出效应与虹吸效应：以地铁为例 [J]. 中国工业经济, 2018, (5)：99-117.

[55] 方军雄. 企业投资决策趋同：羊群效应抑或"潮涌现象"？[J]. 财经研究, 2012, (11)：93-103.

[56] 方丽, 田传浩. 筑好巢才能引好凤：农村住房投资与婚姻缔结 [J]. 经济学（季刊）, 2016, 15 (2)：571-596.

[57] 冯皓, 陆铭. 通过买房而择校：教育影响房价的经验证据与政策含义 [J]. 世界经济, 2010, (12)：89-104.

[58] 冯娇, 姚忠. 基于社会学习理论的在线评论信息对购买决策的影响研究 [J]. 中国管理科学, 2016, 24 (9)：106-114.

[59] 风笑天. 家安何处：当代城市青年的居住理想与居住现实 [J]. 南京大学学报（哲学·人文科学·社会科学）, 2011, 48 (1)：73-81.

[60] 傅超, 杨曾, 傅代国. "同伴效应"影响了企业的并购商誉吗？——基于我国创业板高溢价并购的经验证据 [J]. 中国软科学, 2015, (11)：94-108.

[61] 高波, 陈健, 邹琳华. 区域房价差异、劳动力流动与产业升级 [J]. 经济研究, 2012, 47 (1)：66-79.

[62] 高波, 洪涛. 中国住宅市场羊群行为研究——基于1999—2005动态面板模型的实证分析 [J]. 管理世界, 2008, (2)：90-96.

[63] 高波, 毛中根. 汇率冲击与房地产泡沫演化：国际经验及中国的政策取向 [J]. 经济理论与经济管理, 2006, (7)：38-43.

[64] 高波, 王辉龙, 李伟军. 预期、投机与中国城市房价泡沫 [J]. 金融研究, 2014, (2)：44-58.

[65] 高波, 王文莉, 李祥. 预期、收入差距与中国城市房价租金"剪刀差"之谜 [J]. 经济研究, 2013, (6)：100-112.

[66] 高波, 赵奉军, 王辉龙, 毛丰付. 我国城市住房制度改革研究——变迁、绩效与创新 [M]. 经济科学出版社, 2017.

[67] 高晓路. 北京市居民住房需求结构分析 [J]. 地理学报, 2008, 63 (10): 1033-1044.

[68] 高映轸. 从消费者入手推进住宅商品化 [J]. 经济研究, 1990, (10): 64-69.

[69] 宫汝凯. 分税制改革与中国城镇房价水平——基于省级面板的经验证据 [J]. 金融研究, 2012, (8): 70-83.

[70] 宫汝凯. 财政不平衡和房价上涨: 中国的证据 [J]. 金融研究, 2015, (4): 66-81.

[71] 桂华, 余练. 婚姻市场要价: 理解农村婚姻交换现象的一个框架 [J]. 青年研究, 2010, (3): 24-36.

[72] 郭克莎. 中国房地产市场的需求和调控机制——一个处理政府与市场关系的分析框架 [J]. 管理世界, 2017, (2): 97-108.

[73] 郭琳. 家庭结构对家庭实物资产的影响研究——以住房为例 [J]. 当代经济管理, 2013, 35 (8): 50-56.

[74] 郭晓旸, 刘洪玉. 市场势力对新建商品住房溢价的影响: 基于北京市微观样本的实证检验 [J]. 系统工程理论与实践, 2013, 33 (4): 829-839.

[75] 郭毅, 杜娟. 基于社会身份的消费者决策形成机制研究 [J]. 营销科学学报, 2009, (2): 31-42.

[76] 韩立彬, 陆铭. 供需错配: 解开中国房价分化之谜 [J]. 世界经济, 2018, 41 (10): 126-149.

[77] 杭斌. 住房需求与城镇居民消费 [J]. 统计研究, 2014, 31 (9): 31-36.

[78] 杭斌. 人情支出与城镇居民家庭消费——基于地位寻求的实证分析 [J]. 统计研究, 2015, 32 (4): 68-76.

[79] 杭斌, 修磊. 住房攀比与居民消费 [J]. 统计研究, 2015, 32 (12): 54-61.

[80] 浩春杏. 阶层视野中的城市居民住房梯度消费——以南京为个案的社会学研究 [J]. 南京社会科学, 2007a, (3): 71-81.

[81] 浩春杏. 城市居民住房梯度消费中的家庭因素研究 [J]. 江苏社会科学, 2007b, (3): 78-83.

[82] 何芳. 何谓真正的房地产发展长效机制——从租售新政谈开去 [J]. 探索与争鸣, 2017, 1 (11): 102-109.

[83] 贺京同, 战昱宁, 万志华. 房地产市场中的羊群行为及其对商品房交易量的影响 [J]. 浙江大学学报 (人文社会科学版), 2009, 39 (2): 172-180.

[84] 何晓斌, 夏凡. 中国体制转型与城镇居民家庭财富分配差距——一个资产转换的视角 [J]. 经济研究, 2012, (2): 28-40.

[85] 何兴强, 费怀玉. 户籍与家庭住房模式选择 [J]. 经济学 (季刊), 2018, 17 (2): 527-548.

[86] 侯浙珉, 应红, 张亚平. 为有广厦千万间: 中国城镇住房制度的重大突破 [M]. 广西师范大学出版社, 1999.

[87] 胡蓉. 市场化转型下的住房不平等——基于CGSS2006调查数据 [J]. 社会, 2012, 32 (1): 126-151.

[88] 胡蓉. 市场化转型下城镇居民住房资源分化——基于住房价值与住房数量的实证分析 [J]. 甘肃行政学院学报, 2014, (6): 108-116.

[89] 胡书芝. 城市住房获得方式、社区类型与政治参与——基于广州、长沙、岳阳2266名乡城移民的调查分析 [J]. 求索, 2017, (12): 113-121.

[90] 胡婉旸, 郑思齐, 王锐. 学区房的溢价究竟有多大: 利用"租买不同权"和配对回归的实证估计 [J]. 经济学 (季刊), 2014, 13 (3): 1195-1214.

[91] 黄海洲, 汪超, 王慧. 中国城镇化中住房制度的理论分析框架和相关政策建议 [J]. 国际经济评论, 2015, (2): 29-54.

[92] 黄静, 柯昇沛. 我国房地产开发商土地竞买是否存在羊群效应 [J]. 现代财经, 2013, (3): 37-45.

[93] 黄静, 王洪卫, 柯昇沛. 基于行为金融学的房价预期对地价的动态作用机制研究 [J]. 财经研究, 2013, (7): 134-144.

[94] 黄凌灵, 刘志新. 中国居民跨期住房租赁—购置行为动态优化建模及分析 [J]. 系统工程, 2007, 25 (10): 58-63.

[95] 黄雄, 白程赫, 张杰, 周京奎. 中国城市家庭住房消费偏好及趋势研究 [J]. 调研世界, 2018, (5): 51-57.

[96] 黄燕芬, 张超. 防范风险、促进房地产市场平稳健康发展——2016年房地产市场回顾及2017年展望 [J]. 价格理论与实践, 2016, (12): 22-27.

[97] 黄燕芬, 张超. 加快建立"多主体供给、多渠道保障、租购并举"的住房制度 [J]. 价格理论与实践, 2017, (11): 15-20.

[98] 贾海. 商品房空置率计算方法研究 [J]. 统计研究, 2003, 20 (9): 26-29.

[99] 贾康, 刘军民. 中国住房制度改革问题研究: 经济社会转轨中"居者有其屋"的求解 [M]. 经济科学出版社, 2007.

[100] 贾康, 郭建华. 新时代包容性房地产经济制度构建研究 [J]. 中共中央党校学报, 2018, 22 (2): 119-128.

[101] 贾生华, 郭晓宇. 基于不同视角的住房需求研究述评 [J]. 技术经济, 2008, 27 (5): 92-96.

[102] 金烨, 李宏彬, 吴斌珍. 收入差距与社会地位寻求: 一个高储蓄率的原因 [J]. 经济学 (季刊), 2011, 10 (3): 887-912.

[103] 鞠方, 雷雨亮, 周建军. 房价波动、收入水平对住房消费的影响——基于SYS-GMM估计方法的区域差异分析 [J]. 管理科学学报, 2017, 20 (2): 32-42.

[104] 康琪雪. 基于住房"过滤"模型的住房福利政策的影响分析 [J]. 兰州学刊, 2008, (10): 70-73.

[105] 柯昇沛, 黄静. 基于CSAD非线性模型的房地产市场羊群行为研究 [J]. 管理评论, 2012, 24 (9): 19-25.

[106] 况伟大. 市场结构与北京市房价 [J]. 改革, 2003, (3):

69 – 73.

[107] 况伟大. 住房特性、物业税与房价 [J]. 经济研究, 2009, (4): 151 – 160.

[108] 况伟大. 预期、投机与中国城市房价波动 [J]. 经济研究, 2010, (9): 67 – 78.

[109] 况伟大. 房价变动与中国城市居民消费 [J]. 世界经济, 2011, (10): 21 – 34.

[110] 况伟大. 房地产税、市场结构与房价 [J]. 经济理论与经济管理, 2012, 31 (1): 10 – 19.

[111] 况伟大, 李涛. 土地出让方式、地价与房价 [J]. 金融研究, 2012, (8): 56 – 69.

[112] 况伟大, 朱勇, 刘江涛. 房产税对房价的影响: 来自 OECD 国家的证据 [J]. 财贸经济, 2012, (5): 121 – 129.

[113] 李春涛, 宋敏. 中国制造业企业的创新活动: 所有制和 CEO 激励的作用 [J]. 经济研究, 2010, 45 (5): 55 – 67.

[114] 李磊, 胡博, 郑妍妍. 肥胖会传染吗? [J]. 经济学 (季刊), 2016, 15 (1): 429 – 452.

[115] 李恩平. 中国城镇住房需求密集年龄人口对住房市场的影响 [J]. 中国人口科学, 2016, (1): 67 – 79.

[116] 李宏瑾, 徐爽. 住房自有率、经济增长与社会发展——对欧美各国数据的经验分析 [J]. 南方经济, 2009, (8): 3 – 15.

[117] 李健, 邓瑛. 推动房价上涨的货币因素研究——基于美国、日本、中国泡沫积聚时期的实证比较分析 [J]. 金融研究, 2011, (6): 18 – 32.

[118] 李剑阁. 中国房改: 现状与前景 [M]. 中国发展出版社, 2007.

[119] 李强. 同伴效应对中国农村青少年体重的影响 [J]. 中国农村经济, 2014, (3): 73 – 84.

[120] 李涛, 史宇鹏, 陈斌开. 住房与幸福: 幸福经济学视角下的中国城镇居民住房问题 [J]. 经济研究, 2011, (9): 69 – 82.

[121] 李薇, 杜静. 不同地区住房市场供给结构比例研究——以江苏

省部分城市为例 [J]. 工程管理学报, 2016, 30 (6): 139 - 143.

[122] 李鑫. 住房市场的供给结构及两类市场的调控 [J]. 中国房地产, 2011, (10): 20 - 26.

[123] 李雪松, 黄彦彦. 房价上涨、多套房决策与中国城镇居民储蓄率 [J]. 经济研究, 2015, (9): 100 - 113.

[124] 李颖灏, 朱立. 社会认同对消费行为影响研究的述评 [J]. 经济问题探索, 2013, (2): 165 - 170.

[125] 李永刚. 商品房价格影响因素比较研究 [J]. 经济社会体制比较, 2018, (2): 20 - 31.

[126] 李永强, 白璇, 吴伶. 关于居民购房是投资还是消费的理论思考 [J]. 经济学动态, 2008, (7): 29 - 32.

[127] 李永友. 房价上涨的需求驱动和涟漪效应——兼论我国房价问题的应对策略 [J]. 经济学 (季刊), 2014, 13 (2): 443 - 464.

[128] 廉思. 蚁族: 大学毕业生聚居村实录 [M]. 广西师范大学出版社, 2009.

[129] 梁若冰, 汤韵. 地方公共品供给中的 Tiebout 模型: 基于中国城市房价的经验研究 [J]. 世界经济, 2008, (10): 71 - 83.

[130] 梁云芳, 高铁梅. 我国商品住宅销售价格波动成因的实证分析 [J]. 管理世界, 2006, (8): 76 - 82.

[131] 梁云芳, 高铁梅. 中国房地产价格波动区域差异的实证分析 [J]. 经济研究, 2007, (8): 133 - 142.

[132] 廖理, 李梦然, 王正位, 贺裴菲. 观察中学习: P2P 网络投资中信息传递与羊群行为 [J]. 清华大学学报 (哲学社会科学版), 2015, 30 (1): 156 - 165.

[133] 林毅夫. 如何解决投资信贷顺差增长过快 [N]. 人民日报, 2006 - 09 - 04 (014).

[134] 刘斌. 住房自有率、人口流动与劳动力参与率——基于全国第六次人口普查数据的研究 [J]. 技术经济与管理研究, 2016, (10): 88 - 92.

[135] 刘红云, 孟庆茂. 教育和心理研究中的多层线性模型 [J]. 心

理科学进展, 2002, 10 (2): 213-219.

[136] 刘静, 王克敏. 同群效应与公司——来自中国的证据研发 [J]. 经济理论与经济管理, 2018, 37 (1): 21-32.

[137] 刘丽荣. 保障性住房的合理供给与梯度消费模型的构建 [J]. 建筑经济, 2008, (10): 42-45.

[138] 刘莉亚. 境外"热钱"是否推动了股市、房市的上涨?——来自中国市场的证据 [J]. 金融研究, 2008, (10): 48-70.

[139] 刘绍涛, 张协奎. 租购并举、房价变动与住房市场发展 [J]. 当代财经, 2020, (3): 3-15.

[140] 刘婷婷, 张典. 消费需求、投资需求与家庭住房消费决策——基于微观调查数据的分析 [J]. 消费经济, 2015, 31 (1): 3-9.

[141] 刘雯, 杨晓维. 住房需求的地位动机研究——基于中国城镇家庭数据的2SLS分析 [J]. 统计与信息论坛, 2016, 31 (8): 91-97.

[142] 刘学良, 吴璟, 邓永恒. 人口冲击、婚姻和住房市场 [J]. 南开经济研究, 2016, (1): 58-76.

[143] 刘友平, 张丽娟. 住房过滤理论对建立中低收入住房保障制度的借鉴 [J]. 经济体制改革, 2008, (4): 154-158.

[144] 刘祖云, 毛小平. 中国城市住房分层: 基于2010年广州市千户问卷调查 [J]. 中国社会科学, 2012, (2): 94-109.

[145] 卢嘉. 我国城镇住房制度演进轨迹及其或然走向 [J]. 改革, 2013, (11): 37-46.

[146] 路磊, 黄京志, 吴博. 基金排名变化和羊群效应变化 [J]. 金融研究, 2014, (9): 177-191.

[147] 陆铭, 欧海军, 陈斌开. 理性还是泡沫: 对城市化、移民和房价的经验研究 [J]. 世界经济, 2014, (1): 30-54.

[148] 陆铭, 张航, 梁文泉. 偏向中西部的土地供应如何推升了东部的工资 [J]. 中国社会科学, 2015, (5): 59-83.

[149] 陆铭, 张爽. "人以群分"非市场互动和群分效应的文献评论 [J]. 经济学 (季刊), 2007, 6 (3): 991-1020.

[150] 陆蓉, 常维. 近墨者黑: 上市公司违规行为的"同群效应"[J]. 金融研究, 2018, (8): 172-189.

[151] 陆蓉, 王策, 邓鸣茂. 我国上市公司资本结构"同群效应"研究[J]. 经济管理, 2017, 39 (1): 181-194.

[152] 罗楚亮. 经济转轨、不确定性与城镇居民消费行为[J]. 经济研究, 2004, (4): 100-106.

[153] 罗卫东, 朱翔宇. 租购并举: 租购同权还是租购平权?——兼论我国土地财政模式转型的必要性[J]. 浙江学刊, 2020, (1): 90-99.

[154] 吕江林. 我国城市住房市场泡沫水平的度量[J]. 经济研究, 2010, 45 (6): 28-41.

[155] 马先标. 两房协调的新住房体制构建问题探讨[J]. 经济社会体制比较, 2013, (4): 67-82.

[156] 马亚男, 郑思齐. 展望未来的住房市场结构[J]. 城市开发, 2005, (4): 16-18.

[157] 马忠东, 周国伟, 王海仙. 市场化下城市居民的住房选择: 以广州为例[J]. 人口与发展, 2010, 16 (2): 97-107.

[158] 毛小平. 市场分割、家庭资本与住房分化[J]. 兰州学刊, 2010, (12): 78-86.

[159] 毛小平. 购房: 制度变迁下的住房分层与自我选择性流动[J]. 社会, 2014, 34 (2): 118-139.

[160] 门垚, 何勤英. 中国大学毕业生劳动力市场中的同群效应[J]. 人口学刊, 2013, (1): 87-96.

[161] 孟斌, 张景秋, 齐志营. 北京市普通住宅空置量调查[J]. 城市问题, 2009, (4): 6-11.

[162] 孟天广, 苏政. "同侪效应"与"邻居效应": 地级市非税收入规模膨胀的政治逻辑[J]. 经济社会体制比较, 2015, (2): 165-176.

[163] 孟庆斌, 荣晨. 中国房地产价格泡沫研究——基于马氏域变模型的实证分析[J]. 金融研究, 2017, (2): 101-116.

[164] 闵学勤. 空间拜物: 城市青年住房消费的仪式化倾向[J]. 中

国青年研究，2011，(1)：36-41.

[165] 倪鹏飞．中国住房制度的目标设计和深化改革 [J]．经济社会体制比较，2017，(2)：14-27.

[166] 聂冲，温海珍，樊晓锋．城市轨道交通对房地产增值的时空效应 [J]．地理研究，2010，29 (5)：801-810.

[167] 任殿喜．谈我国的住房合作制度 [J]．经济研究，1990，(12)：63-67.

[168] 邵新建，巫和懋，江萍，薛熠，王勇．中国城市房价的"坚硬泡沫"——基于垄断性土地市场的研究 [J]．金融研究，2012，(12)：67-81.

[169] 石桂峰．地方政府干预与企业投资的同伴效应 [J]．财经研究，2015，41，(12)：84-94.

[170] 史永东，陈日清．信息不对称、羊群行为与房地产市场中的居民破产 [J]．财经问题研究，2006，(12)：39-46.

[171] 斯蒂芬·帕德尼，高新军．中国、匈牙利和英国的住房和住房改革 [J]．经济社会体制比较，1991，(5)：20-28.

[172] 宋博通．从公共住房到租金优惠券——美国低收入阶层住房政策演化解析 [J]．城市规划学刊，2002，(4)：65-68.

[173] 宋军，吴冲锋．基于分散度的金融市场的羊群行为研究 [J]．经济研究，2001，(11)：21-27.

[174] 宋士云．新中国城镇住房保障制度改革的历史考察 [J]．中共党史研究，2009，(10)：102-110.

[175] 苏良军，何一峰，金赛男．暂时收入真正影响消费吗？——来自中国农村居民面板数据的证据 [J]．管理世界，2005，(7)：26-30.

[176] 孙培源，施东晖．基于 CAPM 的中国股市羊群行为研究——兼与宋军、吴冲锋先生商榷 [J]．经济研究，2002，(2)：64-70.

[177] 孙峤，郑思齐，刘洪玉．住宅空置统计的国际比较及借鉴意义 [J]．统计研究，2005，22 (8)：8-12.

[178] 塔娜，柴彦威，刘志林．过滤理论的起源、概念及研究进展

[J]. 人文地理，2011，26（1）：10－14.

[179] 万良勇，梁婵娟，饶静. 上市公司并购决策的行业同群效应研究 [J]. 南开管理评论，2016，19（3）：40－50.

[180] 万晓莉，严予若，方芳. 房价变化、房屋资产与中国居民消费——基于总体和调研数据的证据 [J]. 经济学（季刊），2017，16（1）：525－544.

[181] 王兵，杨宝，冯子珈. 同群效应：同辈群体影响大学生创业意愿吗 [J]. 科学学研究，2017，35（4）：593－599.

[182] 王聪，姚磊，柴时军. 年龄结构对家庭资产配置的影响及其区域差异 [J]. 国际金融研究，2017，(2)：76－86.

[183] 王弟海，管文杰，占波. 土地和住房供给对房价变动和经济增长的影响——兼论我国房价居高不下持续上涨的原因 [J]. 金融研究，2015，(1)：50－67.

[184] 王家庭. 中国商品住宅空置率过高的原因及对策 [J]. 经济评论，2002，(1)：79－83.

[185] 王琎，吴卫星. 婚姻对家庭风险资产选择的影响 [J]. 南开经济研究，2014，(3)：100－112.

[186] 王来福. 我国住宅市场的过滤过程障碍及其影响 [J]. 东北财经大学学报，2004，(3)：79－81.

[187] 王洪卫. 加快以公租房 REITs 为核心的保障房制度创新 [J]. 科学发展，2012，(9)：96－103.

[188] 王洪卫，石薇. 加大中端住房市场支持构建梯级住房供应体系 [J]. 科学发展，2011，(9)：96－100.

[189] 王人扬，张惠. 城市家庭住房自有率的省际差异及其影响因素——基于"六普"数据的研究 [J]. 中国房地产，2014，(6)：3－10.

[190] 王天夫，崔晓雄. 行业是如何影响收入的——基于多层线性模型的分析 [J]. 中国社会科学，2010，(5)：165－180.

[191] 汪汇，陈钊，陆铭. 户籍、社会分割与信任：来自上海的经验研究 [J]. 世界经济，2009，(10)：81－96.

[192] 王辉龙, 王先柱. 房价、房租与居民的买租选择: 理论分析与实证检验 [J]. 现代经济探讨, 2011, (6): 25-29.

[193] 王伟, 任苒. 卫生服务可及性概念与研究进展 [J]. 中国卫生经济, 2011, 30 (3): 47-49.

[194] 王曦. 当期收入还是永久收入: 转型时期中国居民消费模式的检验 [J]. 世界经济, 2002, (12): 47-54.

[195] 王先柱, 殷欢, 吴义东. 文化规范效应、儒家文化与住房自有率 [J]. 现代财经, 2017, (4): 66-75.

[196] 汪祥春. 合理的租价比例是住房制度改革的关键 [J]. 经济研究, 1990, (7): 71-75.

[197] 王营, 曹廷求. 董事网络下企业同群捐赠行为研究 [J]. 财经研究, 2017, 43 (8): 69-81.

[198] 王育琨. 住房改革背景分析 [J]. 管理世界, 1992, (5): 44-54.

[199] 王岳龙. 地价对房价影响程度区域差异的实证分析——来自国土资源部楼盘调查数据的证据 [J]. 南方经济, 2011, 29 (3): 29-42.

[200] 王岳龙, 武鹏. 房价与地价关系的再检验——来自中国 28 个省的面板数据 [J]. 南开经济研究, 2009 (4): 131-143.

[201] 王振坡, 郗曼, 王丽艳. 住房消费需求、投资需求与租买选择差异研究 [J]. 上海经济研究, 2017, (8): 10-20.

[202] 魏杰, 朱雄兵. 关于中国房地产的几个关键性争论问题——指标界定与理论梳理 [J]. 战略与管理, 2010, (6): 38-45.

[203] 魏世勇. 性别失衡、社会地位寻求与农户置业 [J]. 现代财经, 2015, 35 (6): 105-113.

[204] 魏玮, 陈杰. 加杠杆是否一定会成为房价上涨的助推器?——来自省际面板门槛模型的证据 [J]. 金融研究, 2017, (12): 48-63.

[205] 温海珍, 李旭宁, 张凌. 城市景观对住宅价格的影响——以杭州市为例 [J]. 地理研究, 2012, 31 (10): 1806-1814.

[206] 温海珍, 杨尚, 秦中伏. 城市教育配套对住宅价格的影响: 基于公共品资本化视角的实证分析 [J]. 中国土地科学, 2013 (1): 34-40.

[207] 文兼武,闫海琪,刘冰. 境外住房空置率定义及统计方法 [J]. 中国统计, 2010, (12): 15-18.

[208] 文魁. 中国住房分配工资化改革的机理分析 [J]. 管理世界, 2000, (1): 72-78.

[209] 吴开泽. 房改进程、生命历程与城市住房产权获得 (1980—2010年) [J]. 社会学研究, 2017, (5): 64-89.

[210] 伍庆. 消费社会与消费认同 [M]. 社会科学文献出版社, 2009.

[211] 吴卫星,易尽然,郑建明. 中国居民家庭投资结构: 基于生命周期、财富和住房的实证分析 [J]. 经济研究, 2010, 45 (S1): 72-82.

[212] 吴卫星,沈涛. 学历的年代效应与股票市场投资者参与 [J]. 金融研究, 2015, (8): 175-190.

[213] 吴翔华,魏端,李强. 我国典型城市居民住房租买选择差异研究 [J]. 调研世界, 2016, (5): 3-6.

[214] 吴要武. 高学历女性: 城市婚姻市场上的弱者? [J]. 城市与环境研究, 2016, (3): 20-34.

[215] 吴要武,刘倩. 高校扩招对婚姻市场的影响: 剩女? 剩男? [J]. 经济学(季刊), 2015, (1): 5-30.

[216] 肖作平,廖理,张欣哲. 生命周期、人力资本与家庭房产投资消费的关系——来自全国调查数据的经验证据 [J]. 中国工业经济, 2011, (11): 26-36.

[217] 肖作平,尹林辉. 我国个人住房消费影响因素研究: 理论与证据 [J]. 经济研究, 2014, (S1): 66-76.

[218] 徐建炜,徐奇渊,何帆. 房价上涨背后的人口结构因素: 国际经验与中国证据 [J]. 世界经济, 2012, (1): 24-42.

[219] 许年行,于上尧,伊志宏. 机构投资者羊群行为与股价崩盘风险 [J]. 管理世界, 2013, (7): 31-43.

[220] 徐诺金. 我国房地产市场的根本出路在深化市场化改革 [J]. 金融市场研究, 2014, (1): 51-64.

[221] 许琪. 子女需求对城市家庭居住方式的影响 [J]. 社会,

2013, 33 (3): 111 – 130.

[222] 许倩. 存量房时代来临, 一二线城市成住房租赁主战场 [N]. 中国房地产报, 2017 – 10 – 30 (011).

[223] 许永洪, 吴林颖. 中国各地区人口特征和房价波动的动态关系 [J]. 统计研究, 2019, 36 (1): 28 – 38.

[224] 薛艳. 基于分层线性模型的流动人口社会融合影响因素研究 [J]. 人口与经济, 2016, (3): 62 – 72.

[225] 严荣. 上海住房供应的合理规模与结构研究 [J]. 上海经济研究, 2016, (11): 113 – 121.

[226] 杨华磊, 何凌云, 周晓波. 住房销售中居住需求和投资需求的测度: 基于北京市户籍家庭增量的视角 [J]. 金融评论, 2014, (2): 50 – 65.

[227] 杨继瑞. 开发城市地产业的理论思考 [J]. 中国社会科学, 1990, (2): 119 – 134.

[228] 杨继瑞. 促进市场化住房租赁的思考 [J]. 社会科学研究, 2001, (1): 48 – 50.

[229] 杨继瑞, 丁如曦. 中国城市住房市场的脆弱性及其化解路径 [J]. 经济社会体制比较, 2014, (5): 157 – 167.

[230] 杨菊华. 多层模型在社会科学领域的应用 [J]. 中国人口科学, 2006, (3): 46 – 53.

[231] 杨鲁. 中国住房制度改革实践中的问题和政策设计 [J]. 管理世界, 1991, (6): 65 – 73.

[232] 杨鲁, 王育琨. 住房改革: 理论的反思与现实的选择 [M]. 天津人民出版社, 1992.

[233] 杨太乐, 刘峰, 林晨. 隔离房地产泡沫风险——基于住房增值参与证券 (HAPN) 的设计模拟 [J]. 浙江大学学报 (人文社会科学版), 2013, 43 (1): 32 – 42.

[234] 杨赞, 张欢, 赵丽清. 中国住房的双重属性: 消费和投资的视角 [J]. 经济研究, 2014, (S1): 55 – 65.

[235] 姚玲珍. 房地产市场研究 [M]. 中国建筑工业出版社, 2008.

[236] 姚玲珍. 中国公共住房政策模式研究 [M]. 上海财经大学出版社, 2009.

[237] 姚玲珍. 利用市场化手段筹措公共租赁住房房源 [J]. 科学发展, 2016, (9): 72-82.

[238] 姚玲珍, 丁彦皓. 房价变动对不同收入阶层消费的挤出效应——基于上海市的经验论证 [J]. 现代财经, 2013, 33 (5): 3-15.

[239] 姚玲珍, 张小勇. 上海住宅市场"异象"的微观解释——一个行为经济学的分析框架 [J]. 消费经济, 2007, 23 (5): 31-34.

[240] 叶剑平, 李嘉. 完善租赁市场: 住房市场结构优化的必然选择 [J]. 贵州社会科学, 2015, (3): 116-122.

[241] 叶剑平, 李嘉. 我国商品性住房租赁市场发展的制度约束与个体行为分析——基于2014年北京市租赁市场调查数据 [J]. 贵州社会科学, 2016, (1): 108-116.

[242] 易成栋. 中国城镇家庭住房消费的省际差异——基于2000年人口普查资料的分析 [J]. 广东财经大学学报, 2007, 93 (4): 24-27.

[243] 易成栋, 黄友琴. 中国城市自有多套住宅家庭的空间模式实证研究 [J]. 经济地理, 2010, 30 (4): 585-590.

[244] 易成栋, 黄友琴. 家外有宅: 北京市家庭多套住宅的空间关系研究 [J]. 经济地理, 2011, 31 (3): 396-403.

[245] 易成栋, 王前进. 多套住房、可支付性和政策 [J]. 中国房地产, 2012, (4): 3-9.

[246] 易宪容. 中国房地产市场的基础性制度研究——基于现代制度经济学的一般性分析 [J]. 江苏社会科学, 2017, (5): 60-67.

[247] 雍岚, 王振振, 张冬敏. 居家养老社区服务可及性——概念模型、指标体系与综合评价 [J]. 人口与经济, 2018, (4): 1-11.

[248] 余华义. 经济基本面还是房地产政策在影响中国的房价 [J]. 财贸经济, 2010, (3): 116-122.

[249] 余华义, 黄燕芬. 利率效果区域异质性、收入跨区影响与房价溢出效应 [J]. 经济理论与经济管理, 2015, 35 (8): 65-80.

[250] 于静静, 周京奎. 房产税、房价与住房供给结构——基于上海、重庆微观数据的分析 [J]. 经济问题探索, 2016, (1): 42-48.

[251] 余秋梅, 孙伟增, 郑思齐. 住房自有率与经济发展水平——基于中国 31 个省和地区的经验分析 [J]. 中国房地产, 2014, (14): 3-14.

[252] 于思远. 房地产·住房改革运作全书 [M]. 中国建材工业出版社, 1998.

[253] 虞晓芬. 居民住宅租购选择及其弹性研究: 以杭州为对象 [M]. 经济科学出版社, 2008.

[254] 袁诚, 何西龙, 涂悦. 住房自有率、房价变化与社会保障支出 [J]. 经济科学, 2016, (2): 28-41.

[255] 原鹏飞, 王磊. 我国城镇居民住房财富分配不平等及贡献率分解研究 [J]. 统计研究, 2013, 30 (12): 69-76.

[256] 孙鸣阳. 论城市职工住房分配和房租制度的改革 [J]. 经济研究, 1983, (7): 56-62.

[257] 孙伟增, 郑思齐. 住房与幸福感: 从住房价值、产权类型和入市时间视角的分析 [J]. 经济问题探索, 2013, (3): 1-9.

[258] 孙伟增, 郑思齐. 居民对房价的预期如何影响房价变动 [J]. 统计研究, 2016, 33 (5): 51-59.

[259] 曾凡军, 乔华. 整体性治理视角下租购并举机制优化研究 [J]. 云南行政学院学报, 2019, 21 (2): 107-112.

[260] 张晨, 吕原野. 从"住房自有"到"租购并举"——我国住房制度改革的政治经济学分析 [J]. 政治经济学季刊, 2019, 2 (4): 35-49.

[261] 张传勇. 住房投资、家庭资产配置与社会财富分配 [J]. 学术月刊, 2014, (12): 109-114.

[262] 张川川. 收入不平等和城市低收入家庭的住房可及性 [J]. 金融研究, 2016, (1): 99-115.

[263] 张川川, 贾珅, 杨汝岱. "鬼城"下的蜗居: 收入不平等与房地产泡沫 [J]. 世界经济, 2016, 39 (2): 120-141.

[264] 张大永, 曹红. 家庭财富与消费: 基于微观调查数据的分析

[J]. 经济研究, 2012, 47 (S1): 53-65.

[265] 张国武, 龚皓锋, 刘沅. 基于空间分割理论的城市住区研究——上海住房市场空间分割的实证研究及规划启示 [J]. 城市规划, 2013, 37 (7): 81-86.

[266] 张国武, 谢宏坤. 城镇住房市场分割与运作机制演变研究 [J]. 城市规划, 2016, 40 (7): 26-31.

[267] 张泓铭. "房子是用来住的、不是用来炒的"解析——对习近平房地产核心思想的理解 [J]. 上海经济研究, 2017, (7): 12-19.

[268] 张凌, 温海珍. 城市住房子市场价格演变: 以杭州为例 [J]. 浙江大学学报 (理学版), 2013, 40 (6): 726-732.

[269] 张路, 龚刚, 李江一. 移民、户籍与城市家庭住房拥有率——基于CHFS2013微观数据的研究 [J]. 南开经济研究, 2016, (4): 115-135.

[270] 张铭洪, 张清源, 梁若冰. 高铁对城市房价的非线性及异质性影响研究 [J]. 当代财经, 2017, (9): 3-13.

[271] 张涛, 龚六堂, 卜永祥. 资产回报、住房按揭贷款与房地产均衡价格 [J]. 金融研究, 2006, (2): 1-11.

[272] 张雪涛. 当前房地产市场的发展定位及调控对策 [J]. 宏观经济研究, 2010, (6): 18-21.

[273] 张永岳, 胡金星, 王盛. 中国房地产业快速发展奇迹: 驱动因素与可持续性研究 [J]. 华东师范大学学报 (哲学社会科学版), 2018, 50 (6): 82-91.

[274] 张永岳, 杨红旭, 周海平. 当前我国住宅市场供需结构的调研分析 [J]. 城市开发, 2008, (10): 10-14.

[275] 张园, 武永祥. 居民首次购房行为特征及宏—微观影响因素——基于哈尔滨样本的研究 [J]. 系统管理学报, 2016, 25 (2): 379-384.

[276] 赵奉军, 邹琳华. 自有住房的影响与决定因素研究评述 [J]. 经济学动态, 2012, 620 (10): 137-143.

[277] 赵燕菁. 从历史中思考未来: 1998年住房制度改革的启示

[EB/OL]. 爱思想网，2015－11－25，http：//www.aisixiang.com/data/94297.html.

［278］赵燕菁．中国房地产，温故 1998［J］．北京规划建设，2017，(5)：146－147.

［279］赵颖．中国上市公司高管薪酬的同群效应分析［J］．中国工业经济，2016，(2)：114－129.

［280］郑思齐．住房需求的微观经济分析［M］．中国建筑工业出版社，2007.

［281］郑思齐，刘洪玉．住房需求的收入弹性：模型、估计与预测［J］．土木工程学报，2005，38 (7)：122－126.

［282］郑思齐，刘洪玉，任荣荣，余秋梅．中国地级及以上城市的住房消费特征——基于国家统计局 2007 年城镇住户大样本抽样调查的分析［J］．城市与区域规划研究，2009，2 (2)：87－99.

［283］郑怡林，陆铭．大城市更不环保吗？——基于规模效应与同群效应的分析［J］．复旦学报（社会科学版），2018，(1)：133－144.

［284］郑昱，王二平．面板研究中的多层线性模型应用述评［J］．管理科学，2011，24 (3)：111－120.

［285］钟田丽，张天宇．我国企业资本结构决策行为的"同伴效应"——来自深沪两市 A 股上市公司面板数据的实证检验［J］．南开管理评论，2017，20 (2)：58－70.

［286］钟庭军．论住房的刚性需求［J］．经济理论与经济管理，2009，(9)：16－21.

［287］周彬，杜两省．"土地财政"与房地产价格上涨：理论分析和实证研究［J］．财贸经济，2010，(8)：109－116.

［288］周晓燕．高学历青年的婚姻问题——2002 年中国高学历青年婚恋及生育观的调查报告［J］．中国青年社会科学，2002，21 (4)：21－26.

［289］周京奎．收入不确定性、住宅权属选择与住宅特征需求——以家庭类型差异为视角的理论与实证分析［J］．经济学（季刊），2011，10 (4)：1459－1498.

[290] 周仁, 郝前进, 陈杰. 剩余收入法、供需不匹配性与住房可支付能力的衡量——基于上海的考察 [J]. 世界经济文汇, 2010, (1): 39-49.

[291] 周雪光. 经济转型与生活机遇: 一个生命历程的视角 [A]. 周雪光. 国家与生活机遇: 中国城市中的再分配与分层 (1949—1994) [M]. 郝大海等译, 中国人民大学出版社, 2014: 240-262.

[292] 周业安, 左聪颖, 袁晓燕. 偏好的性别差异研究: 基于实验经济学的视角 [J]. 世界经济, 2013, (7): 3-27.

[293] 朱柏铭, 祝燕君. "三市场过滤模型"与廉租房制度的完善 [J]. 中共宁波市委党校学报, 2009, (1): 98-103.

[294] 朱玲. 德国住房市场中的社会均衡和经济稳定因素 [J]. 经济学动态, 2015, (2): 98-107.

[295] 朱孟楠, 刘林, 倪玉娟. 人民币汇率与我国房地产价格——基于Markov区制转换VAR模型的实证研究 [J]. 金融研究, 2011, (5): 58-71.

[296] 朱宪辰, 李妍绮, 曾华翔. 不完美信息下序贯决策行为的一项实验考察——关于羊群行为的贝叶斯模型实验检验 [J]. 经济研究, 2008, (6): 145-156.

[297] 朱亚鹏. 住房问题与住房政策的范式转移 [J]. 中国公共政策评论, 2007, 1 (1): 62-76.

[298] 朱亚鹏. 中国住房保障政策分析——社会政策视角 [J]. 公共行政评论, 2008, 1 (4): 84-109.

[299] 朱英姿, 许丹. 官员晋升压力、金融市场化与房价增长 [J]. 金融研究, 2013, (1): 65-78.

[300] 祝梓翔, 邓翔, 杜海韬. 房价波动、住房自有率和房地产挤出效应 [J]. 经济评论, 2016, (5): 52-67.

[301] 邹琳华. 管制和垄断对房地产成本的影响估计——基于SFA模型及30个城市面板数据的分析 [J]. 统计研究, 2009, 26 (2): 8-14.

[302] 邹至庄, 牛霖琳. 中国城镇居民住房的需求与供给 [J]. 金融研究, 2010, (1): 1-11.

[303] Acemoglu, D., Dahleh, M. A., Lobel, I., and Ozdaglar, A.

"Bayesian Learning in Social Networks", *The Review of Economic Studies*, 2011, 78 (4): 1201 – 1236.

[304] Ahmad, N. "A Goint Model of Tenure Choice and Demand for Housing in the City of Karachi", *Urban Studies*, 1994, 31 (10): 1691 – 1706.

[305] Ahmed, A. M., and Hammarstedt, M. "Discrimination in the Rental Housing Market: A Field Experiment on the Internet", *Journal of Urban Economics*, 2008, 64 (2): 362 – 372.

[306] Akerlof, G., and Kranton, R. "Economics and Identity", *Quarterly Journal of Economics*, 2000, 115 (3): 715 – 753.

[307] An, W. "Instrumental Variables Estimates of Peer Effects in Social Networks", *Social Science Research*, 2015, 50: 382 – 394.

[308] Anderson, G., Farcomeni, A., Pittau, M. G., and Zelli, R. "A New Approach to Measuring and Studying the Characteristics of Cass Membership: Examining Poverty, Inequality and Polarization in Urban China", *Journal of Econometrics*, 2016, 191 (2): 348 – 359.

[309] Angel, S. *Housing Policy Matters: A Global Analysis*, Oxford University Press, 2000.

[310] Angrist, J. D., and Lang, K. "Does School Integration Generate Peer Effects? Evidence from Boston's Metco Program", *American Economic Review*, 2004, 94 (5): 1613 – 1634.

[311] Arrondel, L., and Lefebvre, B. "Consumption and Investment Motives in Housing Wealth Accumulation: A French Study", *Journal of Urban Economics*, 2001, 50 (1): 112 – 137.

[312] Asch, S. E. "Studies of Independence and Conformity: I. A Minority of One against a Unanimous Majority", *Psychological Monographs*, 1956, 70 (9): 1 – 70.

[313] August, M., and Walks, A. "Gentrification, Suburban Decline, and the Financialization of Multi – Family Rental Housing: The Case of Toronto", *Geoforum*, 2018, 89: 124 – 136.

[314] Avery, C., and Zemsky, P. "Multidimensional Uncertainty and Herd Behavior in Financial Markets", *American Economic Review*, 1998, 88 (4): 724 – 748.

[315] Baddeley, M. "Housing Bubbles, Herds and Frenzies: Evidence from British Housing Markets, CCEPP Policy Brief, 02 – 05", Cambridge Centre for Economic and Public Policy, Cambridge, 2005.

[316] Baer, W. C. "Filtering and Third World Housing Policy", *Third World Planning Review*, 1991, 13 (1): 69 – 82.

[317] Banerjee, A. V. "A Simple Model of Herd Behavior", *Quarterly Journal of Economics*, 1992, 107 (3): 797 – 817.

[318] Bayer, P., Hjalmarsson, R., and Pozen, D. "Building Criminal Capital Behind Bars: Peer Effects in Juvenile Corrections", *Quarterly Journal of Economics*, 2009, 124 (1): 105 – 147.

[319] Benchetrit, G., and Czamanski, D. "Immigration and Home Ownership: Government Subsidies and Wealth Distribution Effects in Israel", *Housing, Theory and Society*, 2009, 26 (3): 210 – 230.

[320] Bentzien, V., Rottke, N., and Zietz, J. "Affordability and Germany's Low Homeownership Rate", *International Journal of Housing Markets and Analysis*, 2012, 5 (3): 289 – 312.

[321] Bhalla, S. S. "The Measurement of Permanent Income and Its Application to Savings Behavior", *Journal of Political Economy*, 1980, 88 (4): 722 – 744.

[322] Bikhchandani, S., Hirshleifer, D., and Welch, I. "A Theory of Fads, Fashion, Custom, and Cultural Change as Informational Cascades", *Journal of Political Economy*, 1992, 100 (5): 992 – 1026.

[323] Bikhchandani, S., and Huang, C. "The Economics of Treasury Securities Markets", *Journal of Economic Perspectives*, 1993, 7 (7): 117 – 134.

[324] Blank, D. M., and Winnick, L. "The Structure of the Housing Market", *Quarterly Journal of Economics*, 1953, 67 (2): 181 – 208.

[325] Bosch, M., Carnero, M. A., and Farre, L. "Information and Discrimination in the Rental Housing Market: Evidence from a Field Experiment", *Regional Science and Urban Economics*, 2010, 40 (1): 11 – 19.

[326] Bourassa, S. C., Hamelink, F., Hoesli, M., and MacGregor, B. D. "Defining Housing Submarkets", *Journal of Housing Economics*, 1999, 8 (2): 160 – 183.

[327] Bourassa, S. C., Haurin, D. R., Hendershott, P. H., and Hoesli, M. "Determinants of the Homeownership Rate: An International Perspective", *Journal of Housing Research*, 2015, 24 (2): 193 – 210.

[328] Bourassa, S. C., and Peng, C. W. "Why is Taiwan's Homeownership Rate So High", *Urban Studies*, 2011, 48 (13): 2887 – 2904.

[329] Bourassa, S. C., and Yin, M. "Tax Deductions, Tax Credits and the Homeownership Rate of Young Urban Adults in the United States", *Urban Studies*, 2008, 45 (5 – 6): 1141 – 1161.

[330] Boustan, L. P., and Margo, R. A. "A Silver Lining to White Flight? White Suburbanization and African – American Homeownership, 1940 – 1980", *Journal of Urban Economics*, 2013, 78: 71 – 80.

[331] Bursztyn, L., Ederer, F., Ferman, B., and Yuchtman, N. "Understanding Mechanisms Underlying Peer Effects: Evidence From a Field Experiment on Financial Decisions", *Econometrica*, 2014, 82 (4): 1273 – 1301.

[332] Caplin, A., Carr, J. H., Pollock, F., Tong, Z., Tan, K., and Thampy, T. "Shared-Equity Mortgages, Housing Affordability, and Homeownership", *Housing Policy Debate*, 2007, 18 (1): 209 – 242.

[333] Carliner, G. "Income Elasticity of Housing Demand", *Review of Economics and Statistics*, 1973, 55 (4): 528 – 532.

[334] Carter, S. "Housing Tenure Choice and the Dual Income Household", *Journal of Housing Economics*, 2011, 20 (3): 159 – 170.

[335] Case, K. E., and Shiller, R. J. "The Behavior of Home Buyers in Boom and Post – Boom Markets", *New England Economic Review*, 1988,

(Nov): 29-46.

[336] Case, K. E., and Shiller, R. J. "Forecasting Prices and Excess Returns in the Housing Market", *Real Estate Economics*, 1990, 18 (3): 253-273.

[337] Chambers, M., Garriga, C., and Schlagenhauf, D. E. "Accounting for Changes in the Homeownership Rate", *International Economic Review*, 2009a, 50 (3): 677-726.

[338] Chambers, M. S., Garriga, C., and Schlagenhauf, D. E. "The Loan Structure and Housing Tenure Decisions in an Equilibrium Model of Mortgage Choice", *Review of Economic Dynamics*, 2009b, 12 (3): 444-468.

[339] Chen, J., and Hu, M. "What Types of Homeowners are More Likely to Be Entrepreneurs? The Evidence from China", *Small Business Economics*, 2019, 52 (3): 633-649.

[340] Chen, J., and Jin, M. "Income Elasticity of Housing Demand in China: Micro-Data Evidence from Shanghai", *Journal of Contemporary China*, 2014, 23 (85): 68-84.

[341] Chetty, R., Sándor, L., and Szeidl, A. "The Effect of Housing on Portfolio Choice", *Journal of Finance*, 2017, 72 (3): 1171-1212.

[342] Chiuri, M. C., and Jappelli, T. "Do the Elderly Reduce Housing Equity? An International Comparison", *Journal of Population Economics*, 2010, 23 (2): 643-663.

[343] Choe, H., Kho, B. C., and Stulz, R. M. "Do Foreign Investors Destabilize Stock Markets? The Korean Experience in 1997", *Journal of Financial Economics*, 1999, 54 (2): 227-264.

[344] Chung, E. C., and Haurin, D. R. "Housing Choices and Uncertainty: the Impact of Stochastic Events", *Journal of Urban Economics*, 2002, 52 (2): 193-216.

[345] Clapp, J. M., and Giaccotto, C. "The Influence of Economic Variables on Local House Price Dynamics", *Journal of Urban Economics*,

1994, 36 (2): 161-183.

[346] Clayton, J. "Rational Expectations, Market Fundamentals and Housing Price Volatility", *Real Estate Economics*, 1996, 24 (4): 441-470.

[347] Coulson, N. E. "Why are Hispanic and Asian-American Homeownership Rates So Low? Immigration and Other Factors", *Journal of Urban Economics*, 1999, 45 (2): 209-227.

[348] De Leeuw, F., and Ekanem, N. F. "The Supply of Rental Housing", *American Economic Review*, 1971, 61 (5): 806-817.

[349] Desilva, S., and Elmelech, Y. "Housing Inequality in the United States: Explaining the White-Minority Disparities in Homeownership", *Housing Studies*, 2012, 27 (1): 1-26.

[350] Devenow, A., and Welch, I. "Rational Herding in Financial Economics", *European Economic Review*, 1996, 40 (3-5): 603-615.

[351] Di, Z. X., Belsky, E., and Liu, X. "Do Homeowners Achieve More Household Wealth in the Long Run", *Journal of Housing Economics*, 2007, 16 (3-4): 274-290.

[352] Dills, A. K. "Does Cream-Skimming Curdle the Milk? A Study of Peer Effects", *Economics of Education Review*, 2005, 24 (1): 19-28.

[353] Ding, W., and Lehrer, S. F. "Do Peers Affect Student Achievement in China's Secondary Schools", *Review of Economics and Statistics*, 2007, 89 (2): 300-312.

[354] DiPasquale, D., and Glaeser, E. L. "Incentives and Social Capital: Are Homeowners Better Citizens", *Journal of Urban Economics*, 1999, 45 (2): 354-384.

[355] DiPasquale, D., and Wheaton, W. C. "The Cost of Capital, Tax Reform, and the Future of the Rental Housing Market", *Journal of Urban Economics*, 1992, 31 (3): 337-359.

[356] Doling, J. F. "A Two-Stage Model of Tenure Choice in the Housing Market", *Urban Studies*, 1973, 10 (2): 199-211.

[357] Elder, G. H., Johnson, M. K., and Crosnoe, R. "The Emergence and Development of Life Course Theory", In *Handbook of the Life Course*, Springer US, 2003.

[358] Engelhardt, G. V. "Social Security and Elderly Homeownership" *Journal of Urban Economics*, 2008, 63 (1): 280 – 305.

[359] Falk, A., and Ichino, A. "Clean Evidence on Peer Effects", *Journal of Labor Economics*, 2006, 24 (1): 39 – 57.

[360] Fallis, G. "Housing Tenure in a Model of Consumer Choice: A Simple Diagrammatic Analysis", *Real Estate Economics*, 1983, 11 (1): 30 – 44.

[361] Fang, L., and Tian, C. "Housing and Marital Matching: A Signaling Perspective", *China Economic Review*, 2018, 47: 27 – 46.

[362] Fields, D. "Contesting the Financialization of Urban Space: Community Organizations and the Struggle to Preserve Affordable Rental Housing in New York City", *Journal of Urban Affairs*, 2015, 37 (2): 144 – 165.

[363] Fields, D., and Uffer, S. "The Financialisation of Rental Housing: A Comparative Analysis of New York City and Berlin", *Urban Studies*, 2016, 53 (7): 1486 – 1502.

[364] Fisman, R., and Svensson, J. "Are Corruption and Taxation Really Harmful to Growth? Firm Level Evidence", *Journal of Development Economics*, 2007, 83 (1): 63 – 75.

[365] Forehand, M. R., Deshpandé, R., and Reed, I. I. "Identity Salience and the Influence of Differential Activation of the Social Self – Schema on Advertising Response", *Journal of Applied Psychology*, 2002, 87 (6): 1086.

[366] Fortura, P., and Kushner, J. "Canadian Inter – City House Price Differentials", *Real Estate Economics*, 1986, 14 (4): 525 – 536.

[367] Frank, R. H. "The Demand for Unobservable and Other Nonpositional Goods", *American Economic Review*, 1985, 75 (1): 101 – 116.

[368] Friedman, M. *A Theory of the Consumption Function*, Princeton

University Press, 1957.

[369] Fu, Y. "A Model of Housing Tenure Choice: Comment", *American Economic Review*, 1991, 81 (1): 381 – 383.

[370] Fu, Y. "Uncertainty, Liquidity, and Housing Choices", *Regional Science and Urban Economics*, 1995, 25 (2): 223 – 236.

[371] Galster, G. "William Grigsby and the Analysis of Housing Sub-Markets and Filtering", *Urban Studies*, 1996, 33 (10): 1797 – 1805.

[372] Gabriel, S. A., and Nothaft, F. E. "Rental Housing Markets, the Incidence and Duration of Vacancy, and the Natural Vacancy Rate", *Journal of Urban Economics*, 2001, 49 (1): 121 – 149.

[373] Gabriel, S. A., Rosenthal, S. S. "The Boom, the Bust and the Future of Homeownership", *Real Estate Economics*, 2015, 43 (2): 334 – 374.

[374] Giussani, B., and Hadjimatheou, G. "Modeling Regional House Prices in the United Kingdom", *Papers in Regional Science*, 1991, 70 (2): 201 – 219.

[375] Glaeser, E. L., Sacerdote, B., and Scheinkman, J. A. "Crime and Social Interactions", *Quarterly Journal of Economics*, 1996, 111 (2): 507 – 548.

[376] Goodman, A. C. "Housing Submarkets within Urban Areas: Definitions and Evidence", *Journal of Regional Science*, 1981, 21 (2): 175 – 185.

[377] Goodman, A. C. "An Econometric Model of Housing Price, Permanent Income, Tenure Choice, and Housing Demand", *Journal of Urban Economics*, 1988, 23 (3): 327 – 353.

[378] Goodman, A. C., and Thibodeau, T. G. "Housing Market Segmentation", *Journal of Housing Economics*, 1998, 7 (2): 121 – 143.

[379] Goodman, A. C. "Following a Panel of Stayers: Length of Stay, Tenure Choice, and Housing Demand", *Journal of Housing Economics*, 2003, 12 (2): 106 – 133.

[380] Goodman, A. C., and Thibodeau, T. G. "Housing Market Seg-

mentation and Hedonic Prediction Accuracy", *Journal of Housing Economics*, 2003, 12 (3): 181 – 201.

[381] Graham, J. R. "Herding Among Investment Newsletters: Theory and Evidence", *Journal of Finance*, 1999, 54 (1): 237 – 268.

[382] Green, R. K. "Should the Stagnant Homeownership Rate Be a Source of Concern", *Regional Science and Urban Economics*, 1996, 26 (3 – 4): 337 – 368.

[383] Green, R. K., and Hendershott, P. H. "Home – Ownership and Unemployment in the US", *Urban Studies*, 2001, 38 (9): 1509 – 1520.

[384] Grigsby, W. G. *Housing Markets and Public Policy*, University of Pennsylvania Press, 1971.

[385] Gwin, C. R., and Ong, S. E. "Do We Really Understand Homeownership Rates? An International Study", *International Journal of Housing Markets and Analysis*, 2008, 1 (1): 52 – 67.

[386] Halket, J., and Vasudev, S. "Saving Up or Settling Down: Home Ownership over the Life Cycle", *Review of Economic Dynamics*, 2014, 17 (2): 345 – 366.

[387] Hanson, A., and Hawley, Z. "Do Landlords Discriminate in the Rental Housing Market? Evidence from an Internet Field Experiment in US Cities", *Journal of Urban Economics*, 2011, 70 (2 – 3): 99 – 114.

[388] Hanson, A., Hawley. Z., and Taylor, A. "Subtle Discrimination in the Rental Housing Market: Evidence from E – mail Correspondence with Landlords", *Journal of Housing Economics*, 2011, 20 (4): 276 – 284.

[389] Harold, E., and Leonard, Z. "Tenure Choice, Housing Demand and Residential Location", *Journal of Real Estate Research*, 1991, 6 (3): 341 – 356.

[390] Haurin, D. R., Dietz, R. D., and Weinberg, B. A. "The Impact of Neighborhood Homeownership Rates: A Review of the Theoretical and Empirical Literature", *Journal of Housing Research*, 2003, 13 (2): 119 – 152.

[391] Haurin, D. R., and Rosenthal, S. S. "The Influence of Household Formation on Homeownership Rates across Time and Race", *Real Estate Economics*, 2007, 35 (4): 411 - 450.

[392] Henderson, J. V., and Ioannides, Y. M. "A Model of Housing Tenure Choice", *American Economic Review*, 1983, 73 (1): 98 - 113.

[393] Henderson, J. V., and Ioannides, Y. M. "Owner Occupancy: Investment VS Consumption Demand", *Journal of Urban Economics*, 1987, 21 (2): 228 - 241.

[394] Himmelber, C., Mayer, C., and Sinai, T. "Assessing High House Prices: Bubbles, Fundamentals and Misperceptions", *Journal of Economic Perspectives*, 2005, 19 (4): 67 - 92.

[395] Hong, H., Kubik, J. D., and Stein, J. C. "Thy Neighbor's Portfolio: Word - of - Mouth Effects in the Holdings and Trades of Money Managers". *The Journal of Finance*, 2005, 60 (6): 2801 - 2824.

[396] Horioka, C. Y. "Tenure Choice and Housing Demand in Japan", *Journal of Urban Economics*, 1988, 24 (3): 289 - 309.

[397] Hott, C. "Herding Behavior in Asset Markets", *Journal of Financial Stability*, 2009, 5 (1): 35 - 56.

[398] Hsueh, L. M., and Chen, H. L. "An Analysis of Home - Ownership Rate Changes in Taiwan in the 1980s", *Asian Economic Journal*, 1999, 13 (4): 367 - 388.

[399] Hwang, S., and Salmon, M. "Market Stress and Herding", *Journal of Empirical Finance*, 2004, 11 (4): 585 - 616.

[400] Huang, Y., and Clark, W. A. V. "Housing Tenure Choice in Transitional Urban China: A Multilevel Analysis", *Urban Studies*, 2002, 39 (1): 7 - 32.

[401] Iacoviello, M., and Neri, S. "Housing Market Spillovers: Evidence from an Estimated DSGE Model", *American Economic Journal: Macroeconomics*, 2010, 2 (2): 125 - 64.

[402] Ihlanfeldt, K. R. "The Effect of Land Use Regulation on Housing and Land Prices", *Journal of Urban Economics*, 2007, 61 (3): 420 – 435.

[403] Ioannides, Y. M., and Rosenthal, S. S. "Estimating the Consumption and Investment Demands for Dousing and Their Effect on Housing Tenure Status", *Review of Economics and Statistics*, 1994, 76 (1): 127 – 141.

[404] Isaac, M., Allen, M., and Mary, S. "The Economic Theory of Housing Demand: A Critical Review", *Journal of Real Estate Research*, 1991, 6 (3): 381 – 393.

[405] Heckman, J. J. "Sample Selection Bias as a Specification Error", *Econometrica*, 1979, 47 (1): 153 – 161.

[406] Robst, J., Deitz, R., and Mcgoldrick, K. M. "Income Variability, Uncertainty and Housing Tenure Choice", *Regional Science and Urban Economics*, 2004, 29 (2): 219 – 229.

[407] Jones, C., Leishman, C., and Watkins, C. "Intra – Urban Migration and Housing Submarkets: Theory and Evidence", *Housing Studies*, 2004, 19 (2): 269 – 283.

[408] Jovanovic, B. "Job Matching and the Theory of Turnover", *Journal of Political Economy*, 1979, 87 (5): 972 – 990.

[409] Kaminsky, G. L., and Schmukler, S. L. "What Triggers Market Jitters: A Chronicle of the Asian Crisis", *Journal of International Money and Finance*, 1999, 18 (4): 537 – 560.

[410] Kan, K. "Dynamic Modeling of Housing Tenure Choice", *Journal of Urban Economics*, 2000, 48 (1): 46 – 69.

[411] Kent, R. J. "The Relationships between Income and Price Elasticities in Studies of Housing Demand, Tenure Choice, and Household Formation", *Journal of Urban Economics*, 1983, 13 (2): 196 – 204.

[412] Keskin, B., and Watkins, C. "Defining Spatial Housing Submarkets: Exploring the Case for Expert Delineated Boundaries", *Urban Studies*, 2017, 54 (6): 1446 – 1462.

[413] King, M. A. "An Econometric Model of Tenure Choice and Demand for Housing as a Joint Decision", *Journal of Public Economics*, 1980, 14 (2): 137–159.

[414] Kim, K., and Jeonb, J. S. "Why Do Households Rent While Owning Houses? Housing Sub–Tenure Choice in South Korea", *Habitat International*, 2012, 36 (1): 101–107.

[415] Koizumia, N., and McCannb, P. "Living on a Plot of Land as a Tenure Choice: The Case of Panama", *Journal of Housing Economics*, 2006, 15 (4): 349–371.

[416] Laamanen, J. P. "Home–Ownership and the Labour Market: Evidence from Rental Housing Market Deregulation", *Labour Economics*, 2017, 48: 157–167.

[417] Lakonishok, J., Shleifer, A., and Vishny, R. W. "The Impact of Institutional Trading on Stock Prices", *Journal of Financial Economics*, 1992, 32 (1): 23–43.

[418] Lancaster, K. J. "A New Approach to Consumer Theory", *Journal of Political Economy*, 1966, 74 (2): 132–157.

[419] Leary, M. T., and Roberts, M. R. "Do Peer Firms Affect Corporate Financial Policy", *Journal of Finance*, 2014, 69 (1): 139–178.

[420] Lee, L. F., and Trost, R. P. "Estimation of Some Limited Dependent Variable Models with Application to Housing Demand", *Journal of Econometrics*, 1978, 8 (3): 357–382.

[421] Li, H., Shi, X., and Wu, B. "The Retirement Consumption Puzzle Revisited: Evidence from the Mandatory Retirement Policy in China", *Journal of Comparative Economics*, 2016, 44 (3): 623–637.

[422] Li, M. M. "A Logit Model of Homeownership", *Econometrica*, 1977, 45 (5): 1081–1097.

[423] Li, S. "The Housing Market and Tenure Decisions in Chinese Cities: A Multivariate Analysis of the Case of Guangzhou", *Housing Studies*,

2000, 15 (2): 213 –236.

[424] Linneman, P., Megbolugbe, I. F., Wachter, S. M., and Cho, M. "Do Borrowing Constraints Change US Homeownership Rates", *Journal of Housing Economics*, 1997, 6 (4): 318 –333.

[425] Little, J. T. "Residential Preferences, Neighborhood Filtering and Neighborhood Change", *Journal of Urban Economics*, 1976, 3 (1): 68 –81.

[426] Livingston, M., Kearns, A., and Bannister. J. "Neighbourhood Structures and Crime: the Influence of Tenure Mix and Other Structural Factors upon Local Crime Rates", *Housing Studies*, 2014, 29 (1): 1 –25.

[427] Lowry, I. S. "Filtering and Housing Standards: A Conceptual Analysis", *Land Economics*, 1960, 36 (4): 362 –370.

[428] Lu, H., and Chen, M. "Cultural Norms and Tenure Choice: Investigating the High Homeownership Rate in Taiwan," in *NTU International Conference on Finance*. Taipei. 2006.

[429] Malpezzi, S., and Wachter, S. "The Role of Speculation in Real Estate Cycles", *Journal of Real Estate Literature*, 2005, 13 (2): 141 –164.

[430] Mankiw, N. G., and Weil, D. N. "The Baby Boom, the Baby Bust, and the Housing Market", *Regional Science and Urban Economics*, 1989, 19 (2): 235 –258.

[431] Manski, C. F. "Economic Analysis of Social Interactions", *Journal of Economic Perspectives*, 2000, 14 (3): 115 –136.

[432] Marais, L., and Cloete, J. "Financed Homeownership and the Economic Downturn in South Africa", *Habitat International*, 2015, 50: 261 –269.

[433] Nordin, M., Persson, I., and Rooth, D. "Education – Occupation Mismatch: Is There an Income Penalty", *Economics of Education Review*, 2010, 29 (6): 1047 –1059.

[434] Maug, E., and Naik, N. "Herding and Delegated Portfolio Management: The Impact of Relative Performance Evaluation on Asset Allocation", *Quarterly Journal of Finance*, 2011, 1 (2): 265 –292.

[435] McCarthy, D. "Household Portfolio Allocation: A Review of the Literature", in *Economic and Social Research Institute of the Japan Cabinet Office Conference on the International Collaboration Projects*, 2004.

[436] Miller, R. A. "Job Matching and Occupational Choice", *Journal of Political Economy*, 1984, 92 (6): 1086 – 1120.

[437] Miller, C. M., McIntyre, S. H., and Mantrala, M. K. "Toward Formalizing Fashion Theory", *Journal of Marketing Research*, 1993, 30 (2): 142 – 57.

[438] Mills, E. S. "Housing Tenure Choice", *Journal of Real Estate Finance and Economics*, 1990, 3 (4): 323 – 331.

[439] Moffitt, R. A. "Policy Interventions, Low – Level Equilibria, and Social Interactions", *Social Dynamics*, 2001, 4 (45 – 82): 6 – 17.

[440] Moriizumi, Y., and Naoi, M. "Unemployment Risk and the Timing of Homeownership in Japan", *Regional Science and Urban Economics*, 2011, 41 (3): 227 – 235.

[441] Muellbauer, J., and Murphy, A. "Booms and Busts in the UK Housing Market", *The Economic Journal*, 1997, 107 (445): 1701 – 1727.

[442] Mulder, C., and Wagner, M. "First – Time Home – Ownership in the Family Life Course: A West German – Dutch Comparison", *Urban Studies*, 1998, 35 (4): 687 – 713.

[443] Munch, J. R., and Svarer, M. "Rent Control and Tenancy Duration", *Journal of Urban Economics*, 2002, 52 (3): 542 – 560.

[444] Muth, R. F. "The Spatial Structure of the Housing Market", *Papers of the Regional Science Association*, 1961, 7 (1): 207 – 220.

[445] Myers, D. "Housing Allowances, Submarket Relationships and the Filtering Process", *Urban Affairs Quarterly*, 1975, 11 (2): 215 – 240.

[446] Myers, D. "Upward Mobility and the Filtering Process", *Journal of Planning Education and Research*, 1983, 2 (2): 101 – 112.

[447] Nakajima, R. "Measuring Peer Effects on Youth Smoking Behav-

ior", *Review of Economic Studies*, 2007, 74 (3): 897 – 935.

[448] Nelson, K. P. "Reassessing Current Needs and Programs for Expanding the Supply of Affordable Rental Housing in the United States", in *Mid – Year Meeting of the American Real Estate and Urban Economics Association*. Washington, DC. 1994.

[449] Nofsinger, J. R., and Sias, R. W. "Herding and Feedback Trading by Institutional and Individual Investors", *Journal of Finance*, 1999, 54 (6): 2263 – 2295.

[450] Ortalo – Magné, F., and Rady, Sven. "Homeownership: Low Household Mobility, Volatile Housing Prices, High Income Dispersion", *CESifo Working Paper Series*, 2002, No. 823.

[451] Palm, R. "Spatial Segmentation of the Urban Housing Market", *Economic Geography*, 1978, 54 (3): 210 – 221.

[452] Peiser, R. B, and Smith, L. B. "Homeownership Returns, Tenure Choice and Inflation", *Real Estate Economics*, 1985, 13 (4): 343 – 360.

[453] Poterba, J. M., Weil, D. N., and Shiller, R. "House Price Dynamics: the Role of Tax Policy and Demography", *Brookings Papers on Economic Activity*, 1991, 1991 (2): 143 – 203.

[454] Pozo, G. A. "A Nested Housing Market Structure: Additional Evidence", *Housing Studies*, 2009, 24 (3): 373 – 395.

[455] Quercia, R. G., McCarthy, G. W., and Wachter, S. M. "The Impacts of Affordable Lending Efforts on Homeownership Rates", *Journal of Housing Economics*, 2003, 12 (1): 29 – 59.

[456] Rohe, W. M., and Stewart, L. S. "Homeownership and Neighborhood Stability", *Housing Policy Debate*, 1996, 7 (1): 37 – 81.

[457] Rosen, S. "Hedonic Prices and Implicit Markets: Product Differentiation in Pure Competition", *Journal of Political Economy*, 1974, 82 (1): 34 – 55.

[458] Saiz, A. "Immigration and Housing Rents in American Cities",

Journal of Urban Economics, 2007, 61 (2): 345 – 371.

[459] Sands, G. "A Model for the Evaluation of Filtering", *Growth and Change*, 1979, 10 (4): 20 – 24.

[460] Scharfstein, D. S., and Stein, J. C. "Herd Behavior and Investment", *American Economic Review*, 1990, 80 (3): 465 – 479.

[461] Scheinkman, J. A. "Social Interactions", *Freshwater Biology*, 2008, 52 (4): 680 – 695.

[462] Schnare, A. B., and Struyk, R. J. "Segmentation in Urban Housing Markets", *Journal of Urban Economics*, 1976, 3 (2): 146 – 166.

[463] Sias, R. W. "Institutional Herding", *Review of Financial Studies*, 2004, 17 (1): 165 – 206.

[464] Song, Y., Zenou, Y., and Ding, C. "Let's Not Throw the Baby Out with the Bath Water: the Role of Urban Villages in Housing Rural Migrants in China", *Urban studies*, 2008, 45 (2): 313 – 330.

[465] Stephens, M., Lux, M., and Sunega, P. "Post – Socialist Housing Systems in Europe: Housing Welfare Regimes by Default", *Housing Studies*, 2015, 30 (8): 1 – 25.

[466] Thiemann, K. "Ability Tracking or Comprehensive Schooling? A Theory on Peer Effects in Competitive and Non – competitive Cultures", *Journal of Economic Behavior & Organization*, 2017, 137: 214 – 231.

[467] Tu, Y. "The Local Housing Sub – market Structure and Its Properties", *Urban Studies*, 1997, 34 (2): 337 – 353.

[468] Tu, Y., and Goldfinch, J. "A Two – Stage Housing Choice Forecasting Model", *Urban Studies*, 1996, 33 (3): 517 – 537.

[469] van Zandt, S. "Racial/Ethnic Differences in Housing Outcomes for First – Time, Low – Income Home Buyers: Findings from a National Homeownership Education Program", *Housing Policy Debate*, 2007, 18 (2): 431 – 474.

[470] Voigtländer, M. "Why Is the German Homeownership Rate So Low", *Housing Studies*, 2009, 24 (3): 355 – 372.

[471] Wei, S., and Zhang, X. "The Competitive Saving Motive: Evidence from Rising Sex Ratios and Savings Rates in China." *Journal of Political Economy*, 2011, 119 (3): 511 – 564.

[472] Wei, S., Zhang, X., and Liu, Y. "Home Ownership as Status Competition: Some Theory and Evidence." *Journal of Development Economics*, 2017, 127 (1): 169 – 186.

[473] Weiss, Y., and Fershtman, C. "Social Status and Economic Performance: A Survey", *European Economic Review*, 1998, 42 (3 – 5): 801 – 820.

[474] Wermers, R. "Mutual Fund Herding and the Impact on Stock Prices", *Journal of Finance*, 1999, 54 (2): 581 – 622.

[475] Wijburg, G., and Aalbers, M. B. "The Alternative Financialization of the German Housing Market", *Housing Studies*, 2017, 32 (7): 968 – 989.

[476] Wijburg, G., Aalbers, M. B., and Heeg, S. "The Financialisation of Rental Housing 2.0: Releasing Housing into the Privatised Mainstream of Capital Accumulation", *Antipode*, 2018, 50 (4): 1098 – 1119.

[477] Winston, G., and Zimmerman, D. "Peer Effects in Higher Eeducation", in *College Choices: The Economics of Where to Go, When to Go, and How to Pay for It*. University of Chicago Press, 2004: 395 – 424.

[478] Xiao, Y., Webster, C., and Orford, S. "Can Street Segments Indexed for Accessibility form the Basis for Housing Submarket Delineation", *Housing Studies*, 2016, 31 (7): 829 – 851.

[479] Yao, R., and Zhang, H. H. "Optimal Consumption and Portfolio Choices with Risky Housing and Borrowing Constraints", *Review of Financial Studies*, 2005, 18 (1): 197 – 239.

[480] Yates, J. "Is Australia's Home – Ownership Rate Really Stable? An Examination of Change between 1975 and 1994", *Urban Studies*, 2000, 37 (2): 319 – 342.

[481] Yu, Z. "A Different Path to Homeownership: The Case of Taiwanese Immigrants in Los Angeles", *Housing Studies*, 2006, 21 (4):

555-579.

[482] Zabel, J. E. "The Demand for Housing Services", *Journal of Housing Economics*, 2004, 13 (1): 16-35.

[483] Zhang, C., Jia, S., and Yang, R. "Housing Affordability and Housing Vacancy in China: The Role of Income Inequality", *Journal of Housing Economics*, 2016, 33 (1): 4-14.

[484] Zimmer, R. W., and Toma, E. F. "Peer Effects in Private and Public Schools across Countries", *Journal of Policy Analysis and Management*, 2000, 19 (1): 75-92.

附　录

附表 1 汇总了家庭持久收入的估计结果。

附表 1　　家庭持久收入估计结果

ln_hinc	年龄为离散	年龄为连续	年龄为连续	年龄为离散
	OLS	OLS	OLS	WLS
$age2$	-0.024***			-0.022***
	(0.003)			(0.003)
$age3$	0.107***			0.108***
	(0.003)			(0.003)
$age4$	0.213***			0.215***
	(0.004)			(0.004)
ln_age		0.351***	-3.290***	
		(0.005)	(0.120)	
ln_age2			0.476***	
			(0.016)	
$hukou$	-0.019**	-0.033***	-0.027***	-0.018**
	(0.008)	(0.008)	(0.008)	(0.008)
$nation$	0.009	0.007	0.007	0.008
	(0.007)	(0.007)	(0.007)	(0.007)
$gender$	0.077***	0.077***	0.085***	0.077***
	(0.002)	(0.002)	(0.002)	(0.002)
$highedu$	0.407***	0.416***	0.408***	0.407***
	(0.003)	(0.003)	(0.003)	(0.003)

续表

ln_hinc	年龄为离散 OLS	年龄为连续 OLS	年龄为连续 OLS	年龄为离散 WLS
high school	0.159***	0.164***	0.165***	0.159***
	(0.002)	(0.002)	(0.002)	(0.002)
married	0.267***	0.262***	0.284***	0.264***
	(0.005)	(0.005)	(0.005)	(0.005)
soe	0.047***	0.043***	0.055***	0.048***
	(0.003)	(0.003)	(0.003)	(0.003)
retired	0.055***	0.055***	0.025***	0.054***
	(0.004)	(0.004)	(0.004)	(0.004)
pension	−0.059***	−0.059***	−0.052***	−0.059***
	(0.003)	(0.003)	(0.003)	(0.003)
hfund	0.230***	0.228***	0.231***	0.230***
	(0.003)	(0.003)	(0.003)	(0.003)
family size	0.133***	0.131***	0.132***	0.132***
	(0.001)	(0.001)	(0.001)	(0.001)
car	0.377***	0.377***	0.379***	0.373***
	(0.005)	(0.005)	(0.005)	(0.005)
城市虚拟变量	Yes	Yes	Yes	Yes
年份虚拟变量	Yes	Yes	Yes	Yes
R^2	0.458	0.458	0.461	0.459
样本量	237 163	237 163	237 163	237 163

注：括号内为稳健标准误，***、**和*分别表示在1%、5%和10%的显著性水平上显著。

附表2给出了本书涉及主要变量的变量名称、变量符号和变量定义说明，变量描述性统计详见正文。

附表2　　　　　　　　本书主要变量定义说明

变量名称	变量符号	变量定义说明
自有住房	ownership	家庭是否拥有住房，有房为1
城市住房租赁占比（%）	rental ratio	城市租房家庭数占所有家庭总数的比重

续表

变量名称	变量符号	变量定义说明
家庭住房价值（元）	housing value	家庭现住房按现行市场价计算的房屋价值
家庭住房面积（m²）	housing area	家庭现住房的建筑面积
家庭多套房决策	multi-suite	家庭是否拥有多套住房，有多套房为1
家庭空置房决策	vacancy	家庭是否拥有空置住房，有空置房为1
城市住房价格（元）	housing price	城市住房平均价格，采用居民消费价格指数调整为实际价格
城市住房租赁市场化比重（%）	marketization	城市租赁市场化家庭数占租赁住房家庭总数的比重
多套房家庭比重	multi-suite	城市拥有多套住房家庭数占所有家庭总数的比重
家庭住房空置率	vancancy	城市拥有空置住房家庭数占所有家庭总数的比重
家庭收入	hinc	家庭暂时性收入
家庭持久收入	perhinc	根据收入方程估计得出的家庭持久性收入
户口类型	hukou	若户主为城市户口，则为1
户主民族	nation	若户主为汉族，则为1
户主性别	gender	若户主为女性，则为1
户主年龄（岁）	age	家庭户主的年龄，为连续变量
18—35岁户主	age1	若户主年龄为18—35岁，则为1
35—45岁户主	age2	若户主年龄为35—45岁，则为1
45—60岁户主	age3	若户主年龄为45—60岁，则为1
大于60岁户主	age4	若户主年龄大于60岁，则为1
大专以上学历	highedu	若户主为大专以上学历，则为1
高中以上学历	high school	若户主为高中以上学历，则为1
初中以上学历	middle school	若户主为初中以上学历，则为1
婚姻状况	married	若户主已婚，则为1
单位性质	soe	若户主就职于国企或集体单位，则为1
是否退休	retired	若户主已退休，则为1
养老金	pension	若户主缴纳养老金，则为1
住房公积金	hfund	若户主缴纳住房公积金，则为1

续表

变量名称	变量符号	变量定义说明
家庭规模（人）	*family size*	家庭人口总数
拥有汽车	*car*	家庭是否拥有汽车，有车为1
城市人均GDP（元）	*pgdp*	城市人均国民生产总值，采用人均GDP指数调整为实际值
人口规模（千人）	*pop*	城市人口总量
城市信贷规模（%）	*loan rate*	城市年末金融机构贷款余额占GDP的比重
城市产业结构（%）	*structure*	城市第三产业产值占GDP的比重
住房销售价格（元）	*sales price*	城市商品房平均销售价格，采用居民消费价格指数调整为实际价格
城市教育供给（人）	*student*	城市每万人拥有在校大学生人数
城市医疗供给（个）	*hospital*	城市每万人拥有医院床位数

后　记

　　本书是在我的博士论文的基础上修改完成的，在此首先感谢我的博士生导师上海交通大学国际与公共事务学院陈杰教授和师母赵卓慧教授。在我沪上求学期间，陈老师不仅传授给我丰富渊博的专业知识和简单睿智的人生经验，还培养我严谨求真的治学态度和独立务实的学术精神，如师如父，亦师亦友，对我的人生产生了深远的影响。本书的顺利完成离不开陈老师的悉心指导，从选题立意，到研究设计，再到行文逻辑，每一个环节都凝结着陈老师的汗水与心血。

　　陈老师平时事务繁多，但仍坚持每周安排一次组会，与学生们进行面对面的交流讨论，有时为赶时间甚至来不及吃饭。在学生眼里，陈老师不仅以身作则，言传身教，时刻保持充沛的精力和十足的干劲，严格要求自己。他还是一位心思缜密、计划周全的团队管理者，积极关心学生的学习和生活状况，适时激发鼓励学生的科研热情与学术信心，帮助我们克服重重困难。陈老师真正做到了一位合格导师所承担的多元角色，既是学生精神的激励者和思想的倾听者，还是学生财务的赞助者和机会的提供者，同时也是科研规范的示范者和学术研究的合作者。

　　2016年博士入学伊始，陈老师就让我开始思考毕业论文的选题方向，根据我的研究兴趣确定题目。奈何将近一年时间，自己仍无头绪，研究进展缓慢。眼看即将开题，陈老师及时将我从天马行空的想象中拉回，给了我四个准备已久的论文选题。经过考虑，我选择了本书的这个选题，并开始着手文献阅读和数据处理，最终顺利地按期完成了博士毕业论文的写作。由于当时国内关于住房租售结构的实证研究并不多，也正逢发展住房租赁市场的政策热潮，本书的部分章节内容得以顺利发表，其中刊于《华东师范大学学报（哲学社会科学版）》的《住房市场结构对房价的影响研究——基于租赁市场比例的视角》一文还入选了中国知网《学术精要数据库》高被引论文。这充分体现了陈老师对学术前沿的高瞻远瞩和对现实需求的精准把握，正是得益于此，博士毕业之后，我才能在研究领域内站稳了脚跟。

同时，感谢上海财经大学王洪卫教授、姚玲珍教授、方芳教授、范子英教授、周亚虹教授、靳庆鲁教授、冯苏苇教授、杨晔教授、郭峰教授、宗庆庆副教授、李会平副教授、邓旷旷副教授、张牧扬副教授，南京财经大学公共管理学院赵强教授、李永乐教授，佛罗里达国际大学商学院林振国教授，苏州大学政治与公共管理学院陈忠教授，安徽工业大学商学院王先柱教授、李伟军教授，西安建筑科技大学管理学院兰峰教授，华东理工大学商学院邵帅教授，华东师范大学房地产系黄忠华教授、胡金星副教授，上海交通大学中国城市治理研究院张传勇研究员，浙江大学公共管理学院邹永华教授，中国人民大学公共管理学院余华义教授，浙江工业大学中国住房和房地产研究院范建双教授，上海师范大学商学院崔光灿教授、黄静副教授，中山大学岭南学院刘贯春副教授，中山大学国际金融学院张莉教授，上海交通大学国际与公共事务学院卢婷婷副教授等其他老师对我的指导与帮助。

转眼之际，我已在南京审计大学任教四年，本书的出版离不了所在单位领导的关心与厚爱。感谢南京审计大学王会金教授、周维培教授、陈骏教授、陈祖华教授、祝遵宏教授、王士红教授、后小仙教授、郑石桥教授、李兆东教授、许莉教授、和秀星教授等领导和同事们的指导与帮助。感谢中国财政经济出版社的吕小军编审团队，让本书的出版成为可能。最后，谨以本书献给我的夫人董蔚以及我的父母和岳父母，感谢他们在背后的默默支持和忍耐，使我能够从家务琐事中脱身。儿子陈家旭虽然年幼，却已习惯我在电脑前工作时的状态，非常懂事地不打扰我，希望他无忧无虑快乐成长。

本书受到国家自然科学基金青年项目"住房制度改革、租售结构与家庭住房行为——基于社会互动的视角"（72104109）、江苏高校"青蓝工程"优秀青年骨干教师项目（2023）的资助，特此致谢！

2023 年 9 月 5 日于南京老山南麓